从市场分割到
互联互通

张东昌
——著

——债券市场发展的模式转换及制度实现

上海人民出版社

目 录 | CONTENTS

绪　　论

一、选题背景和研究意义

按照金融结构理论对银行主导型金融体系(Bank-based System)和市场主导型金融体系(Market-based System)的划分,我国的金融体系一直都是以商业银行为主导的,资本市场的直接融资比重不足。从融资结构上看,2020年年末社会融资中人民币贷款占60.2%,外币贷款、委托贷款、信托贷款占6.8%,企业债券和非金融企业境内股票融资等直接融资仅占12.6%。①《中国区域金融运行报告(2020)》调查显示95%的企业通过银行贷款融资,票据融资占比18%,其余渠道占比均不足5%,民间融资4%、股票2%、债券1%、风险投资1%。小微、民营企业对银行贷款融资的依赖程度加深,2019年年底银行贷款占小微、民营企业全部融资的平均比重为87.2%。但是,商业银行对于风险控制的严格要求,以及"嫌贫爱富"的商业本性,决定了银行贷款的高门槛、高成本,难以适应企业多元化的融资需求,造成经济发展中普遍存在的融资难、融资贵等现实困境。因此,将社会融资结构从间接融资向直接融资转变,既是化解中小企业融资困境的必然要求,也是金融体系走向成熟的重要标志。根据经济学家肯特和莱文的研究,随着国家和地区变得越来越富有,其金融系统

---

① 参见中国人民银行网站社会融资规模统计数据:http://www.pbc.gov.cn/diaochatongjisi/resource/cms/2021/05/2021051317183754499.pdf,2021年3月18日最后访问。

1

也将越来越倾向于市场导向型,这也能够反映一国法律对于投资者保护的强弱程度。①对此,2013年党的十八届三中全会已经明确提出,"健全多层次资本市场体系,推进股票市场注册制改革,多渠道推动股权融资,发展并规范债券市场,提高直接融资比重"。2017年党的十九大报告进一步提出,"深化金融体制改革,增强金融服务实体经济能力,提高直接融资比重,促进多层次资本市场健康发展"。2020年党的十九届五中全会通过的"十四五规划"再次强调,"全面实行股票发行注册制,建立常态化退市机制,提高直接融资比重"。

然而与健全多层次资本市场体系、提高直接融资比重相悖的是,我国资本市场长期呈现股债失衡的局面,"言必称股市"的现实格局使得资本市场成了"跛脚"的市场,暂时与成熟资本市场结构背道而驰。②事实上,根据融资优序理论(Pecking Order Theory),公司融资一般会遵循内部融资、债务融资和权益融资的先后顺序,发行债券应当是公司外部融资的优先选择。③但在我国公司融资结构中,发行股票融资一直备受青睐,公司债券却成了不得已的次优选择,这固然是受制于长期以来资本市场立法、监管和融资中"重股轻债"的思维惯性,④但根本原因还在于我国债券市场本身的市场化程度不高,功能定位偏差,行政管制过多,法制基础薄弱,以及由此导致的债券市场分割等问题。目前,我国债券市场基本形成了场外的银行间债券市场、商业银行柜台债券市场和场内的交易所债券市

---

① 埃斯里·德米尔古克-肯特、罗斯·莱文:《金融结构和经济增长:银行、市场和发展的跨国比较》,黄纯纯译,中国人民大学出版社2006年版,第85页。

② 以美国为例,美国证券业与金融市场协会(SIFMA)的数据统计显示,2014年美国债券市场发行规模达到4.95万亿美元,其中公司债券发行1.26万亿美元,同时期股票市场发行数额仅1414亿美元。另外,从债券市场余额与GDP对比来看,2014年年末美国债券市场余额38.99万亿美元,约为GDP的2.24倍,而我国2014年年末债券市场余额35.3万亿元,仅为GDP的55%左右。相关数据来源于美国SIFMA(http://www.sifma.org/research/statistics.aspx)和中国人民银行(http://www.pbc.gov.cn/diaochatongjisi/116219/116319/116348/index.html)网站。

③ Stewart C. Myers, The Capital Structure Puzzle, The Journal of Finance, Vol.39, No.3, 1984, pp.575—592.

④ 陆文山:《债券市场发展与配套制度建设的若干问题》,载《证券法苑》(第2卷),法律出版社2010年版,第224页。

场的三分格局,场内和场外市场之间的债券跨市场发行和交易机制不畅,人为的市场分割阻碍了市场竞争机制的实现,降低了债券市场流动性和效率,制约了债券市场功能的充分发挥。由此导致的结果是,债券市场虽然在总体规模上已经超过了股票市场,目前我国债券市场托管余额突破了100万亿元,债券市场规模已经跃居世界第二,但在资本市场中的投融资功能和作用却不能与之相匹配。特别是在当前金融供给侧结构性改革的背景下,金融市场结构的优化要求资本市场必须走向均衡发展的道路,提高直接融资比重离不开股票市场和债券市场的共同作用。与此同时,随着政府和企业对于债券融资的需求日趋增加,债券市场结构和制度层面的不适应性也在不断显露,加之2014年"11超日债"违约事件爆发后,债券市场实质性违约事件层出不穷,呈现出"常态化"趋势,过去在政府隐性担保和"兜底"掩盖下的债券市场问题正在渐露真容。如何因应债券市场发展的现实需要,消除债券市场发展中的结构缺陷和制度障碍,已经成为当前资本市场政策制定、法律完善和理论研究的紧迫任务。

作为对债券市场分割的政策回应,2014年国务院出台的新"国九条"(《国务院关于进一步促进资本市场健康发展的若干意见》)提出要"深化债券市场互联互通","在符合投资者适当性管理要求的前提下,完善债券品种在不同市场的交叉挂牌及自主转托管机制,促进债券跨市场顺畅流转。鼓励债券交易场所合理分工、发挥各自优势。促进债券登记结算机构信息共享、顺畅连接,加强互联互通"。2020年4月9日,中共中央、国务院发布《关于构建更加完善的要素市场化配置体制机制的意见》,其中关于推进资本要素市场化配置,再次强调"推进债券市场互联互通"。但是,市场要素和基础设施的分割只是债券市场分割的表象,仅从交叉挂牌、自主转托管等角度入手只能"治标",更深层次的问题还在于多头监管下的权力博弈和债券法制割裂,只有在互联互通的目标牵引下重构债券市场监管体系、统一债券法制方能"治本"。

在法律层面上,债券市场一直缺乏统一的法制基础,分业监管和部门立法背景下的《证券法》无法涵盖所有的债券品种和交易市场,只能对中国证监会监管下的在交易所债券市场发行、交易的债券进行调整,主要是以上市公司发行的公司债券为主。加之以股票市场为导向的立法理念,也导致《证券法》中契合债券特性的制度设计严重缺失,已经难以适应债券市场发展的现实需要。在《证券法》修订时,一个被广泛讨论的问题就是要扩大"证券"的范围,从而体现《证券法》作为资本市场基础性法律的地位。其中,如何突破目前债券市场条块分割的困局,使之能够统一纳入《证券法》的调整范畴,又是法律修订重点和难点所在。但遗憾的是,从《证券法(修订草案)》到正式颁布实施的新《证券法》的规定来看,依旧没有实质性的突破。其中,"一审稿"第3条曾规定《证券法》调整范围包括"公司债券、企业债券、可转换为股票的公司债券等债券"、"资产支持证券等受益凭证、权证"的发行和交易,以及政府债券的上市交易。但在最终颁布实施的新《证券法》第2条所规定的"债券"范围与旧《证券法》并无区别,仍然只明确列举了公司债券的发行和交易,以及政府债券的上市交易。另外,如何在《证券法》层面构建符合债券市场特性的发行监管制度、信息披露制度、信用评级制度以及投资者保护制度等,在新《证券法》中虽有所体现,但仍然有不足之处。以上种种问题,既需要在立法过程中打破部门利益本位的桎梏,也有待进一步的研究为立法提供理论准备和支撑。

正因如此,本书以债券市场从分割走向互联互通的法律问题为导向,从法学视角研究债券市场互联互通的理论基础、实现路径和制度保障,具有重要的理论和现实意义。一方面,本书超越了传统的从市场结构和竞争视角探讨债券市场分割和互联互通问题的经济学方法和路径,拓展了债券市场互联互通问题研究的法学视野和进路,同时也有利于推动债券市场法学研究的理论深化,既为债券市场互联互通提供法律依据和保障,也可以此为契机系统性地梳理和重塑我国债券法制基础,转变资本市场理论研究和立法中以股票规则为中心的思维惯性,为债券市场的未来发展和法制建设提供理论支撑。另一方面,在实践层面上,结合债券市场特性和我国债券市场发展现状,本书可以为打破债券市场分割和实现互联互通探寻一条可行的法制进路,并在此基础上为债券市场互联互通下的债券监管体系重构和法制统一提供可行方案。

二、研究现状

与市场发展现状相对应的,目前我国资本市场法治研究中也存在着"重股轻债"的倾向,对于市场分割和互联互通等影响债券市场深化发展的根本性问题,研究成果仍然比较匮乏,难以为法律和政策制定提供理论支持。总结起来,学界现有的研究主要呈现以下特点:

第一,研究成果相对分散,缺乏系统性研究。目前国内尚缺乏专门系统性研究债券市场分割和互联互通问题的专著或博士论文,通过中国知网检索到的相关硕士论文主要有七篇。[①]其中,郭宗正(2010)、卢苏莎(2012)、任春阳(2015)主要是从经济学的"结构—行为—绩效"(SCP)的分析范式,研究债券市场分割对于市场流动性、收益率以及价格波动等方面的影响,但并未触及市场分割背后的制度根源,以及如何破解市场分割的制度瓶颈。张岩(2015)、唐佳(2015)则是以债券市场分割为基础,基于流动性、波动性和收益率等指标对银行间债券市场和交易所债券市场进行实证比较,分析市场分割对债券市场效率的影响,并初步提出了债券市场联通的对策建议,但对于债券市场监管和法制的深层次问题缺乏足够关注。魏华文(2009)、孙振(2010)是为数不多的专门研究债券市场统一互联的硕士学位论文,主要是针对我国债券市场分割的现状,借鉴境外

---

① 郭宗正:《市场分割状态下债券流动性研究》,上海师范大学 2010 年硕士学位论文;卢苏莎:《我国债券银行间市场与交易所市场的分割性与差异性研究》,华东师范大学 2012 年硕士学位论文;任春阳:《我国债券市场分割下的企业债券溢出效应研究》,华东师范大学 2015 年硕士学位论文;张岩:《银行间债券市场与交易所债券市场的比较研究》,新疆财经大学 2015 年硕士学位论文;唐佳:《我国场内外债券市场的比较研究》,上海交通大学 2015 年硕士学位论文;魏华文:《我国统一互联债券市场法律制度研究》,华东政法大学 2009 年硕士学位论文;孙振:《构建我国统一债券市场问题研究》,首都经济贸易大学 2010 年硕士学位论文。

债券市场发展的经验，从商业银行重返交易所市场、债券市场监管以及托管结算体系一等角度提出了相应的制度建议。以上研究，虽然已经从不同角度涉及债券市场分割和统一问题，但大多只是流于债券市场分割的表象，及其对债券市场发展的影响，对于债券市场分割的实质未能作更加深入系统的研究，导致所提出的对策建议难以真正满足债券市场互联互通的制度供给。

第二，研究成果大多集中在经济学领域，法学视角的研究相对不足。基于经济学的研究视角和范式出发，问题的关注点主要集中在债券市场主体和产品的行政化分割、市场化机制不健全、托管结算体系不统一等，以及由此导致的债券市场发展的问题和困境，但对于造成债券市场分割的债券多头监管和法制割裂等深层次问题则鲜有论及。郑长德等（2005）指出我国债券市场分割表现在两个方面，一是不同债券品种的市场分割，二是不同债券市场运行机制的分割，互不联通，并认为投资主体限制、信息不对称和流动性等是导致我国债券市场分割的重要影响因素。[1]关于债券市场分割的现实困境，邓晓兰等（2010）从制度经济学的视角分析了债券市场分割造成的制度缺陷，包括银行间债券市场的产权制度和组织制度缺陷，债券市场运营制度和监管制度缺陷。[2]巴曙松等（2013）认为银行间债券市场和交易所债券市场交易机制、交易主体、交易品种及清算托管结构不同，对债券市场流动性造成了制约。[3]胡荣尚等（2013）认为市场分割影响了我国企业类债券市场的发展速度和规模，难以满足国家建设多层次资本市场、提高直接融资比例的需求。[4]由此，经济学者提出的

---

① 郑长德、刘丽雪：《中国债券市场分割的理论探讨》，载《西南民族大学学报（人文社会科学版）》2005 年第 5 期。

② 参见邓晓兰、马保明、黄玉：《制度经济学视角：我国债券市场分割问题研究》，载《广西财经学院学报》2010 年第 3 期。

③ 巴曙松、姚飞：《影响我国债券市场流动性的宏观因素分析》，载《中国财政》2013 年第 11 期。

④ 胡荣尚、张强：《我国企业类债券发行市场的监管问题探讨》，载《求是学刊》2013 年第 5 期。

应对之策就是要保证债券市场信息、资金、交易券种、交易主体等要素能够在市场间自由流动和充分竞争,实现要素定价市场化(高坚、杨念,2007;冯光华,2008)。①温彬等(2010)认为我国债券市场发展的首要问题是统一债券市场托管结算体系,从建立统一跨市场的托管结算体系的改革入手,打通交易所和银行间两个市场,实现债券在两个市场间自由流动。②吴照云等(2013)针对我国企业债券市场分割的现状,提出我国企业债券市场发展的首要问题是统一债券市场的发行标准和程序,改变计划性的企业债券管理体制和市场分割状况,完善市场化的企业债券发行制度和统一的交易机制。③但正如前文所述,如果不从现象背后的本质出发,重构债券市场监管体系,统一债券法制,仅从市场机制着手,仍旧无法在根本上解决债券市场分割问题。

第三,随着对债券市场分割问题的研究不断深入,法学界开始关注债券市场分割背后的制度因素,并初步提出了债券市场互联互通的监管和法制进路。对于债券市场分割的制度根源,陆文山(2010)指出银行间债券市场和交易所债券市场分割和发展不均衡的重要原因是两个市场竞争的法制基础存在重大差异。④董安生等(2013)在多层次资本市场的语境下研究债券市场,认为我国债券市场的核心问题是证券业监督管理机构和银行业监督管理机构分别管理两个市场所导致的体制问题。⑤对于债券市场互联互通实现的制度进路,陈岱松等(2008)主张通过法律修订让

---

① 参见高坚、杨念:《中国债券市场发展的制度问题和方法研究》,载《财经科学》2007 年第 12 期;冯光华:《中国债券市场发展问题研究》,中国金融出版社 2008 年版,第 120 页。

② 参见温彬、张友先、汪川:《我国债券市场分割问题研究》,载《宏观经济研究》2010 年第 11 期。

③ 参见吴照云、欧阳家忠:《我国企业债券市场分割问题研究》,载《江西社会科学》2013 年第 4 期。

④ 参见陆文山:《债券市场发展与配套制度建设的若干问题》,载《证券法苑》(第 2 卷),法律出版社 2010 年版;陆文山:《推进我国债券市场发展的若干问题再认识——兼论资本市场功能的完善》,载《证券市场导报》2010 年第 4 期。

⑤ 参见董安生、何以等:《多层次资本市场法律问题研究》,北京大学出版社 2013 年版,第 165 页。

商业银行重返交易所债券市场、构建统一的债券托管体系和理顺债券市场监管体系三种制度设计,促进债券市场统一互联。①刘铁峰(2009)在对我国债券市场法规体系梳理的基础上,提出完善《证券法》以增加债券市场场外交易内容,适应债券市场统一互联的需要整合现有规章制度、统一监管标准和规则。②冯果等(2015)指出债券市场统一的关键在于托管结算等市场基础设施的统一,而债券市场法制和监管的统一则是债券市场统一的制度保障。③李敏(2021)认为我国债券市场分割并非统一适用《证券法》即能解决的,债券市场固化的部门利益格局使得银行间债券市场统一适用《证券法》面临障碍,因而由国务院统一制定债券发行与交易监管单行法规,堪为债券市场法制统一的现实可选路径。④

除此之外,一些学者还专门针对公司债券市场存在的"三足鼎立、三法分治、两市分割"的现状,提出对现有的公司债券、企业债券和非金融企业债务融资工具进行统一,并在此基础上统一公司信用债券的监管机构和规则。洪艳蓉(2010,2011)提出《证券法》的修订中确立公司债券的统一规则,包括"统一准入条件、统一信息披露标准、统一资信评估要求、统一投资者适当性制度、统一投资者保护安排",通过债法统一实现公司债券市场的有效治理。⑤时晋、曾斌(2013)从监管竞争的角度研究我国公司债券市场分割问题,认为应构建债券市场统一的法律基础,各监管部门可针对不同类型的债券分别制定具体的监管规则。⑥蒋大兴(2014)从债券

---

① 参见陈岱松、魏华文:《论我国统一互联债券市场之制度构建》,载《南京社会科学》2008年第11期。

② 参见刘铁峰:《中国债券市场法规建设情况浅析》,载《证券市场导报》2009年第4期。

③ 参见冯果、谢贵春:《我国债券市场统一的现实藩篱与制度因应》,载《证券法律评论》2015年卷。

④ 参见李敏:《我国债券市场分割及统一路径》,载《中国政法大学学报》2021年第2期。

⑤ 参见洪艳蓉:《公司债券的多头监管、路径依赖与未来发展框架》,载《证券市场导报》2010年第4期;洪艳蓉:《公司债券制度的实然与应然——兼谈〈证券法〉的修改》,载《证券法苑》(第5卷),法律出版社2011年版;洪艳蓉:《我国企业债券融资的制度困境与变革》,载《公司法律评论》2010年卷。

⑥ 参见时晋、曾斌:《市场分立与监管竞争——我国公司债券市场发展的法经济学研究》,载《制度经济学研究》2013年第1期。

制度史的视角研究了我国公司债券市场发展的法律瓶颈,主张逐步用交易所市场统合银行间市场,由证监会逐步统合债券市场的发行与交易监管。[①]

以上研究,逐步将债券市场分割和互联互通问题的研究由经济学转向法学视野,开始透过债券市场分割的表象挖掘本质,重视监管和法律制度在其中发挥的重要影响,进而探索破解债券市场分割的制度进路。但是,以上研究大多过于笼统概括地提出债券市场"统一"的路径,但是所谓"统一"究竟是在何种程度上的统一,是否对所有债券品种和市场不加区分地适用统一的监管和法制,抑或仅仅指向公司信用债券,往往语焉不详。事实上,鉴于债券品种的差异化结构和特性,公司信用债券的统一路径恐难以适用于整个债券市场,为避免以偏概全,还需要基于不同债券特性,对债券市场互联互通、监管体系重构和债券法制统一的路径选择作具体分析。

就国外相关研究而言,由于债券市场发展阶段和模式的不同,尤其以美国为代表的发达国家和地区,债券市场发展已经十分成熟,并不存在如我国债券市场所谓的市场分割问题,因而有关研究也更多是针对债券市场微观结构、监管制度和投资者保护等方面,特别是重视对债券市场透明度和信息披露的研究。保罗·阿斯奎斯等(2014)研究了强制性信息披露制度对公司债券二级市场交易的影响,发现信息透明度的提高不仅有助于降低债券市场中投资者和做市商之间的报价差异,还能降低某些特定类型债券的二级市场的价格波动性。[②]埃米·爱德华兹(Amy K. Edwards)(2007)、亨德里克·贝塞姆宾(Hendrik Bessembin)(2008)等研究了公司债券市场透明度对市场流动性、信息有效性、市场竞争和交易成

---

① 参见蒋大兴:《被忽略的债券制度史——中国(公司)债券市场的法律瓶颈》,载《河南财经政法大学学报》2014年第4期。

② 参见保罗·阿斯奎斯、汤姆·康福特、普兰格·帕沙克:《金融市场中交易信息强制披露制度的作用——以公司债券市场为例》,载《金融市场研究》2014年第1期。

本等方面的影响。①莫雷·麦克丹尼尔（Morey W. McDaniel）（1986）、马克·克劳克（Mark S. Klock）（2005）、塞尔达·塞利克（Serdar Çelik）（2015）等学者还关注了公司债券持有人参与公司治理和债券持有人保护之间的相关性问题。②布鲁诺·比艾（Bruno Biais）、范尼·德克勒克（Fany Declerck）（2007）研究了公司债券市场流动性、市场竞争和价格发现之间的关系。③而有关交易场所分割与市场质量之间的关系研究，主要是围绕股票市场展开的，基本的共识是交易场所的多元化有助于产生竞争效应，降低交易成本，提高价格的有效性。④关于债券市场统一的少量研究集中在国际层面上的区域债券市场一体化，夏洛特·克里斯蒂安森（Charlotte Christiansen）（2014）通过实证分析检验了欧盟与非欧盟国家、信用评级等因素对欧洲债券市场一体化的影响；⑤Xuan Vinh Vo（2009）研究了亚洲债券市场一体化的测度和影响因素。⑥以上境外研究成果，虽

---

① Amy K. Edwards, M. Nimalendran and Michael S. Piwowar, Corporate Bond Market Transparency: Liquidity Concentration, Informational Efficiency, and Competition, SSRN Electronic Journal, 2007; Amy K. Edwards, Lawrence E. Harris and Michael S. Piwowar, Corporate Bond Market Transaction Costs and Transparency, The Journal of Finance, Vol.62, No.3, 2007; Hendrik Bessembinder, William Maxwell, Transparency and the Corporate Bond Market, Journal of Economic Perspectives, Vol.22, No.2, 2008.

② Morey W. McDaniel, Bondholders and Corporate Governance, The Business Lawyer, Vol.41, February 1986; Mark S. Klock, Sattar A. Mansi and William F. Maxwell, Does Corporate Governance Matter to Bondholders? Journal of Financial and Quantitative Analysis, Vol.40, No.4, 2005; Serdar Çelik, Gül Demirtaş and Mats Isaksson, Corporate Bonds, Bondholders and Corporate Governance, OECD Corporate Governance Working Papers No.16, 2015.

③ Bruno Biais, Fany Declerck, Liquidity, Competition & Price Discovery in the European Corporate Bond Market, Idei Working Papers, 2007.

④ Maureen O'Hara, Mao Ye, Is Market Fragmentation Harming Market Quality? Journal of Financial Economics, Vol.100, No.3, 2011; Paul Bennett, Li Wei, Market Structure, Fragmentation, and Market Quality, Journal of Financial Markets, Vol.9, No.1, 2006; James L. Hamilton, Marketplace Fragmentation, Competition, and the Efficiency of the Stock Exchange, The Journal of Finance, Vol.34, No.1, 1979; Christo A. Pirinsky, Qinghai Wang, Market Segmentation and the Cost of Capital in a Domestic Market: Evidence from Municipal Bonds, Financial Management, Summer 2011.

⑤ Charlotte Christiansen, Integration of European Bond Markets, Journal of Banking & Finance, Vol.42, 2014.

⑥ Xuan Vinh Vo, International Financial Integration in Asian Bond Markets, Research in International Business and Finance, Vol.23, 2009.

然受制于债券市场发展水平以及债券监管和法制的差异而不能简单照搬,但对我国债券市场的理论研究和制度建设仍然具有重要的借鉴和启示意义。

三、研究框架

本书立足我国债券市场发展的现实困境,围绕着从债券市场分割到互联互通的发展模式选择问题,以债券市场发展中的"政府—市场—法治"三者关系为主线,循着"提出问题—分析问题—解决问题"的研究思路,重点研究以下五个部分内容:

第一章:债券市场分割的现实困局。本章主要是通过分析我国债券市场分割的现状、成因和弊害,以确立本书的问题意识和逻辑起点。具体内容包括:一是从交易主体、交易产品和托管结算体系三个方面对债券市场分割的现状进行表征分析,明确债券市场分割与多层次资本市场之间的区别,也是为在市场结构层面如何实现互联互通提供路径指引。二是追本溯源,从市场(功能定位偏差)、政府(监管权力博弈)和法治(债券法制割裂)三个方面探究债券市场分割的制度根源,通过在制度层面对债券市场分割的深层解构,挖掘市场现象背后的制度本质,避免陷入就市场论市场的研究误区,从而为本书后续章节的制度回应(市场互联互通、监管体系重构和债券法制统一)奠定基础。三是从债券市场竞争机制、投融资功能、市场流动性、价格形成机制、风险防范体系等方面分析市场分割的现实弊害,从而揭示债券市场从分割走向互联互通的必要性和紧迫性。

第二章:债券市场互联互通的模式选择及证成。本章主要是对既有的债券市场统合论、银行间债券市场主导论、交易所债券市场主导论和债券市场互联互通论等债券市场发展模式的争论作分析和比较,并以市场竞争理论、利益集团理论为视角研究债券市场互联互通的理论基础,为债券市场互联互通的模式选择进行理论证成。首先,从市场竞争的视角看,市场分割与自由竞争、公平竞争之间存在冲突,而互联互通恰恰是在保持市场异质性的前提下,实现债券市场交易主体和产品等要素的自由流动,有利于银行间债券市场和交易所债券市场在竞争中协调发展,充分发挥市场竞争机制在债券市场资源配置中的作用,激发债券市场活力。其次,从利益集团的视角看,市场分割的现实格局无形中就在债券市场中建立了两大利益集团,既存在于市场层面也存在于政府层面,并且二者相互固化。利益集团不仅"俘获"了监管,也"绑架"了立法,特别是在部门利益本位的驱使下,债券市场沦为了争夺权力资源的"竞技场",市场竞争异化为了监管竞争。债券市场互联互通就是要打破利益集团的束缚,回归正常的市场竞争秩序,保证监管和立法体现多元主体的利益诉求。

第三章:债券市场互联互通的实现路径。本章基于债券市场分割的表现形式以及互联互通的内涵出发,从交易主体、交易产品和托管结算体系三个方面探讨互联互通的实现路径。一是债券市场交易主体的互联互通,这是市场主体经济自由权的体现,实质就是保障债券市场投资者能够自主选择交易场所,从事跨市场交易活动,核心问题在于商业银行能否重返交易所债券市场。同时,交易主体的互联互通还需要相应的配套措施作为保障,包括培育多元化的投资者结构、完善投资者适当性管理、建立适应不同投资者需求的交易平台以及完善债券市场做市商制度等。二是债券市场交易产品的互联互通,实质就是各类债券交易产品都能够自由地跨市场发行和交易,这是实现债券流通性的必然要求,也是发挥其投融资功能、价格发现功能和风险规避功能的重要保障,而这也同样需要创新多样化的债券产品结构和交易机制、健全债券分类管理制度作为保障。三是债券市场托管结算体系的互联互通,这是实现由形式联通到实质联通的必由之路。通过对境外债券市场的考察,债券市场托管结算体系的集中统一是大势所趋。对于我国而言,短期目标应当是扩大跨市场双向转托管的债券品种,并通过简化审核程序等方式在技术层面提高转托管效率,尽可能实现实时到付交易。长期来看,应当统一债券市场托管结算体系,保证投资者能够在统一的托管结算系统内完成债券交割,实现所谓的"一户通"。

第四章:债券市场互联互通下的监管体系重构。本章是针对我国债券市场中多头监管主体权力博弈的制度回应,也是从监管体系的角度提出债券市场互联互通的制度保障。实际上是要通过债券监管理念的更新以及监管权力的重新配置,明确政府在债券市场中的角色定位,转变政府职能,理顺政府和市场的关系,充分发挥市场在资源配置中的决定性作用。具体而言,在监管理念上,应当以市场化和法治化为根本导向,树立市场化的债券发行监管理念,摒弃机构监管的理念束缚,转变以股票市场为导向的监管思维,强化对债券市场监管的法治约束。在监管权力配置上,既要适应债券市场互联互通的制度诉求,又要充分体现债券市场特性。对此,本书提出债券发行市场应基于债券品种多元化、差异化特征保留多头监管,但对于同类债券(如公司信用类债券)应适用统一的发行监管主体和监管规则。债券交易市场则应基于互联互通需要实施统一监管,即使短期内无法统一监管主体,也应实现监管规则和标准的统一。同时,还应理顺发行监管权与交易监管权、行政监管权与自律监管权之间的关系,在注册制改革背景下监管重心由事前监管向事中事后监管转移,监管方式上由政府直接监管向间接监管转变,突出证券交易所和交易商协会的自律监管职能。

第五章:债券市场互联互通下的债券法制统一。本章是对债券市场法制割裂的制度回应,债券法制统一是实现债券市场互联互通的法制保障。但是,本书所主张的债券法制统一并非对现有立法的简单整合,债券的差异化特征决定了不可能构建完全统一的法律制度,债券市场互联互通下的债券法制统一,其实是一个从个性中提炼共性、于混沌中发现秩序的过程。首先,在宏观层面上,应确立《证券法》在债券市场的基本法地位,并通过法律的联动修改,协调好《证券法》与《中国人民银行法》《公司法》等相关法律的关系。在此基础上,应当扩大《证券法》规定的"证券"定义及范围以囊括所有债券类型,并规定债券发行监管、信息披露、信用评级、登记结算、投资者保护等共性的基础法律制度。其次,在中观层面上,应当重构统一而有差别的债券监管规则体系,包括在分类管理基础上统一同类债券的发行监管规则,统一政府层面的交易监管规则,并在保持差异化的前提下协调好交易商协会和交易所的自律监管规则。再次,在微观层面上,应当构建符合债券市场特性的基本制度,包括信息披露制度、信用评级制度、投资者保护制度等。与此同时,本章内容还将结合新《证券法》修订实施这一背景,对新《证券法》有关债券规则进行梳理、新旧比较和评析。在此基础上,分析新《证券法》对债券市场互联互通的得失影响,更进一步探讨债券市场互联互通的制度困境,进而对债券市场互联互通的进程作必要的展望。

四、创新点和不足

本书是对我国债券市场从分割走向互联互通法律问题的研究,以债券市场发展模式选择为切入点,对债券市场结构、监管体系和债券法制展开了系统性研究,力图破解掣肘我国债券市场发展的制度困境。本书研究的创新点主要体现在以下几个方面:

第一,转变了就市场谈市场的传统研究范式,围绕债券市场分割和互联互通问题,将研究视角扩展至债券市场发展过程中的市场、政府与法治三者关系上,并以此为主线展开研究。本书强调,债券市场分割只是表象和结果,但问题的实质和成因在于政府的不当干预和权力博弈,以及由此导致的债券市场多头监管和法制割裂。因此,本书所研究的主要内容,无论是对债券市场分割制度根源的剖析(市场功能定位偏差、政府监管权力博弈、债券法制基础割裂),还是对债券市场互联互通的制度回应(交易主体、产品和托管结算体系的互联互通、监管体系重构、债券法制统一),都是基于市场、政府和法治三个层面展开的,从而有利于在根本上抓住债券市场分割的制度症结,进而求解制度变革之道,一个基本的指导思想就是债券市场发展应当由行政化向市场化、法治化方向转变。

第二,在债券市场互联互通的理论层面,本书从市场竞争和利益集团两个理论视角论证互联互通模式选择的正当性。事实上,关于债券市场的发展模式选择并非不证自明的,究竟是建立统合的单一债券市场,还是对既有的不同债券市场互联互通,有必要进行理论证成。本书认为债券市场互联互通的实质在于债券的跨市场交易和自由流动,有助于实现银行间债券市场和交易所债券市场竞争机制的发挥。与此同时,本书认为债券市场分割的困局成因,可以从利益集团理论中得到解答,市场利益与政府部门利益的交织是问题的核心,因此打破债券市场固化的利益集团束缚,既是互联互通的意义之所在,也是实现互联互通的关键之所在。

第三,在债券市场监管体系重构中,提出应当对债券发行市场监管和交易市场监管进行合理区分,在债券发行市场中应基于债券品种特性的差异保留多头监管,而在债券交易市场则应基于互联互通的需要实施统一监管,并且应当理顺发行监管和交易监管之间的关系,纠正目前债券市场监管中存在的重审批轻监管、以审批代监管的误区,将债券市场监管重心由事前监管向事中事后监管转移。这同时也是对债券市场研究中两个流行误区的纠偏:一是债券市场不同于股票市场,所谓统一监管不能一概而论,公司信用债券的统一监管也不能简单地适用于整个债券市场,必须要结合债券市场自身的特性具体分析;二是债券发行市场需要考虑债券品种差异化特性实行多头监管,并不意味着债券交易市场也应如此,后者更应考虑的是如何在控制风险的前提下,有利于债券市场交易主体和产品的跨市场交易,保护投资者利益,因而有必要对债券交易实施统一监管。

第四,在债券法制统一问题上,并未简单追求形式上的整合或统一,本书也并不主张对债券发行和交易采取大一统的立法模式,而是提出要在宏观的法律层面、中观的监管规则层面和微观的制度层面,结合债券市场特性选择恰当的统一路径。长远来看,应当将《证券法》统一为债券市场基本法,拓展《证券法》的调整范围。但在短期,更加可行的方案是在尊重债券品种差异的前提下,尽可能统一债券市场监管规则,以及债券市场基础性法律制度。

第五,在本书研究过程中,始终紧密围绕债券和债券市场自身的特性进行研究,尝试超越长期以来资本市场法治研究中以股票规则为中心的研究取向,在债券市场互联互通、监管体系重构和债券法制统一的路径选择以及具体的制度建构中,都遵循了债券和债券市场的独特品格和发展规律,避免出现股票和债券制度的混淆。

当然,本书在研究过程中受限于选题以及笔者研究视野和能力,尚存在一些不足和缺憾之处。一是本选题所涉问题十分庞大且复杂,基本上涵盖了整个债券市场发展中的主要问题,包括市场结构、主体、产品、基础设施、监管体系和法律制度等。本书虽然力图对以上问题作全局性、系统性研究,但难免有所遗漏和取舍,对一些问题的研究不够全面与深入。二是本选题的国内学界研究相对匮乏、境外研究样本不足,导致在研究过程中缺乏足够的可供参考的文献和实践样本作为支撑,因而所提出的观点是否妥当以及是否具有可行性,尚有待验证。三是债券市场固化的部门利益格局和监管权力架构,在短期内难以彻底打破,这也不是理论研究所能左右的,故而本书的理论成果转化为实践可能需要一个漫长的过程,这势必将会影响到本书研究成果的短期价值。

五、研究方法

第一,历史分析方法。通过回溯债券市场发展历史和变迁进程,揭示债券市场分割、多头监管、法制基础割裂等现实困局的历史成因和路径依赖,从而为债券市场互联互通、监管体系重构和债券法制统一的路径选择和制度设计提供历史依据。

第二,规范分析方法。通过对我国债券市场的相关法律法规、部门规章和自律规则进行梳理和分析,透过规则发掘现有法律制度供给的不足以及规则背后的权力博弈,从而为债券市场互联互通中的规则嬗变及债券法制统一提供规范依据。

第三,实证分析方法。通过对债券市场典型案例的分析,以及对银行间市场交易商协会、证券交易所、登记结算机构等实务部门的调研,收集债券市场的第一手资料并进行整理和转化,将理论和实践相结合,从而为本书的论证过程和研究结论提供现实依据。

第四,比较分析方法。通过对域外成熟债券市场的发展模式、监管体制和法律制度等进行比较研究,立足我国具体实际,探索通过制度移植和制度创新等方式吸收有益成果,从而为我国债券市场发展和相关制度设计提供经验借鉴。

第一章　债券市场分割的现实困局

　　我国债券市场是从 20 世纪 80 年代开始逐步发展起来的,大体上经历了以场外柜台债券市场为主、以交易所债券市场为主和以银行间债券市场为主的三个阶段。[①]其中,自 1981 年恢复国债发行之后,债券发行以行政分配为主,也不存在债券二级交易市场,债券"黑市"交易盛行。直到 1988 年初,随着国债发行规模扩大,为了增加债券流动性,开始在 7 个城市开展国债柜台交易试点,同年 6 月又批准了 54 个城市的国债柜台交易试点。到 1991 年,国债流通试点已经覆盖全国 400 个城市,场外债券柜台交易市场在全国范围内逐渐建立并扩大。随着 1990 年年底上海证券交易所的成立,债券开始进入场内交易所市场交易,从而形成场内和场外市场交易并存的格局。但是由于彼时场外柜台市场交易中出现了严重卖空和假回购等问题,债券柜台市场于 1995 年 8 月被叫停,债券交易被统一到交易所债券市场中。1997 年 6 月,为防止商业银行资金通过债券回购交易等方式违规进入股市,中国人民银行发布《关于各商业银行停止在证券交易所证券回购及现券交易的通知》(银发〔1997〕240 号),要求商业银行全面退出交易所债券市场,通过全国银行间同业拆借中心进行交易。银行间债券市场由此建立并迅速发展成为债券市场主导力量,银行间债券市场和交易所债券市场两市分立的格局也就此形成。可以说,目前我国场内与场外市场并存的多层次债券市场体系已经初具雏形,但市场之

---

　　① 吴敬琏:《当代中国经济改革教程》,上海远东出版社 2010 年版,第 202 页。

间相互分割、缺乏有效联通,却也是不争的事实。虽然有观点认为我国债券市场分割实际上是一个伪命题,理由是场外的银行间债券市场主导与国际市场发展趋势是一致的,并且机构投资者和公司信用债等高风险债券本就应该在场外市场交易。[①]但其忽略了一个基本的前提,那就是场内或场外市场主导应是市场竞争的结果,是由市场决定的,而不应当是行政干预和人为分割的结果。本章内容旨在探讨我国债券市场分割的现实表现、制度成因及其弊害,从而为后续研究奠定基础。

第一节 债券市场分割的表征分析

首先需要澄清的是,虽然学界对于债券市场分割大多是从市场主体、债券产品、托管结算体系和监管体系四个方面进行分析的,[②]但在笔者看来,监管体系分割与其说是债券市场分割的表象,莫不如说是其制度成因,因而本书对于市场分割的表征分析主要是针对交易主体、交易产品和托管结算体系所作的研究。另外,由于商业银行柜台债券市场实质上可以视作银行间债券市场在个人投资者领域的延伸,[③]在债券市场中所占规模和作用也相对较小。因此,本书对于债券市场分割和互联互通的研究也主要是围绕银行间债券市场和交易所债券市场展开的。

一、债券市场交易主体分割

从交易主体结构上看,银行间债券市场和交易所债券市场各有侧重,前者主要由以商业银行为代表的机构投资者参与,后者除了以证券公司为代表的机构投资者外,还包括大量的个人投资者。根据中国证券登记

---

① 徐忠:《中国债券市场发展中热点问题及其认识》,载《金融研究》2015 年第 2 期。

② 参见何志刚:《中国债券市场微观结构研究》,中国经济出版社 2011 年版,第 213 页;温彬、张友先、汪川:《我国债券市场分割问题研究》,载《宏观经济研究》2010 年第 11 期;吴照云、欧阳家忠:《我国企业债市场分割问题研究》,载《江西社会科学》2013 年第 4 期。

③ 参见蔡国喜:《我国债券市场统一方案构想》,载《证券市场导报》2004 年第 5 期。

结算有限公司的数据统计,截至 2021 年 5 月,交易所市场投资者数量为 18705.97 万个,其中自然人投资者数量为 18662.57 万人,机构投资者数量为 43.4 万个。①即使是在机构投资者结构上,两个市场虽有交叉,却也大相径庭。虽然从机构投资者类型上看,银行间债券市场投资者结构日趋多元化,但在持有债券比重上商业银行仍然占据着绝对的主导地位(见表 1.1);而从交易所债券市场中的机构投资者数量和持债比重上看,都是以证券公司为主的。造成两个市场投资者结构分化的原因,既有历史因素也有现实因素,既有政府因素也有市场因素。首先,由于早期交易所债券回购市场存在制度性缺陷,成为商业银行信贷资金违规流入股市的重要渠道,中国人民银行于 1997 年 6 月以一纸通知的方式将商业银行剥离出交易所,这直接导致了银行间债券市场的产生和迅速崛起,以及交易所债券市场的日渐边缘化。银行间债券市场之所以被称为"银行间"的市场,其产生之时就是以商业银行为主导的,至于交易所债券市场则本就具有面向个人投资者的传统,加之商业银行的退出,其机构投资者也只能以证券公司为主。其次,从两个市场的交易机制上看,银行间债券市场采用询价机制和做市商报价机制相结合,适合于机构投资者从事大宗交易的需求;交易所债券市场过去一直采用集合竞价机制,更适合个人投资者和中小投资者的需求。也正是鉴于集合竞价机制在面对机构投资者和大宗交易的不适应性,上海证券交易所于 2007 年推出了"固定收益证券综合电子平台",引入询价机制和做市商机制,以作为交易所债券市场中面向机构投资者、符合债券交易特点的批发性交易平台。

需要指出的是,如果仅仅只是投资者结构的分化并不能成为债券市场交易主体分割的佐证,问题的关键在于投资者结构的分化是投资者自主选择的结果,还是行政权力干涉的结果。换言之,是否存在债券市场交易主体分割的评判标准在于投资者是否有权自主选择交易场所,以及自

---

① 参见中国证券登记结算有限责任公司网站,http://www.chinaclear.cn/zdjs/tjyb2/center_tjbg.shtml,2021 年 6 月 10 日最后访问。

表 1.1 银行间债券市场投资者结构及持债比重(2020 年 12 月)

机构类型	持债比重(%)						
	记账式国债	地方债券	政府支持机构债	政策性银行债	商业银行债	企业债券	资产支持证券
政策性银行	0.5	6	3	0.3	1.6	0.2	0.07
商业银行	62.9	84.8	54.1	55.6	31.4	17.3	61.1
信用社	0.9	0.6	0.8	2.9	0.5	0.3	0.002
证券公司	2	0.4	1.3	0.9	0.5	6.2	1.3
保险机构	2.5	2.2	11.1	3.3	6.7	2.4	0.3
其他金融机构	0.5	0.1	0.5	0.2	0.2	0.2	3
非金融机构	0.03	0	0.001	0	0.003	0.006	0
非法人产品	7.7	3.1	25.1	31.2	58.6	42.5	32.8
境外机构	9.7	0.01	0.3	5.1	0.6	0.3	1.3
其 他	13.3	2.8	3.7	0.4	0	30.4	0.03

资料来源:中债信息网,《2020 年债券市场统计分析报告》。

由从事跨市场交易。事实上,发达国家的债券市场也存在场内和场外市场并立的格局,尽管从实践上看机构投资者也更偏好场外市场,但本身并不禁止特定的发行人和投资者群体市场进入。[1]我国则不然,商业银行长期被严格禁止进入交易所债券市场,这固然是我国债券市场发展特定历史背景下的产物,但延续至今业已成为债券市场发展失衡和分割的一个重要因素。虽然 2010 年中国证监会、中国人民银行和中国银监会联合发布了《关于开展上市商业银行在证券交易所参与债券交易试点有关问题的通知》,标志着商业银行开始重返交易所债券市场,但从实践情况来看,由于受到了诸多限制,其重返之路依然充满坎坷。《通知》限定试点的只能是上市商业银行,并且只能在交易所集中竞价交易系统进行规定业务范围内的债券现券交易,而不能在交易所固定收益平台从事回购交易,这

---

[1] 参见时文朝主编:《中国债券市场:发展与创新》,中国金融出版社 2011 年版,第 18 页。

导致商业银行重返交易所债券市场陷入了"有名无实"的怪象,商业银行在交易所债券市场的参与度仍然较低。直至 2019 年 8 月,中国证监会、中国人民银行和中国银保监会联合发布了《关于银行在证券交易所参与债券交易有关问题的通知》(证监发〔2019〕81 号),将在证券交易所参与债券交易的银行范围扩大至全部政策性银行、国家开发银行、国有大型商业银行、股份制商业银行、城市商业银行、在华外资银行和境内上市的其他银行,但依旧只能从事债券现券的竞价交易。另外,虽然商业银行以外的机构投资者在跨市场交易方面并无明确限制,但由于银行间债券市场和交易所债券市场托管结算体系的不统一,使得投资者不得不在两个市场的托管结算机构分别开立托管账户,账户之间又缺乏顺畅的联通机制,成为了投资者跨市场交易的重要障碍,这进一步加剧了债券市场交易主体分割的局面。

二、债券市场交易产品分割

从债券市场产品结构上看,银行间债券市场发行和交易的债券按照发行主体划分,主要包括政府债券、央行票据、政府支持机构债券、金融债券、企业债券、非金融企业债务融资工具、信贷资产支持证券等;交易所债券市场发行和交易的债券则主要是公司债券、可转换公司债券、政府债券、企业债券、企业资产支持证券等,从范围上看既有交叉也有区别(见表 1.2)。如果说债券市场投资者结构的分化,部分原因尚可归结为机构投资者对于场外市场的偏好,那么将债券产品结构的分化归咎于债券特性差异及市场偏好,则未免有些牵强附会。虽然从债券市场发展实践上看,一些高风险、高收益的债券衍生产品更适合在机构投资者为主的场外市场交易,但对于政府债券、金融债券和公司信用债券等基础性债券,并不存在市场适合性的问题,况且各国在立法和监管中也不会限制债券发行和交易的场所,而是由债券市场发行主体决定。可见,我国债券市场产品结构的分化,显然无法从市场层面给出合理的解释,只能归咎于债券发行监管主体不同及由此导致的债券发行和交易市场的人为分割。

表 1.2　债券市场产品结构、交易场所和托管结算机构

发行主体	债券产品		交易场所	托管结算机构
中央政府	国债		银行间债券市场	中央结算公司
			交易所债券市场	中证登
			商业银行柜台市场	中央结算公司
地方政府	地方政府债券		银行间债券市场	中央结算公司
			交易所债券市场	中证登
中国人民银行	央行票据		银行间债券市场	中央结算公司
国家铁路集团	铁道债券	政府支持机构债券	银行间债券市场	中央结算公司
中央汇金	中央汇金债券			
政策性银行	政策性金融债券		银行间债券市场	中央结算公司
			交易所债券市场	中证登
商业银行	金融债券		银行间债券市场	中央结算公司、上海清算所
保险公司				
证券公司				
财务公司				
金融租赁公司				
证券公司	次级债券		交易所债券市场	中证登
非金融企业	公司债券		交易所债券市场	中证登
	可转换公司债券			
	中小企业私募债券			
	企业债券		银行间债券市场	中央结算公司
			交易所债券市场	中证登
	非金融企业债务融资工具		银行间债券市场	上海清算所
	信贷资产支持证券		银行间债券市场	中央结算公司
	企业资产支持证券		交易所债券市场	中证登

具体而言,我国债券市场交易产品的分割主要表现在以下三个方面:

一是在债券一级市场中,除了国债、地方政府债券、企业债券可以选择跨市场发行之外,中国人民银行主管下的央行票据、非金融企业债务融资工具以及绝大部分金融债券[①]、信贷资产支持证券[②]只能在其监管下的银行间债券市场发行,中国证监会主管下的公司债券和可转换公司债券等则只能在其监管下的交易所债券市场发行。另外,债券市场主体的分割在一定程度上也延伸到了债券发行领域,商业银行债券目前只能在银行间债券市场发行,证券公司债券则主要在交易所债券市场发行,直至2019年7月广发证券获批在银行间债券市场发行了首只证券公司金融债券。二是债券发行市场决定交易市场,债券发行的市场分割进而导致了债券交易的市场分割,债券产品无法自由跨市场交易。即使是可以跨市场发行的国债、地方政府债券和企业债券也不意味着能够自由地跨市场交易,在债券托管结算体系分割的背景下,只能够通过转托管的方式进行跨市场交易。并且只有国债和地方政府债券可以双向转托管,企业债券只能由银行间债券市场向交易所债券市场单向转托管。三是公司信用类债券领域的分割已经成为我国债券市场分割的典型表现。公司债券、企业债券和非金融企业债务融资工具都是以公司信用为基础,但在我国却被分割为三类债券,分属于三个不同的监管机构主管,在不同的市场发行和交易中采取不同的监管规则,从而形成了"三套规则、二分市场"[③]的格局。银行间债券市场采用"非金融企业债务融资工具"、"中期票据"、"短期融

---

① 按照《全国银行间债券市场金融债券发行管理办法》的规定,政策性银行、商业银行和企业集团财务公司等金融机构发行的金融债券只能在银行间债券市场发行。2014年"国开1301"、"国开1302"成为首批在交易所市场上市交易的政策性金融债券,此后国开行和进出口银行陆续在上交所和深交所发行了政策性金融债券,截至2021年4月共有16只债券,总发行额度仅为730亿元,相比于银行间债券市场金融债券的发行规模不可同日而语。

② 按照《信贷资产证券化试点管理办法》(2005)第3条规定:"资产支持证券在全国银行间债券市场发行和交易。"因此,绝大部分信贷资产支持证券都是在银行间债券市场发行和交易,截至目前只有2014年3只"平安银行1号小额消费贷款资产支持证券"在上交所发行和交易,发行规模也仅仅只有26.3亿元。

③ 参见洪艳蓉:《我国企业债券融资的制度困境与变革》,载《公司法律评论》(第10卷),上海人民出版社2010年版。

资券"等似是而非、令人费解的概念，无非就是为了规避《证券法》和《公司法》的适用。①

三、债券市场托管结算体系分割

债券托管是指托管机构接受债券持有人委托，对债券持有人的债券权益进行维护和管理的行为。根据托管层级的不同，债券托管分为一级托管和多级托管。其中，一级托管是指最终投资者以自己的名义将债券托管于中央登记托管机构（Central Securities Depository，CSD），由中央登记托管机构直接管理投资者的债券权益；多级托管是指终端投资者将债券托管于中介机构，中介机构再以自己的名义托管于上一级中介机构，直至中央登记托管机构，中介机构是其托管债券的名义持有人，终端投资者只能通过中介机构主张债券权利。在我国债券市场中，一级托管和二级托管并存。其中，银行间债券市场实行一级托管，交易所债券市场和商业银行柜台市场实行二级托管。中央结算公司负责债券总托管和一级托管业务，二级托管人和分托管人在总托管统驭下负责债券二级托管业务。如果将交易场所比作债券市场的"前台"，那么托管结算体系则可视作债券市场的"后台"，作为债券市场基础设施的重要组成部分，为债券的发行和交易提供登记、托管、结算服务。目前，我国债券市场存在中央国债登记结算有限责任公司（以下简称中央结算公司）、中国证券登记结算有限责任公司（以下简称中证登）和银行间市场清算所股份有限公司（以下简称上海清算所）三个托管结算机构（见表1.3）。三者相互独立、相互竞争，长期缺乏有机的协调和衔接机制，在债券市场中形成了相互分割的三套托管结算体系。

首先，在业务范围上，中央结算公司负责银行间债券市场的债券托管结算事宜；中证登负责交易所债券市场的债券托管结算事宜，其下设上海

---

① 参见上海证券交易所法律部：《成熟市场视野下的证券法修改完善论纲》，载《证券法苑》（第6卷），法律出版社2012年版。

表 1.3　三家托管结算机构比较

		中央结算公司	中证登	上海清算所
成立时间		1996 年	2001 年	2008 年
批准机构		国务院	中国证监会	中国人民银行
监管机构		中国人民银行、财政部、中国银保监会、国家发改委、中国证监会	中国证监会	中国人民银行
托管券种		国债、地方政府债、政策性金融债、政府支持机构债、企业债、信贷资产支持证券、商业银行债、非银行金融机构债、国际机构债券等（国债、地方政府债、企业债为总托管）	国债、地方政府债、公司债、企业资产支持证券等（国债、地方政府债、企业债为分托管）	非金融企业债务融资工具等
债券份额（2020 年末）	总登记量	77.14 万亿元，占 73.95%	13.81 万亿元，占 13.24%	13.37 万亿元，占 12.81%
	交易结算	943.23 万亿元，占 61.24%	294.61 万亿元，占 19.13%	302.26 万亿元，占 19.63%
结算方式		实施全额	全额＋净额	全额＋净额

分公司和深圳分公司,分别对上海证券交易所和深圳证券交易所的债券交易进行托管结算;上海清算所自 2010 年起由中国人民银行指定为银行间债券市场超短期融资券的托管结算机构以来,在银行间债券市场托管结算的债券范围不断扩展,已经包括了超短期融资券、非金融企业定向融资工具、短期融资券、中期票据、中小企业集合票据、资产支持票据、熊猫债券、绿色金融债券等债券品种。值得一提的是,按照财政部制定的《国债托管管理暂行办法》第 5 条规定,国债托管实行全国集中、统一管理的体制,财政部授权中央结算公司主持建立和运营全国国债托管系统。但是实践中,国债在银行间债券市场和交易所债券市场仍然分别由中央结算公司和中证登负责托管结算,从而在交易所债券市场中形成了"中央登记、二级托管"的分级托管体制,即中央结算公司作为国债一级托管人,中证登作为二级托管人在中央结算公司开立名义托管账户,交易所债券市

场投资者直接在中证登开立账户进行交易。实际运行过程中,中央结算公司的一级托管账户只记载债券托管总量而不掌握明细,对中证登的二级托管账户也没有任何控制力,两个托管账户根本上还是独立和分割的。其次,在管理体制上,中央结算公司由财政部出资,中国人民银行负责业务管理,中国银监会负责人事管理,面临多头监管;中证登由证监会负责管理;上海清算所由中国人民银行负责管理。也正是由于主管部门的不同,在很大程度上也决定了各自托管结算业务范围的划分。再次,在结算方式上,中央结算公司实行逐笔全额结算,中证登和上海清算所则实行的是全额+净额结算方式。按照上海清算所发布的《银行间市场清算所股份有限公司集中清算业务指南(第七版)》的规定,对交易成交数据中采用全额清算的成交数据,如交易双方或一方未设置清算方式选择参数,按全额、实时、逐笔清算和结算的规定进行处理;如交易双方均设置了清算方式选择参数,则上海清算所对该笔成交数据提供清算方式选择。交易双方在净额截止时点前均选择净额清算的,按净额流程处理;其他选择结果均按全额流程处理。中证登的结算模式相对复杂,对于采用集中竞价交易的债券品种,中证登作为中央对手方进行净额清算;对于采用协议交易等非集中竞价交易的债券品种,中证登依据信用评级和市场需求等因素,确定采用净额清算担保交收或者全额清算非担保交收的结算方式。

　　托管结算体系的分割既是债券市场分割的结果,也是进一步固化和加剧市场分割的原因。债券市场"后台"的分割,意味着投资者在不同市场参与交易,甚至在同一市场交易不同债券品种,都需要在中央结算公司、中证登和上海清算所分别开立账户,实际上就迫使投资者将其手中持有的债券放在不同的"口袋"里,"口袋"之间又没有顺畅的联通渠道,这就极大地限制了投资者在不同市场之间选择交易的自由度,增加了交易成本,减少了套利机会。[①]甚至可以说,托管结算等债券市场基础设施的分割是阻碍市场主体和产品联通的关键因素,债券市场互联互通首要就是

---

① 　参见袁东:《债券市场:交易制度与托管结算》,经济科学出版社2005年版,第10页。

实现基础设施的互联互通。对此,财政部于 2003 年出台了《国债跨市场转托管业务管理办法》,意味着国债可以通过转托管的方式实现跨市场交易,这可谓是针对债券市场托管结算体系分割和跨市场交易困境的权宜之计。但也正如前文所述,转托管仅限于可跨市场发行的国债、地方政府债券和企业债券,金融债券、公司债券等则被排除在外,企业债券只能单向转托管,繁琐的审核程序以及结算方式的差异更是大大降低了转托管机制的效率。由于中证登实行日终净额结算,使得债券从银行间债券市场向交易所债券市场转托管无法实时到付交易,实践中至少需要 T + 1 个工作日方能完成。具体而言,中央结算公司在受理转托管后将债券划拨至中证登账户内,债券次日可在交易所交易;中证登在受理转托管后需经过日终清算后将债券划拨至中央结算公司账户,债券次日可在银行间债券市场交易。按照《中国证券登记结算公司国债跨市场转托管业务操作指引》规定,对于转入证券交易所市场的转托管,当日 14:00 前收到的转入指令,本公司当日进行入账处理;对当日 14:00 以后收到的转入指令,于下一个工作日进行入账处理;转入证券交易所市场的国债,可于转托管完成后下一交易日用于交易。在瞬息万变的资本市场,套利机会稍纵即逝,转托管效率的低下也极大地限制了其实施效果。更何况,即使在技术层面上能够提高转托管效率,可作为相互之间存在直接竞争关系的托管结算机构,对于提高转托管效率的积极性还需要打上大大的问号。从转托管实践来看,直到 2019 年中央结算公司才出台《关于优化企业债券跨市场转托管办理流程的通知》,正式推出企业债券跨市场电子化转托管业务,以提升企业债券跨市场转托管效率,便利市场主体开展跨市场交易。因此,债券市场托管结算体系的分割不会因为转托管的存在而被"粉饰",更难以凭借转托管的方式一劳永逸地得到解决。

第二节　债券市场分割的制度探源

《大学》有云:"物有本末,事有终始。知所先后,则近道矣。"对于债券市场分割的认识,不仅要知其然(表象),更要知其所以然(本源)。虽然制度的发生和形成并不总是理性建构的产物,很多时候只是"一个历史的偶然","起源似乎并不重要,制度实际发生的作用和意义并不会因为起源的神圣而增加,也不因起源的卑贱而减少"。①但这并不意味着制度的起源毫无意义,探究制度的起源和诱因,至少可以为制度的生成、变迁及今后的变革之道提供一个制度发生学的解释和依据,只有认清制度发生背后的原因才能够在制度改革和完善中有的放矢、少走弯路。制度发生学为"制度是如何形成的"提供过两种答案:自发演化生成和理性创设生成。二者分别沿着两条不同的理论进路展开,一是斯密—门格尔—哈耶克的演化生成论传统,二是康芒斯的"制度是集体行动控制个人行动"的制度设计论传统。②但在大多数情况下,制度在发生学上既有自发演化的特征,也有理性创设的特征,不论是"自发生成论"还是"理性创设论"的制度发生学解释,都必须提供一种制度发生的动力学理由。③回到债券市场分割的问题上,其发生具有一定的历史偶然性,商业银行退出交易所市场及银行间债券市场的建立,初始目的仅仅是为了防止商业银行信贷资金违规流入股市,既非出于多层次市场的考虑,更没有分割市场的意图。可制度形成的逻辑并不总是共时性的,而更多是历时性的。④从最初银行间债券市场的建立到如今市场分割局面的形成,这一制度生成、演化的过程,绝不是"一个历史的偶然"所能够解释的,其中必定蕴含着某些"必然性"的制度因子。本节内容正是基于债券市场功能、监管权力和债券法制三个维度出发,试图挖掘债券市场分割现象背后的制度诱因。

---

① ④ 参见朱苏力:《制度是如何形成的?——关于马歇尔诉麦迪逊案的故事》,载《比较法研究》1998 年第 1 期。

② 参见韦森:《经济学与哲学:制度分析的哲学基础》,上海人民出版社 2005 年版,第 65 页。

③ 参见顾自安:《制度发生学探源:制度是如何形成的》,载《当代经济管理》2006 年第 4 期。

一、债券市场功能定位的偏差

债券市场作为同股票市场并行的直接融资渠道,为多元主体搭建资金融通的桥梁自当是其最本源、最核心的功能,并在此基础上衍生出了风险规避、价格发现、宏观调控等其他功能。既然如此,那么债券的发行、定价和交易就理应由市场中的资金供给者(投资者)和资金需求者(发行人)共同决定,政府不应过多干预。换言之,发行人能否发债成功,主要取决于自身信用是否良好以及债券定价是否合理;投资者能否避险获利,主要依据信息披露和市场中介提供的包括信用评级在内的金融服务进行判断。①同样地,发行人选择在哪个市场发行债券,投资者选择在哪个市场交易债券,也应是其作为市场主体所享有的自主选择权,而不应由政府监管部门运用行政权力事先作人为的市场划分。但在我国,由于债券和债券市场并非市场自发生成的,而是政府主导下的产物,在产生之初就存在功能定位上的偏差,导致政府的行政管制过多,市场化程度不足,债券的发行和交易场所以及投资者结构等,被人为地条块分割而形成了"碎片化"的格局。

(一)债券功能定位的偏差

从债券制度史的角度看,20 世纪 50 年代初我国开始发行"国家经济建设公债",目的是为了平衡财政收支,抑制通货膨胀,稳定市场物价以及筹集国民经济建设资金。②并且在 1991 年引入承购包销机制之前,由于不存在一级国债市场,国债发行主要通过行政摊派和政治动员相结合的方式进行。③实际上,直到 20 世纪 90 年代初国债市场化改革仍然遭遇巨大的阻碍,财政部决策层内部存在重大意见分歧,大多持反对意见,依旧

---

① 参见中信证券股份有限公司法律部:《交易所公司债券市场发展与〈证券法〉修改——以公司债发行法律制度为重点》,载《证券法苑》(第 5 卷),法律出版社 2011 年版,第 803 页。

② 参见沈炳熙、曹媛媛:《中国债券市场:30 年改革与发展》(第二版),北京大学出版社 2014 年版,第 21 页。

③ 参见高坚:《中国债券资本市场》,经济科学出版社 2009 年版,第 108 页。

主张以行政分配和鼓励爱国的方式发行国债。[1]但正如马克思所言:"强制的公债,无非是一种特殊形式的所得税。"[2]彼时,国债的发行主要是承担着财政功能和宏观调控功能,担负着国民经济恢复与国家发展大局的政治使命,国债二级市场尚未建立,也就无所谓国债交易一说。在国家信用的担保下,个人购买国债与其说是投资,莫不如说是作为一种储蓄的手段,国债作为"证券"所应具有的投资属性自然也就无从谈起。事实上,即便在现今国债二级市场已经建立并日臻完善的背景下,国债的投资功能依旧没有得到正视,在二级市场中更多是充当了中国人民银行公开市场操作的货币政策调控工具。由于大部分国债集中在银行间债券市场,其中又以商业银行持有为主,其他机构投资者持有比重较小,投资者的同质性造成国债交易的活跃度相对较低,商业银行更多的是以持有并到期为主,国债交易活跃度与其庞大的市场规模严重不符。以换手率为测度指标,2008—2013 年间我国银行间债券市场国债平均换手率仅为 1.1%,交易所债券市场国债换手率更低,相比之下美国债券市场的国债流动性最好,2004—2013 年间年国债换手率长期高于 10%,2004—2007 年间的换手率更是超过 30%。[3]

地方政府债券也存在同样的问题,从诞生之日起就与地方政府债务风险牢牢绑定在一起,除了地方政府融资功能外,还承载着地方政府债务风险处置的功能。据统计,2015—2020 年地方政府债券累计发行29.2 万亿元,平均发行期限为 8.7 年,平均发行利率为 3.45%,其中新增债券 13.9 万亿元,置换债券 12.3 万亿元,再融资债券 3 万亿元。置换债券和再融资债券的发行目的都是为了化解地方政府债务风险,前者是通过发行地方政府债券置换地方政府过去以银行贷款等形式遗留的存量债

---

① 参见高坚:《债券市场改革历程、意义及展望——纪念改革开放后国债发行四十周年》,载《债券》2020 年第 12 期。

② 《马克思恩格斯全集》(第 5 卷),人民出版社 1958 年版,第 313 页。

③ 参见刘俊山:《中美债券市场流动性的比较及借鉴》,载《金融市场研究》2015 年第 1 期。

务；后者本质上是一种"借新还旧"的安排，通过发行再融资债券偿还到期地方政府债券。地方政府债务置换表面上是一种"债务重组"措施，实际上是用政策性手段降低地方政府融资成本、延长偿债期限，商业银行等地方政府的债权人在这一过程中处于被动接受的地位，导致财政风险向金融领域转嫁，财政与金融的关系发生错位和异化。正因如此，地方政府债务置换始终面临着正当性的拷问，不仅存在制度合法性的缺失，还存在制度合理性的质疑。[①]可见，地方政府债券发行也呈现出鲜明的行政化色彩，市场化程度不足。究其原因，无非在碎片化的市场格局中，政府债券的基本性质是作为相对封闭的国家融资体制而存在，国家对资本的供给和融资进入门槛都严格控制，市场力量几乎不存在。[②]

而从企业债券的产生和发展历程上看，1987 年《企业债券管理暂行条例》规定企业债券仅可由中国境内具有法人资格的全民所有制企业发行，用于保证国家重点建设，1993 年《企业债券管理条例》虽然删除了这一规定，但没有从根本上改变企业债券的基本定位。即将企业债券的功能仅仅定位于为中央和地方企业弥补项目资金缺口的补充性措施，后来又将之定位于为基础设施项目筹集资金，而自始至终均没有把企业债券市场看作中国资本市场的重要组成部分。[③]也就是说，企业债券没有被作为企业常态化的直接融资工具看待。特别是在过去的一段时间里，企业债券与地方政府融资平台相结合所发行的"城投债"，成为了地方政府融资的重要来源。在这一过程中，资本与权力相互勾连，财政与金融相互交织，政府信用与企业信用相互混淆，使得企业债券朝向了"准政府债券"的性质异化。政府隐性担保的介入，意味着企业债券的融资基础在一定程度上被政府信用所替代，造成企业债券长期非常规地处于零违约，严重阻

---

① 参见李安安：《地方债务置换风险分配的理论检讨与法治化改造》，载《法学》2018 年第 5 期。

② 参见沈朝晖：《公债和民主》，载《中外法学》2012 年第 6 期。

③ 参见何志刚：《中国债券市场融资功能研究》，经济管理出版社 2003 年版，第 109 页。

碍了企业债券的市场化进程。①中国证监会主导下的公司债券本应弥补企业债券功能定位的缺陷,反而却延续了服务大企业的狭隘定位,《证券法》在很长一段时期都对公司债券发行规定了严苛的发行门槛限制。②直至中国人民银行主导下的非金融企业债务融资工具和中小企业集合票据的产生,才在一定程度上缓解了企业发行债券融资的困境,但也就此形成了公司信用类债券领域"三分天下"的格局。

总而言之,无论是政府债券还是公司信用类债券,在我国的产生和发展过程中一直是作为国家整体筹集利用资金计划的一部分,债券市场服务于国家固定资产投资和国有企业输血脱困,服从于国家宏观经济调控安排的功能定位,深刻影响了我国债券市场的整体制度设计。③由此造成的结果就是,债券发行和交易过程中政府广泛而深入地干预市场,通过市场准入门槛和发行审核制度的限制将大量市场主体排斥在债券融资体制之外,债券市场服务于广大市场主体投融资需求的功能没有得到彰显。这种对于债券本质属性和功能定位的认识上的误区,也为债券市场发展中的种种问题埋下了伏笔。

(二) 债券交易市场功能定位的偏差

就债券交易市场而言,从面向的债券品种和投资者角度看,也存在功能定位上的差异,但这种差异却并不只是市场自发生成的结果,更多的是源自政府主导的产物。首先,银行间债券市场是中国人民银行为商业银行退出交易所市场而专门创设的,因而一直存在的突出特点就是中国人民银行的扶持和商业银行的主导。商业银行的主导性固然是支撑银行间债券市场迅速发展壮大的重要力量,但其同质性特征也决定了银行间债

---

① 参见洪艳蓉著:《公司债券违约零容忍的法律救赎》,载《法学》2013 年第 12 期。

② 旧《证券法》第 16 条规定,公开发行公司债券,股份有限公司的净资产不低于人民币 3000 万元,有限责任公司的净资产不低于人民币 6000 万元,这实际上就将大量中小企业排除在外了。

③ 参见洪艳蓉著:《公司债券的监管竞争、路径依赖与未来发展框架》,载《证券市场导报》2010 年第 4 期;中信证券股份有限公司法律部:《交易所公司债券市场发展与〈证券法〉修改——以公司债发行法律制度为重点》,载《证券法苑》(第 5 卷),法律出版社 2011 年版,第 803 页。

券市场所固有的流动性问题,商业银行更多的是购买并持有债券而非交易,导致银行间债券市场的资本市场投融资功能无法充分发挥。正如高坚博士所指出的,"银行间债券市场"这个概念本身十分含糊,银行间市场本质上是货币市场,而债券市场的本质又是资本市场,因此从概念上讲银行间债券市场兼具货币市场和资本市场的功能。[1]甚至有观点认为银行间债券市场只是"贷款市场披上了薄薄的一层面纱而已",[2]虽不免有失偏颇,却也反映了银行间债券市场资本市场功能供给不足的现实。

反观交易所债券市场,长期定位于个人投资者,虽然投资者结构的多元化和异质性有利于提高流动性,但毕竟市场规模有限。可以说,市场定位的错误是我国交易所公司债券市场发展过程中一系列错误的逻辑根源。[3]正是因为个人投资者的市场分析能力和风险承受能力有限,导致监管机构对公司债券发行和流通实施严格管控,地方政府则出于地方保护主义和维护社会稳定的意图,对公司债券违约风险进行隐性担保,进而造成公司债券市场发展的扭曲和滞后,也为银行间债券市场非金融企业债务融资工具的崛起提供了制度空间。更何况,我国证券交易所总体上还是以股票市场为基本定位的,有关的制度设计也都是以股票市场为导向的,在投资者定位、交易机制、规则制定等方面都没有契合债券市场自身的特性,从根本上混淆了股债管理,自然也难以适应债券市场的发展需要。由是观之,银行间债券市场以商业银行为主导的定位,混淆了资本市场与货币市场功能,交易所债券市场发展过程中则是混淆了债券市场与股票市场,这种由人为市场划分所带来的功能定位的偏差,不仅造成了两个市场发展的失衡,更是强化了市场分割的困局。

二、债券市场监管权力的博弈

如前所述,我国债券市场的制度变迁并非基于市场需要自发形成、自

---

[1] 参见高坚:《中国债券资本市场》,经济科学出版社 2009 年版,第 221 页。

[2] 参见张璨、李秋菊、程东旭:《中国债券市场投资人结构》,载《金融市场研究》2013 年第 4 期。

[3] 参见周小川:《公司债券:吸取教训,以利再战》,载《中国货币市场》2005 年第 11 期。

我演进的,而是表现为政府主导下强制性制度变迁的进程,在债券市场发展过程中,政府始终承担着利益调节者和制度制定者的角色。[1]也正是由于不同债券产品和市场的产生是由不同政府部门所推动的,造就了目前我国债券市场的多头监管体制。在债券发行监管中,多头监管体制下既存在功能监管部门之间的分工,也存在功能监管部门与机构监管部门的分工。[2]其中,财政部、中国人民银行、国家发改委、中国证监会和银行间市场交易商协会分别对政府债券、金融债券、企业债券、公司债券以及非金融企业债务融资工具的发行实施功能监管,同时中国银保监会、中国证监会还对商业银行、保险公司、证券公司等金融机构发行金融债券、信贷资产支持证券实施机构监管。在债券交易监管方面,中国人民银行负责场外的银行间债券市场和商业银行柜台债券市场的监管,中国证监会负责交易所债券市场的监管。

表 1.4　我国债券市场监管体制

监管环节	债券类别	监管主体	监管依据
债券发行市场	政府债券	财政部	《预算法》《国库券条例》《地方政府债券发行管理办法》
	金融债券	中国人民银行、中国银保监会、中国证监会	《全国银行间债券市场金融债券发行管理办法》
	企业债券	国家发改委	《企业债券管理条例》
	公司债券	中国证监会	《证券法》《公司法》《公司债券发行与交易管理办法》
	非金融企业债务融资工具	银行间市场交易商协会	《银行间债券市场非金融企业债务融资工具管理办法》
	信贷资产支持证券	中国人民银行、中国银保监会	《信贷资产证券化试点管理办法》

---

① 参见王盛、董晓春、陈海滨:《制度变迁与中国债券市场的演变路径》,载《上海金融》2008 年第 12 期。

② 参见隋平、罗康:《企业债券融资法律业务操作指引》,法律出版社 2011 年版,第 16 页。

续表

监管环节	债券类别	监管主体	监管依据
债券发行市场	企业资产支持证券	中国证监会	《证券公司及基金管理公司子公司资产证券化业务管理规定》
债券交易市场	银行间债券市场	中国人民银行	《中国人民银行法》
	交易所债券市场	中国证监会	《证券法》
	商业银行柜台债券市场	中国人民银行	《商业银行柜台记账式国债交易管理办法》

债券市场多头监管体制下的监管权力分野不可避免地会带来监管竞争(Regulatory Competition)①的问题,突出表现为各监管机构出台各自的监管规则、扶植各自的市场力量以及建立分割的交易市场。不仅如此,同境外成熟市场相比,我国交易所债券市场与银行间债券市场的竞争不仅仅存在于二级市场,还存在于一级市场。②而且在政府主导下的市场竞争实际上已经异化为了监管竞争,这也意味着我国债券市场中的监管竞争贯穿着从发行到交易的整个过程。监管竞争一方面有利于促进监管优化和制度创新,罗伯塔·罗曼诺教授即认为监管竞争有利于纠正监管政策错误(corrects for policy mistakes)和培育创新(foster innovation),"在美国,哪里有监管竞争,哪里就有产品、机构和法律规则的重大创新"。③

---

① 监管竞争理论最初是 20 世纪 70 年代针对"特拉华州的神话"而在公司法领域展开的有关降低公司设立门槛和放松监管的讨论,产生了以 Cary 为代表的"监管竞次"(Race to the Bottom)和以 Winter 为代表的"监管竞优"(Race to the Top)两派观点。参见 William L. Cary, Federalism and Corporate Law: Reflections Upon Delaware, The Yale Law Journal, Vol.83, No.4, March 1974; Ralph K. Winter, JR., State Law, Shareholder Protection, and the Theory of the Corporation, The Journal of Legal Studies, Vol.6, No.2, June 1977.

② 参见于鑫、龚仰树:《美国债券市场发展对我国场内债券市场的启示》,载《上海财经大学学报》2011 年第 3 期。

③ Roberta Romano, The Need for Competition in International Securities Regulation, John M. Olin Center for Studies in Law, Economics, and Public Policy Working Papers, Paper 258, 2001.

在我国,债券市场产品、交易机制和监管制度的一系列创新和优化,背后都离不开监管竞争的身影,特别是在公司信用类债券领域,国家发改委、中国证监会和中国人民银行之间在一级市场的监管竞争直接推动了公司信用债券市场准入、发行条件等方面的变革(见表1.5)。有学者指出,我国公司债券的发展历程,其实是监管者在公司债券市场化道路上的竞争过程,外部的竞争压力和内部的部门诉求,促使监管者不断地在市场准入、上市交易、融资费用、登记结算和投资者保护等方面改进和完善,并形成了日益趋同的公司债券规则。①

表 1.5　公司信用类债券发行监管制度的演进历程

时　　间	公司债券	企业债券	非金融企业债务融资工具
2005 年 5 月	—	—	《短期融资券管理办法》,中国人民银行核准,要求最近一个会计年度盈利,待偿还融资券余额不超过企业净资产的 40%
2007 年 8 月	《公司债券发行试点办法》,证监会核准,采用保荐制,股份有限公司的净资产不低于 3000 万元,有限责任公司净资产不低于 6000 万元,累计债券余额不超过公司净资产的 40%,最近 3 年平均可分配利润足以支付公司债券 1 年利息	—	—
2008 年 1 月	—	《关于推进企业债券市场发展、简化发行核准程序有关事项的通知》,企业债券发行审批制改为核准制,将先核定规模、后核准发行简化为直接核准发行	—

---

① 参见洪艳蓉:《公司债券制度的实然与应然——兼谈〈证券法〉的修改》,载《证券法苑》(第 5 卷),法律出版社 2011 年版,第 769 页。

时　间	公司债券	企业债券	非金融企业债务融资工具
2008年4月	—	—	《非金融企业债务融资工具管理办法》,交易商协会注册管理
2011年3月	简化公司债券审核程序,开辟"绿色通道",对符合特定条件的实行简易审核程序,原则上在申报后一个月之内核准	—	—
2013年4月	—	《关于进一步改进企业债券发行审核工作的通知》,对企业债券按照"加快和简化审核类"、"从严审核类"以及"适当控制规模和节奏类"三种情况分类管理	—
2015年1月	《公司债券发行与交易管理办法》,取消保荐制和发审委制度,公开发行的由中国证监会核准,可申请一次核准多次发行,非公开发行的实行备案制	—	—
2020年3月	公司债券发行实行注册制	企业债券发行实行注册制	—

不容忽视的是,监管竞争下差异化的监管标准也可能会引发监管套利,而且为了提高竞争力和吸引力,监管机构可能会以降低监管标准作为代价,从而导致"朝向底限"(race to the bottom)的竞争。[①]更为严重的问题是,在部门利益本位的驱使下,债券市场已经沦为各监管机构角逐市场资源和权力资源的"竞技场",债券市场分割实际上折射出的是监管权力的割据。甚至可以说,监管机构间的权力博弈,不仅是造成债券市场分割

---

① 参见时晋、曾斌:《市场分立与监管竞争——我国公司债券市场发展的法经济学研究》,载《制度经济学研究》2013年第1期。

的隐形"推手",更是阻挠债券市场互联互通的最大障碍。

在债券发行市场上,债券发行监管主体的不同在很大程度上决定了发行市场的选择。从债券发行现状看,中国人民银行主管下发行的债券往往只能在银行间债券市场发行,中国证监会主管下发行的债券也只能在交易所债券市场发行。虽然目前政策性金融债券和信贷资产支持证券已经有在交易所市场发行的实践,但无论是发行数量还是规模都微乎其微,特别是信贷资产支持证券仍然停留在 2014 年平安银行所发行的 3 只合计 26.3 亿元上。不仅如此,国家发改委、中国人民银行和中国证监会在公司信用债券领域三足鼎立的监管架构,更是使得本质上同属公司信用类债券的企业债券、非金融企业债务融资工具和公司债券,适用三套价值取向、运行机制、监管方式存在诸多差异的法律制度,并在银行间债券市场和交易所债券市场分别交易。①

在债券交易市场上,监管机构各自为政,自建债券市场或准债券市场,不断分割债券市场。中国证监会除了推动采用场外交易模式的固定收益平台建设外,2014 年以来又大力推进与交易所相对独立的私募市场体系建设;中国银监会开展了类似公司信用类债券的"理财直接融资工具"试点;中国保监会也建设了保险公司债权投资计划的托管和交易场所。②特别是,中国人民银行和中国证监会之间的监管竞争和权力博弈直接阻碍了债券跨市场交易以及托管结算体系的统一,导致银行间债券市场和交易所债券市场长期分割的局面。例如,2014 年 6 月平安银行首推"平安银行 1 号小额消费贷款资产支持证券"在上海证券交易所上市交易,试图突破央行和中国银监会的双审批制度,改由银监会审批后直接上市交易,但此后经历央行叫停和重启,过程可谓一波三折,其背后隐含的便是各方的监管角力。③又如,2010 年中国证监会、中国人民银行和中国

---

① 参见徐明:《进一步完善公司债券市场的法律制度》,载《证券法苑》(第 6 卷),法律出版社 2012 年版,第 25 页。

② 参见徐忠:《中国债券市场发展中热点问题及其认识》,载《金融研究》2015 年第 2 期。

③ 参见孙红娟:《管中窥豹:平安银行 ABS 临停放大监管角力》,载《第一财经日报》2014 年 6 月 19 日。

银监会出台通知试点上市商业银行开始重返交易所债券市场,但仅限于在交易所集中竞价交易系统进行规定业务范围内的债券现券交易,而不能进入交易所固定收益平台从事回购交易,这也是央行和中国证监会相互博弈和妥协的结果。①饶有意味的是,2009 年中国证监会联合中国银监会下发的《关于开展上市商业银行在证券交易所参与债券交易试点有关问题的通知》(证监发〔2009〕12 号)规定的是"试点期间,商业银行可以在证券交易所固定收益平台,从事国债、企业债、公司债等债券品种的现券交易,以及经相关监管部门批准的其他品种交易",两个通知的差异和变化耐人寻味。另外,中国人民银行在原有的中央结算公司和中证登两套托管结算体系之外,又扶植了其主管下的上海清算所并赋予其托管结算职能,负责银行间债券市场短期融资券和中期票据等债券品种的托管结算,使得本已割裂的托管结算体系进一步分化,加剧了债券市场互联互通的困难。

总之,债券市场"五龙治水"的监管格局已经在客观上导致各类债券在发行、交易、信息披露等环节存在明显的差异性,这种内在差异不仅仅只是基于不同债券特性所衍生出的,而是在很大程度上人为分割的结果,从而严重破坏了债券市场的整体性、统一性和协同性,形成了债券市场结构和制度的"碎片化",阻碍了债券市场功能的有效实现。②

三、债券市场法制基础的割裂

我国债券市场中的多头监管、法制基础割裂和市场分割之间的关系是互为因果和相互强化的,银行间债券市场和交易所债券市场分割以及发展不均衡的一个重要原因就是两个市场竞争的法制基础存在重大差异。③有学者总结出我国债券市场法律体系呈现三大特点:一是法律法规、部门规章和业务规则数量多、内容庞杂;二是多头监管体制下各监管

---

① 参见蒋飞、张宇哲:《证监会筹划"债券交易所"》,载《新世纪周刊》2015 年第 6 期。

② 参见王国刚:《多层次资本市场体系的构建》,载《中国金融》2015 年第 13 期。

③ 参见陆文山:《推进我国债券市场发展的若干问题再认识——兼论资本市场功能的完善》,载《证券市场导报》2010 年第 4 期。

机构都有自己的一套规则,自成体系;三是法律法规、部门规章和业务规则之间的涵盖范围宽窄不一,缺乏内在的一致性和体系性。[①]可以说,我国债券市场法制割裂既体现在法律层面,也体现在具体的监管规则层面;既存在于债券发行市场,也存在于债券交易市场,整个法律体系呈现出明显的碎片化特征,债券市场缺乏统一的法制基础。

表 1.6　债券市场相关法律法规

适用范围	法　律　法　规
通用法律法规	《民法典》《国库券条例》《企业债券管理条例》《信用评级业管理暂行办法》《国债托管管理暂行办法》《国债跨市场转托管业务管理办法》《保险公司次级定期债务管理办法》《项目收益债券管理暂行办法》《地方政府债券发行管理办法》《绿色债券发行指引》《养老产业专项债券发行指引》《城市停车场建设专项债券发行指引》《战略性新兴产业专项债券发行指引》《城市地下综合管廊建设专项债券发行指引》《市场化银行债权转股权专项债券发行指引》《社会领域产业专项债券发行指引》《政府和社会资本合作(PPP)项目专项债券发行指引》《农村产业融合发展专项债券发行指引》《企业债券招标发行业务指引》《企业债券簿记建档发行业务指引》
银行间债券市场法律法规	《中国人民银行法》《全国银行间债券市场债券交易管理办法》《商业银行次级债券发行管理办法》《银行间债券市场债券登记托管结算管理办法》《全国银行间债券市场金融债券发行管理办法》《证券公司短期融资券管理办法》《信贷资产证券化试点管理办法》《银行间债券市场非金融企业债务融资工具管理办法》《全国银行间债券市场债券预发行业务管理办法》《全国银行间债券市场境外机构债券发行管理暂行办法》《全国银行间债券市场债券买断式回购业务管理规定》《全国银行间债券市场债券远期交易管理规定》《全国银行间债券市场债券借贷业务管理暂行规定》《全国银行间债券市场做市商管理规定》
交易所债券市场法律法规	《证券法》《公司债券发行与交易管理办法》《可转换公司债券管理办法》《证券公司及基金管理公司子公司资产证券化业务管理规定》《证券登记结算管理办法》

[①]　参见刘铁峰:《中国债券市场法规建设情况浅析》,载《证券市场导报》2009 年第 4 期;习晓兰:《债券市场发展的若干重大问题与对策研究——以交易效率与结算风险控制为视角》,载《证券法苑》(第 9 卷),法律出版社 2013 年版,第 659 页。

在法律层面上,银行间债券市场以《中国人民银行法》作为法律基础,但仅在第 4 条就中国人民银行对银行间债券市场监管的职责作了原则性规定,具体的主要通过中国人民银行制定的部门规章以及银行间市场交易商协会的自律规则予以规定。交易所债券市场则是以《证券法》作为法律基础,但我国一直以来"重股轻债"的思维惯性也反映到了证券立法中,《证券法》整体上是以股票市场为立法导向的,"将其视作一部'股票发行法'和'股票交易法'并不为过"。①《证券法》中有关债券发行、交易、信息披露、托管结算和投资者保护等规定大多直接沿用了股票市场的相关制度,漠视了债券本身所具备的特性。事实上,从股票和债券的区别来看,股票市场监管的重点主要是在市场风险上,而债券与股票相比最大的特点是到期还本付息,其监管的重点则应在于违约风险,有关债券发行条件、信息披露、信用评级、投资者保护等制度设计都应围绕偿债能力展开,但在新《证券法》出台之前的债券发行和交易监管制度仍然偏重于公司资产和盈利能力,契合公司债券特性的法律制度缺失,难以为公司债券发行交易以及投资者保护提供制度支撑。

《证券法》作为统筹规范我国证券市场运行的基本法,本应当成为整个债券市场的法律基础,但受制于部门立法的局限性,在分业经营和多头监管格局下,中国证监会主导下制定的《证券法》调整范围极为有限,尚不能涵盖所有债券类型。《证券法》第 2 条列举规定的债券范围仅包括公司债券的发行和交易以及政府债券的上市交易,至于银行间债券市场发行和交易的债券则游离于《证券法》之外。这也引发了《证券法》中存在的应然规定与实然状态不相符的矛盾,例如第 7 条规定"国务院证券监督管理机构依法对全国证券市场实行集中统一监督管理",从法律文本的解释上看,这里的"全国证券市场"自当包括股票市场和债券市场,但现实中银行间债券市场和商业银行柜台债券市场却是由中国人民银行监管;第 145

---

① 陆文山:《推进我国债券市场发展的若干问题再认识——兼论资本市场功能的完善》,载《证券市场导报》2010 年第 4 期。

条和第 148 条分别规定"设立证券登记结算机构必须经国务院证券监督管理机构批准"及"在证券交易所和国务院批准的其他全国性证券交易场所交易的证券的登记结算,应当采取全国集中统一的运营方式",但现实中却存在中证登、中央结算公司和上海清算所三套托管结算机构且分别适用各自的业务规则。《证券法》的概括性规定与银行间债券市场和交易所债券市场分而治之的现实格局严重不符,《证券法》作为证券市场基本法的地位也名不副实。

从债券市场具体监管规则层面透视,可以发现债券规则的碎片化和差异性体现得更为明显,监管依据和监管标准不一而足。一是在债券发行环节,同类债券适用不同的监管依据和监管标准,这主要表现在公司信用类债券领域,企业债、公司债和非金融企业债务融资工具在性质上本属同类债券,但却因监管主体不同而要适用三套不同的监管规则,在发行条件、发行定价、资金用途、交易场所和托管结算机构等方面都有所不同(见表 1.7)。事实上,直到 2020 年 3 月 1 日公司债券和企业债券全面实行注册制之前,二者都采取核准制,并且在债券发行条件方面设置了严格的公司净资产等财务门槛限制。但即便是在公司信用类债券发行审核制度统一实行注册制之后,也只是朝着统一监管标准迈出了重要一步,但整体的监管规则仍然是割裂的、差异化的,例如《公司债券发行与交易管理办法》对普通投资者可认购的公司债券规定了更加严格的可分配利润、公司净资产和发行规模等条件。二是在债券交易环节,银行间债券市场和交易所债券市场适用两套不同的交易监管规则,且相互之间缺乏有机的衔接和协调机制。前者表现为《全国银行间债券市场交易管理办法》辅以银行间市场交易商协会自律监管规则,后者主要是《公司债券发行与交易管理办法》辅以证券交易所自律监管规则。虽然已经允许国债、地方政府债券和企业债券可以通过转托管的方式实现跨市场交易,但两个市场的监管规则却并未做出应有的回应,债券跨市场交易过程中依旧适用两套不同的信息披露规则、信用评级规则和托管结算规则,规则的不统一使得债券跨市场交易中面临重重障碍,特别是两市结算方式的差异大大降低了转托管的效率,影响了跨市场交易的有效性。因此,债券市场互联互通的一个重要前提就是消除法律障碍,为债券跨市场交易提供统一的监管规则和监管标准。

表 1.7 公司信用类债券发行监管制度比较

	公司债券	企业债券	非金融企业债务融资工具
监管主体	中国证监会	国家发改委	中国人民银行、中国银行间市场交易商协会
法律依据	《证券法》《公司债券发行与交易管理办法》	《证券法》《企业债券管理条例》《国家发展改革委关于企业债券发行实施注册制有关事项的通知》	《银行间债券市场非金融企业债务融资工具管理办法》
发行条件	(1) 具备健全且运行良好的组织机构; (2) 最近三年平均可分配利润足以支付公司债券一年的利息; (3) 具有合理的资产负债结构和正常的现金流量; (4) 国务院规定的其他条件 但是,普通投资者可参与认购的公司债券需要发行人资信状况符合下列条件: (1) 发行人最近三年无债务违约或者延迟支付本息的事实; (2) 发行人最近三年平均可分配利润不少于债券一年利息的1.5倍; (3) 发行人最近一期末净资产规模不少于250亿元; (4) 发行人最近36个月内累计公开发行债券不少于3期,发行规模不少于100亿元; (5) 中国证监会根据投资者保护的需要规定的其他条件	(1) 应当具备健全且运行良好的组织机构; (2) 最近三年平均可分配利润足以支付企业债券一年的利息; (3) 应当具有合理的资产负债结构和正常的现金流量; (4) 鼓励发行企业债的募集资金投向符合国家宏观调控政策和产业政策的项目建设	(1) 待偿还余额不得超过企业净资产的40%; (2) 所募集的资金应用于符合国家法律法规及政策要求的企业生产经营活动,并在发行文件中明确披露具体资金用途

	公司债券	企业债券	非金融企业债务融资工具
审核制度	注册制（2020年3月1日起）	注册制（2020年3月1日起）	注册制
信用评级	2019年根据四部委联合出台的《信用评级业管理暂行办法》统一		
交易场所	交易所债券市场	银行间债券市场、交易所债券市场	银行间债券市场
托管结算机构	中证登	中央结算公司、中证登	中央结算公司、上海清算所

第三节 债券市场分割的弊害阐述

如前所述，我国债券市场分割的格局已经形成并持续存在，市场分割的产生有着深刻的制度背景。之所以市场分割被视为制约债券市场发展的重要阻碍，并且打破市场分割已经成为共识，原因在于市场分割对于债券市场竞争机制、投融资功能、市场流动性、价格发现以及风险防范体系都带来了巨大的负面影响，本节内容对此予以阐述，以揭示债券市场分割的现实弊害及打破市场分割的必要性和紧迫性。

一、影响了债券市场竞争机制的发挥

市场经济的本质就是竞争经济，竞争一直被市场经济奉为圭臬。通过优胜劣汰的竞争机制，既有助于市场结构的优化，也有助于资源配置效率的提高。"社会市场经济之父"艾哈德认为"竞争是获致繁荣和保证繁荣最有效的手段"。[1]也正因为竞争对于市场经济如此之重要，所以调整市场竞争关系的竞争法也就具有了市场经济基本法的地位，在美国被称

---

[1] ［德］路德维希·艾哈德：《来自竞争的繁荣》，祝世康、穆家骥译，商务印书馆1983年版，第11页。

为"自由企业大宪章",在德国被称为"市场经济基本法",在日本被称为"经济宪法"。①在资本市场中,健全多层次资本市场体系之所以广受推崇,就在于它能够为市场主体提供差异化、竞争性的交易场所和机制,拓展资本市场投融资渠道,从而能够满足不同市场主体和产品的交易需求,进而在更广阔的范围内释放资本市场的功能。我国债券市场已经形成了场内市场和场外市场并存的市场结构,但由于市场分割的存在,无形之中就在市场之间构筑起了牢固的壁垒,使得不同市场之间的竞争机制作用无从发挥。总体而言,债券市场分割与市场竞争之间的冲突,主要表现在以下两个方面:

第一,市场分割与自由竞争的冲突。在市场经济语境下,自由与竞争是一体两面的,自由是竞争的根本前提和必要条件,竞争则是表现自由、实现自由和促进自由的最主要的形式。②"自由的原则与竞争的原则是同生共死的",③"保持竞争自由乃是任何市场经济的基础"。④自由竞争的核心要义在于保障市场主体参与竞争的权利,不因垄断协议、滥用市场支配地位、经营者集中及滥用行政权力而受到排除和限制。不仅如此,自由竞争还体现在竞争赖以存在的经济环境——市场、资本、资源和劳动力也是自由流通的;竞争的基本方法——价格竞争与非价格竞争也是自由行使的。⑤正如亚当·斯密所言:"一种事业若对社会有益,就应当任其自由,广其竞争。竞争愈自由,愈普遍,那事业亦就愈有利于社会。"⑥但在债券市场分割的背景下,市场准入受到了严格的限制,发行人无法自主地选择

---

① 参见邱本:《论市场竞争法的基础》,载《中国法学》2003 年第 4 期。

② 参见邱本:《自由竞争与秩序调控》,中国政法大学出版社 2001 年版,第 313 页。

③ [德]路德维希·艾哈德:《社会市场经济之路》,丁安新译,武汉大学出版社 1998 年版,第 88 页。

④ [德]路德维希·艾哈德:《来自竞争的繁荣》,祝世康、穆家骥译,商务印书馆 1983 年版,第 101 页。

⑤ 参见韩志红、宁立志等:《经济法权研究》,武汉大学出版社 2012 年版,第 101 页。

⑥ [英]亚当·斯密:《国民财富的性质和原因的研究》(上卷),郭大力、王亚南译,商务印书馆 1972 年版,第 303 页。

债券发行市场,商业银行等投资者也无法自主地选择债券交易市场,银行间债券市场和交易所债券市场之间被人为地设置了壁垒。债券市场主体、产品、资金等要素无法充分自由流动,因而无论是两个市场之间,还是市场要素之间的竞争关系都无从谈起。虽然对于金融市场能否参照一般市场、金融产品能否参照一般商品、金融机构能否参照一般经营者来看待尚存争议,金融市场相对于一般市场体现出更强的政府干预,自由竞争的程度也相对较弱。但如果将其纳入反垄断法的视角分析,可以发现债券市场分割及其对自由竞争的限制,在很大程度上应当归属于"行政性垄断"的范畴,表现为中国人民银行和中国证监会通过部门规章或行政命令等方式,限制某些投资者和债券产品只能在其指定的市场进行交易。

第二,市场分割与公平竞争的冲突。公平竞争是市场经济的基本原则,是市场机制高效运行的重要基础。如果说自由竞争强调的是竞争机会的平等,那么公平竞争更多的则是偏重竞争过程和手段的公平。随着《最高人民法院关于执行〈中华人民共和国行政诉讼法〉若干问题的解释》第 13 条明确规定具体行政行为涉及其相邻权或者公平竞争权的,公民、法人或者其他组织可以依法提起行政诉讼。公平竞争权被作为市场经济主体的一项基本经济权利而被广泛讨论。①公平竞争反映了市场经济的内在要求,主要体现为市场经济主体在竞争过程中法律地位平等,竞争手段和竞争目的符合市场经济的要求。②公平竞争得以实现的重要前提是要有一个公平竞争的环境,首要的就是规则公平,"公平规则是一项推进竞争的竞争者们一致赞同的规则"。③具体到债券市场中,市场分割下的

① 具体可参见王显勇:《公平竞争权论》,人民法院出版社 2007 年版;周少华、高鸿:《行政诉讼中的公平竞争权及相关问题研究》,载《法学评论》2004 年第 6 期;朱一飞:《论经营者的公平竞争权》,载《政法论丛》2005 年第 2 期;殷继国:《从自由竞争权到公平竞争权——市场主体竞争权的现代性话语》,载《新疆财经大学学报》2008 年第 1 期;李友根:《经营者公平竞争权初论——基于判例的整理与研究》,载《南京大学学报(哲学·人文科学·社会科学版)》2009 年第 4 期,等等。

② 参见江必新、梁凤云:《行政诉讼法理论和实务》,北京大学出版社 2009 年版,第 356 页。

③ 〔美〕詹姆斯·M.布坎南:《自由、市场与国家——80 年代的政治经济学》,平新桥、莫扶民译,生活·读书·新知三联书店 1989 年版,第 181 页。

监管规则在两个市场中也是各有不同，即便政府债券和企业债券可以跨市场交易，大部分机构投资者也可以选择交易场所，但由于监管规则和监管标准的差异，使得同类债券和同一投资者在两个市场中面临不同的监管负担。就两个市场之间的竞争而言，本应基于各自在交易机制、基础设施、服务质量、交易成本和效率等方面的比较优势展开公平竞争，却因政府监管机构的深度介入，导致市场竞争异化为了监管竞争，竞争过程和竞争手段都打上了政府权力的烙印，谁背后所依托的监管机构在权力博弈中占据优势，谁就能获得相应的竞争优势。这显然背离了市场竞争的基本原则，长远来看也不利于债券市场的健康发展。

二、扼制了债券市场投融资功能的实现

从总量上看，我国债券市场已经具备了相当的规模，中国人民银行统计数据显示，截至 2020 年年末，债券市场余额达到了 116.72 万亿元，股票市场的市价总值达到了 79.7238 万亿元；在社会融资结构上，公司信用类债券的融资增量也超过了股票融资，2020 年公司信用类债券累计发行额度为 14.2012 万亿元，股票融资额累计 11.567 万亿元。[①]但与发达国家相比，我国债券市场在融资结构中的比重仍然相对较低，没有充分发挥其应有的作用，银行信贷融资依旧独占鳌头，股票融资也继续备受青睐。以美国为例，根据证券业与金融市场协会（SIFMA）的统计数据，债券市场规模远超其股票市场，是美国最主要的社会融资来源。仅就公司融资而言，截至 2021 年 5 月，美国公司债券发行融资额度达到 9584 亿美元，交易量达 426 亿美元，而相比之下股票市场总融资额度为 1981 亿美元，其中IPO 仅为 615 亿美元。[②]造成我国债券市场发展相对滞后，投融资功能没有得到充分彰显的原因，既源于银行主导型的金融市场格局，又受制于资

---

① 参见中国人民银行网站，http://www.pbc.gov.cn/diaochatongjisi/116219/116319/3959050/3959054/index.html，2021 年 3 月 18 日最后访问。

② 参见 SIFMA 网站，http://www.sifma.org/research/statistics.aspx，2021 年 6 月 15 日最后访问。

本市场中"重股轻债"的传统,但债券市场自身的制度缺陷也是重要因素。

从债券融资的角度看,除国债、地方政府债券和企业债券外,其他债券的发行人对于发行市场没有自主选择权,银行间债券市场占据了债券融资规模的80%以上,交易所债券市场的融资功能严重受限。2020年,债券市场发行额度为37.75万亿元,银行间债券市场发行额度为31.56万亿元,交易所债券市场发行额度仅有6.19万亿元。这除了银行间债券市场本身所具有的优势,例如以商业银行等机构投资者为主、适合债券场外批发交易、非金融企业债务融资工具最早实行注册制等,人为的市场分割也是关键所在。事实上,交易所为了适应债券市场交易的特点,已经在不断推陈出新,以提高市场竞争力,上交所的"固定收益平台"即是有益的尝试,在场内市场构造了一个场外交易平台,可奈何交易所债券市场的债券品种数量、规模有限,其作用也无法充分显现。另外,债券市场中的市场化债券发行制度尚未完全建立,特别是企业债券和公司债券长期实行核准制,设置的发行门槛过高,成为了大企业专属的融资工具,中小企业融资难的问题继续在债券市场中延续。从债券投资的角度看,一方面国债和地方政府债券在我国本就没有被视作投资工具,二级市场交易也不活跃。另一方面,至于公司信用类债券,由于市场分割下的债券跨市场交易受阻,投资者只能在特定市场中购买和交易债券,而不能从事跨市场套利交易,也抑制了债券市场投资功能的充分实现。总之,在分割的市场格局下,各个债券市场在功能上的竞争和互补关系难以建立,场内市场和场外市场的投融资功能没有形成合力,各自的功能缺陷反而被放大。

三、限制了债券市场流动性的提高

"交易是市场的本质,流动性乃是交易的生命力所在。"[①]对于债券市场而言,通过交易可以在债券融资功能之外,进一步发挥债券的投资功

---

① 冯果、张阳:《不能忽视的债券市场分层:基于破解市场流动性困局的思考》,载《华东政法大学学报》2021年第2期。

能、价格发现功能和风险规避功能。但正如前文所述,我国银行间债券市场的投资者同质性决定了债券流动性较低,商业银行间存在大量的债券互持,交易所债券市场的债券上市交易品种、数量有限,交易规模小,交易机制和投资者结构也存在先天不足,加上风险对冲机制和做市商机制的不完备,使得整个债券市场呈现"购买—持有"(buy to hold)而非"购买—交易"(buy to distribute)的倾向。以通行的换手率作为衡量指标,可以看出我国债券市场的整体流动性水平不高,2015 年银行间债券市场的整体换手率为 1.97%,公司信用类债券的换手率为 2.65%,其中换手率前五位的分别是证券公司短期融资券(11.699%)、短期融资券(4.938%)、超短期融资券(4.879%)、企业债券(2.964%)和集合票据(2.707%),国债的流动性水平则相对较差(1.004%)。[1]此外,2010—2013 年间交易债券市场的平均换手率也在 1%左右徘徊。虽然近年来债券市场流动性已经有了较大幅度增长,但相比较之下,与美国债券市场的流动性仍然有着巨大差距。2004—2013 年这十年间的美国债券市场平均换手率达到了 8.59%,其中国债的流动性最高,2004—2007 年间换手率甚至高达 30%以上。[2]造成这种差异的原因,除了前文提到的我国债券市场在投资者结构、交易机制、产品创新、做市商机制等方面的问题外,一个重要的制约因素还在于市场分割,致使不同的市场间无法形成联动和互补而提高债券市场整体流动性水平。[3]

市场分割对债券市场流动性的影响主要体现在三个方面:一是市场分割下投资者无法自主地跨市场交易,失去了跨市场交易和套利的机会,也降低了投资者的整体市场参与度,尤其是占据主导地位的商业银行在很长一段时期只能在银行间债券市场交易,使得两个市场在投资者结构

---

① 参见朱永行、荣艺华:《2015 年银行间债券市场运行情况及特点》,载《债券》2016 年第 3 期。

② 参见刘俊山、盛婉瑜、刘婷:《中美债券市场流动性的比较及借鉴》,载《金融市场研究》2015 年第 1 期。

③ 参见袁东:《债券市场:交易制度与托管结算》,经济科学出版社 2005 年版,第 14 页。

和做市商结构上都存在缺失,抑制了其在债券市场流动性创造方面的作用;二是大部分债券品种只能在单一市场发行和交易,致使其不能通过自由跨市场交易来提高其活跃程度,特别是托管量仅次于政府债券的金融债券只能在银行间债券市场交易,且大部分持有在商业银行手中,从而失去了相当一部分的投资者和交易机会;三是作为推动债券跨市场交易的转托管机制不健全,转托管券种单一,且受制于银行间债券市场和交易所债券市场在监管规则和托管结算规则等方面的差异,转托管效率低下,大大增加了跨市场交易的时间和成本,而交易成本和交易的即时性恰恰是衡量流动性的关键指标,这也是政府债券和企业债券跨市场交易不活跃的"症结"所在。总而言之,"债券市场严重分割不利于市场互通互联和市场要素自由流动,极大地制约了套利活动的开展,抑制了市场活跃性和流动性"。①另外,在分割的市场环境下做市商的做市对象和场所也被区隔分流,限制了做市规模和效率,加之债券市场结构呈现扁平化,市场分层形同虚设,更进一步影响了债券市场流动性的提升。

四、制约了债券市场有效价格机制的形成

金融市场的重要功能就是通过市场化机制实现资金在供求双方之间的配置,进而引导整个社会资源的有效配置,而所谓市场化机制的核心就是价格机制。因此,对金融资产的合理定价就成为了其中的关键,一个有效的价格形成机制对于资源配置作用的发挥至关重要。从亚当·斯密开创古典经济学起,市场经济所信奉的一个基本宗旨就是价格应当由市场供求关系来决定。"每一种特定商品的市场价格,是受实际进入市场的商品数量与人的需求比例所支配的。"②换言之,金融的本质在于资源配置,资源配置的关键在于价格,而价格又是在市场交易过程中随着供求关系

---

① 巴曙松、姚飞:《影响我国债券市场流动性的宏观因素分析》,载《中国财政》2013 年第 11 期。

② [英]亚当·斯密:《国富论》,唐日松等译,华夏出版社 2005 年版,第 44 页。

的不断变化发现的。但在我国债券市场中,一方面利率市场化水平尚有待进一步提高,在债券发行环节的市场化定价机制不健全,行政干预现象严重,虽然在债券发行"办法""条例"或"通知"中大多规定了发行利率(价格)"以市场化方式确定"、"由企业根据市场情况确定"等,但也存在诸如"不得超过国务院限定的利率水平"等限制性规定。

另一方面,在债券交易环节,市场分割限制了债券市场交易,降低了市场流动性,交易和价格的形成缺乏连续性,导致债券市场价格的形成不能真实、全面地反映市场供求关系。国债作为以国家信用为基础的"金边债券",其收益率就起着基准利率的作用,成为金融市场中其他资产价格的定价基准,信用债券的定价也就是国债的零风险收益率加上信用风险溢价。可以说,缺少了真实反映市场供求关系的国债收益率或者不能形成一条平滑的国债收益率曲线,其他金融资产的价格就缺少参考,整个金融市场的价格机制也就无从有效发挥作用。[1]正因如此,党的十八届三中全会通过的《中共中央关于全面深化改革若干重大问题的决定》明确提出,要"加快推进利率市场化,健全反映市场供求关系的国债收益率曲线",这也恰好侧面印证了我国债券市场所形成的国债收益率曲线还不能很好地反映市场供求关系。收益率曲线只是市场的镜像,造成这一问题最重要的原因是分割的债券市场,导致市场效率低,供求关系被扭曲,无法达到市场资源的最优配置,从而直接影响了国债收益率曲线的质量。[2]健全地反映市场供求关系的国债收益率曲线要求国债市场应该是一个具有广度、深度和弹性的有效率的市场,其市场容量大、信息流动迅速、交易成本低、交易活跃且持续,并能吸引众多的投资者和投机者参与,这就必然预示着要打破市场之间的交易壁垒,促进债券市场主体和产品自由的跨市场交易。

---

[1] 中央国债登记结算有限责任公司债券研究会主编:《债券市场:创新理论与实务》,中国市场出版社 2005 年版,第 459 页。

[2] 参见《完善债券市场制度建设 健全国债收益率曲线——中债指数专家指导委员会第十次会议综述》,载《债券》2014 年第 6 期。

五、阻碍了市场化法治化风险防范体系的建立

风险与金融总是相伴而生的,正如华尔街的一句名言:"金融的价值来源于不确定性(风险)"(financial values from uncertainty)。"金融和不确定性是一对孪生兄弟,在金融中,几乎我们遇到的所有变量都具有一个共性,即未来价值的不确定性。"①因而风险也是金融业的"生命线",金融市场能走多远不仅取决于金融创新的能力,更取决于风险防范的能力。我国债券市场长期以行政化的思维和手段防范化解风险,在债券发行环节实行审批制或核准制,设置严苛的债券发行条件,试图在源头上管控债券市场风险,实则因噎废食,以牺牲债券市场化作为代价。在债券交易环节,重事前监管、轻事中事后监管的理念下,市场化、法治化风险防范机制严重缺失,仅仅依靠政府隐性担保和风险兜底维系着债券市场"零违约"的虚幻现实。但正如周小川所言:"信用类债券的违约风险是客观存在的,无法通过行政审批等手段消除,应通过市场化的方式进行识别和承担。"②

随着债券市场规模的不断扩大,风险也与日俱增,2014年"11超日债"违约事件爆发后,似乎在不经意间拉开了债券市场实质性违约的序幕,因而这也被视作债券市场"实质性违约的元年"。③此后,从利息违约到本金违约,从私募债券违约到公募债券违约,从民企债券违约到国企债券违约,债券违约事件正愈演愈烈。种种迹象表明,债券市场实质性违约正在成为"新常态"。④有研究总结了我国信用债违约的三个阶段:(1)2015—2016年,经济增速下滑,过剩产能违约,为第一次违约潮;

---

① [西]贾维尔·埃斯特拉达:《果壳里的金融学》,张桦译,浙江人民出版社2009年版,第258页。

② 周小川:《推进中国债务资本市场持续健康发展》,载《中国金融》2010年第23期。

③ 安邦咨询:《以市场化法治化方式处理信用违约》,载《证券时报》2014年8月5日第A03版。

④ 余璐:《债券违约"新常态"》,载《中国投资》2014年第10期;匡荣彪、何可、朱仲华:《债券违约常态化或将成为一种趋势》,载《上海证券报》2014年8月29日第A04版。

（2）2018—2019 年，非标融资收缩，民营企业违约，为第二次违约潮；
（3）2020 年以来，国企违约增多，刚性兑付预期进一步打破，国企信用边
际恶化，为第三次违约潮。[①]万得（Wind）统计显示，近几年来债券违约呈
现不断攀升之势，2017 年债券违约数量 34 只，违约金额 312.49 亿元；
2018 年债券违约数量急剧上升至 125 只，违约金额达到 1207.77 亿元，此
后债券违约数量和金额一直居高不下；2019 年债券违约 185 只，违约金
额 1499.16 亿元；2020 年债券违约 151 只，违约金额 1707.02 亿元；2021
年上半年已经违约 76 只，违约金额 759.72 亿元。债券违约的类型包括
未按期兑付利息、提前到期未兑付、本息展期、未按时兑付回售款和利息、
技术性违约、触发交叉违约等。债券市场违约的"新常态"也迫切需要风
险防范体系能够与时俱进，由行政化向市场化法治化风险防范体系转变。
但是，债券市场分割的现实格局却构成了建立市场化法治化风险防范体
系的重要障碍。

首先，市场分割不利于投资者通过跨市场交易在更大的范围内转移
和分散风险。市场在配置资源的同时也在配置风险，市场交易可以实现
风险在不同市场参与者之间的分散和转移，使收益的机会和风险承担的
意愿互相匹配。有学者指出，现代金融的核心功能就是配置风险，就是要
为整个经济体系创造一种动态化的能够使风险流量化的风险转移机制，
金融的发展趋势是提升金融体系配置风险的功能，从过去的风险沉淀型
金融向风险转移型金融转变。[②]但在分割的债券市场格局中，银行间债券
市场和交易所债券市场流动性不高、跨市场交易受阻，风险只能在各自市
场内部积聚和消化，无法在市场之间转移和分散，制约了债券市场自身的
风险规避功能。即便是在各个市场内部的风险转移和分散方面，两个市
场也都存在各自的不足，银行间债券市场的债券大部分持有在商业银行

---

① 卢先兵、崔海花：《2020 债券违约启示录：关注焦点从民企转国企，"信仰"碎了一地》，载《21 世纪经济报道》2021 年 1 月 15 日第 008 版。
② 参见吴晓求：《现代金融要建立风险转移的机制》，载《中国审计》2003 年第 4 期；吴晓求：《现代金融的核心功能是配置风险》，载《经济经纬》2003 年第 6 期。

手中,具有相同的风险偏好和交易策略,导致信用风险在银行体系内部沉淀,交易所债券市场中商业银行等大型机构投资者的缺失,致使风险大多集中在中小机构投资者和个人投资者手中。

其次,市场分割抑制了信息披露、风险预警、信用评级、信用增级、做市商、违约处置等市场化约束机制和风险防范机制的作用。例如,市场分割下的银行间债券市场和交易所债券市场在信息披露的内容、方式、时间等要求上都各有不同,可导致同一债券在不同市场交易中信息披露存在差异,不利于真实、全面、及时地揭示债券风险。同时,市场分割阻断了债券市场信息的横向传递,银行间债券市场和交易所债券市场之间的信息分享机制付之阙如,跨市场的风险预警机制未能建立起来,其效果也势必将大打折扣。①与之相类似的是,两个市场在信用评级的标准以及评级机构的资质认定方面也存在差异,降低了信用评级的统一性、规范性和权威性,特别是在债券跨市场交易中可能导致同一债券在不同市场中信用评价的不确定性。又如,市场分割下的做市商结构也呈现单一化、扁平化特征,银行间债券市场以商业银行为主,交易所债券市场以证券公司为主,做市商的市场范围和债券品种也受到很大局限,从而影响了做市质量。

再次,市场分割降低了债券市场监管的有效性,监管重复、监管空白、监管套利和监管竞次等问题并存。市场分割下的多头监管体制,不仅产生了公司信用类债券领域以及债券跨市场交易中的监管重复,还承袭了"各人自扫门前雪"的机构监管理念,缺乏系统性的风险防范体系。但在金融创新浪潮下,债券产品和市场结构之间的界限日益模糊,与之相伴的是风险结构和传导机制的复杂化。条块分割的监管体制和监管方式面对新情况、新问题将会愈发显得无所适从,更加难以适应对债券市场系统性风险宏观审慎监管的需要。除此之外,监管机构的部门利益和公共利益间的冲突也是干扰有效监管的重要因素,尤其是中国人民银行和中国证

---

① 参见冯果、谢贵春:《构建我国债券市场风险预警机制的法律思考》,载《证券法苑》(第13卷),法律出版社 2014 年版,第 174 页。

监会在债券二级市场的监管竞争,谁也不服谁,实际上是以部门利益"绑架"市场,导致监管协调机制形同虚设,跨市场交易的统一监管也迟迟难以推进,监管差异化更是滋生了监管套利的风险。有鉴于此,2018 年中国人民银行、中国证监会和国家发改委联合发布了《关于进一步加强债券市场执法工作的意见》(银发〔2018〕296 号),提出"证监会依法对银行间债券市场、交易所债券市场违法行为开展统一的执法工作"。但也仅限于公司信用类债券信息披露、内幕交易、操纵市场等违法行为的认定和行政处罚,三部门继续按现行职责分工负责债券市场行政监管,距离债券市场统一监管和风险防范体系建立依然任重道远。

第二章　债券市场互联互通的模式选择及证成

鉴于市场分割对于债券市场发展所造成的诸多弊害，因而无论是在政府部门抑或是学界，对于打破债券市场分割困局的必要性和紧迫性，已经达成了基本的共识。但对于债券市场发展模式的选择问题尚有争议，其中至少存在债券市场统合论、银行间债券市场主导论、交易所债券市场主导论和债券市场互联互通论几种观点。也就是说，债券市场互联互通的模式选择并非无可辩驳、不证自明，有必要从现实和理论层面予以阐释和论证。因此，本章内容主要是在比较分析几种债券市场发展模式的基础上，对债券市场互联互通的内涵做出界定，并从市场竞争理论和利益集团理论两个视角对互联互通的模式选择进行理论证成。

第一节　债券市场互联互通的提出与界定

一、债券市场发展的模式探讨

（一）债券市场统合论

针对债券市场分割以及由此导致的市场规则、监管和法制的割裂，有观点相对应地提出了对债券市场进行统一或合并，以消除市场的分割和差异。具体而言，债券市场统合论包含两种观点：一种是在保留银行间债券市场和交易所债券市场分立的基础上，将两个市场的交易规则、托管结算规则以及投资者结构、产品结构等完全统一，从而使两个市场成为事实上的同一市场;另一种更为极端的观点就是将银行间债券市场和交易所债券市场彻底合并成为一个市场,回归债券市场发展初期的单一市场模式。事实上,早在 2005 年起关于债券市场合并的呼声就不绝于耳,认为债市合并是必然趋势,有利于提高债券市场流动性、降低交易成本、提升市场效率以及促进利率市场化进程。[1]但就债券市场合并的方式却也存在分歧,争议点在于银行间债券市场和交易所债券市场究竟谁合并谁,一种观点认为基于债券与场外交易方式的契合性,提出以银行间债券市场为基础统合交易所债券市场,从而只保留场外的银行间债券市场;另一种观点则认为"应逐步用交易所市场统合银行间市场,由证监会逐步统合债券市场的发行与交易监管"。[2]

但需要指出的是,从资本市场的发展历史和国际经验上看,资本市场都经历了由单一化到多层次的演变过程,可以说多层次资本市场是一个必然趋势和一般规律。建设多层次资本市场已经成为我国金融体系改革和发展的重要方向。党的十八届三中全会明确提出,"健全多层次资本市场体系"。2017 年,全国金融工作会议上,习近平总书记强调:"要把发展直接融资放在重要位置,形成融资功能完备、基础制度扎实、市场监管有效、投资者合法权益得到有效保护的多层次资本市场体系。"而场内市场与场外市场并存、竞争和协调发展,是多层次资本市场体系构建的当然内容,可以满足多元化的融资需求和交易需要。[3]目前,在股票市场已经形成场内的证券交易所市场和场外的"新三板"、区域性股权交易市场并存的格局,就证券交易所而言也建立了主板、中小板、创业板和科创板等多层次板块。债券市场作为资本市场的重要组成部分自然也不例外,虽然

---

① 参见温馨:《两债市合并将加快利率市场化步伐》,载《证券日报》2005 年 6 月 4 日;阎岳:《债市合并明年或以金融创新形式实现》,载《证券日报》2005 年 6 月 10 日。

② 参见蒋大兴:《被忽略的债券制度史——中国(公司)债券市场的法律瓶颈》,载《河南财经政法大学学报》2012 年第 4 期。

③ 中央财经大学课题组:《多层次资本市场及证券交易场所法律制度完善研究》,载《证券法苑》(第 10 卷),法律出版社 2014 年版。

场内和场外市场发展不平衡,但也形成了银行间债券市场、交易所债券市场以及商业银行柜台市场并存的市场结构。可以说,多层次资本市场体系在我国已经初步建立,但仍有待进一步完善。

因此,片面强调债券市场完全统一甚至合并都是不可取的。否则,不同市场之间的差异化特质和竞争机制将不复存在,不同债券品种和市场主体也无从选择适合的交易场所,债券市场的活力无法得到释放,债券市场统合与债券市场分割无非走向了两个极端,有违市场发展规律。有学者一针见血地指出:"简单地取消某个市场而把投资者和所有券种都统一到一个市场进行交易并不可行,债券市场的统一也不能简单地认为是将债券的场外市场和场内市场整合,将目前的银行间债券市场和交易所市场合并为某一个市场,这种想法绝对是错误的,也是致命的。因为无论从功能定位、参与主体还是从市场运行机制上来看,场外市场和场内市场是存在绝对差异的,简单的合并将会给债券市场乃至整个金融市场带来不可收拾的混乱。"①也正因如此,债券市场统合论虽然早已有提出,但一直都是"雷声大雨点小",尤其是在我国已经将"健全多层次资本市场体系"作为重要发展战略的背景之下,此种观点只会愈发违逆潮流。

(二)银行间/交易所债券市场主导论

既然债券市场统合论有违债券市场发展现实和规律,不利于多层次资本市场体系的建立,因而有观点基于银行间债券市场和交易所债券市场"两市分立"的现状,提出了以某个市场为债券市场的主导,即所谓银行间/交易所债券市场主导论。其中,银行间债券市场主导论是时下较为盛行的一种观点。此种观点主要基于两点理由:一是债券的特性决定了其更适合大宗批发性的场外交易模式,从国际经验上看债券交易也是以场外市场为主导的。有学者研究了美国债券市场后发现,债券交易也经历了由场内市场主导到场外市场主导的变迁,一个重要原因在

---

① 蔡国喜:《我国债券市场统一方案构想》,载《证券市场导报》2004 年第 5 期。

于债券投资者结构中机构投资者逐渐占据主导地位,而机构投资者更加偏好场外交易机制。[1]二是从我国债券市场发展现状来看,银行间债券市场的规模占到整个债券市场的90%左右,理所当然地应该以其作为主导发展我国债券市场。颇具代表性的观点认为,从债券市场发展的一般规律出发,"债券是具有个性化特质的金融产品,这种特质要求其面向有风险识别和承担能力的合格投资者,其对应的交易方式是询价交易,交易方式决定交易场所,即要求以场外市场为主要模式"。[2]当然,这其中也不乏有学者指出,虽然从我国实际和国际惯例出发,债券市场发展模式应以场外市场为主,且以机构投资者组成的银行间债券市场为核心,交易所债券市场主要发挥价格公示的作用,但是这种市场结构的形成,应主要依靠市场机制而非行政手段。[3]

反对者的观点则认为,"银行间市场理应成为我国债券主体市场的观点、依据及因果关系都是值得商榷的,甚至是错误的","交易所市场按照债券市场内在发展规律,发挥个人投资者多、成熟竞价撮合机制和高度与股票市场相连等方面的优势,走与银行间差异化的发展道路,这可能更符合我国交易所债券市场的发展模式"。[4]这种观点的提出总体上还是从我国场内市场为主的资本市场发展传统出发的,证券交易所一直在资本市场中发挥着举足轻重的作用,曾经也一度在债券市场中占据主导地位,只是由于商业银行从证券交易所的退出以及随后的政策因素、交易机制、市场化程度等方面的不足,导致其在债券市场中逐渐边缘化。但随着交易所债券市场的交易机制和平台创新,在交易所市场已经构建了"固定收益平台"为代表的场外交易模式,加之商业银行已经开始重返交易所债券市场,预示着交易所债券市场固有的制度劣势正在被逐渐扭转,因而也当恢

①　于鑫、龚仰树:《美国债券市场发展对我国场内债券市场的启示》,载《上海财经大学学报》2011年第3期。

②　时文朝:《债券市场发展的一般规律问题》,载《金融市场研究》2012年第11期。

③　沈炳熙:《关于债券市场发展模式的几点思考》,载《南方金融》2004年第4期。

④　金永军、赵敏、刘斌:《债券只适合场外交易吗?》,载《证券市场导报》2011年第7期。

复其在债券市场中应有的地位。

可正如前文已经反复提及的,银行间债券市场或交易所债券市场的主导地位应当是由市场竞争决定的,是两个市场在发挥各自优势、创新交易机制、降低交易成本、提高交易效率的基础上,由债券市场发行人和投资者自主选择的结果,而不是由政府监管部门人为事先预设的结果。目前银行间债券市场主导的市场格局,固然有债券场外交易机制的天然优势,但还有一个十分重要的原因就是政府主导下的市场分割,使得商业银行长期只能参与银行间债券市场交易,严重限制了交易所债券市场的投资者结构,加之中国人民银行主管下的债券品种只能在银行间债券市场发行和交易,抑制了交易所债券市场的发展。虽然从表面上看现有的以场外市场为主导的结构符合债券市场发展潮流和趋势,但其形成过程是与市场化相悖的,也滋生出了诸多问题。因此,抛开市场竞争机制不谈,人为地事先预设某个市场的主导地位同样也是不可取的,而是应当由市场来选择和决定,否则只会继续在监管权力的博弈和妥协中裹足不前,或是陷入经验主义的误区。

(三) 债券市场互联互通论

鉴于以上几种发展模式都存在固有的缺陷,越来越多的视野开始转向在保留市场异质性和竞争性的基础上,促进债券市场的互联互通。但在具体表述上有谓之"统一""统一互联"或"互联互通"的,并且在所阐述的内涵和路径上也有所区别。在国家政策层面上,2004 年《国务院关于推进资本市场改革开放和稳定发展的若干意见》("国九条")提出,"逐步建立集中监管、统一互联的债券市场";2014 年《国务院关于进一步促进资本市场健康发展的若干意见》(新"国九条")提出,"深化债券市场互联互通。在符合投资者适当性管理要求的前提下,完善债券品种在不同市场的交叉挂牌及自主转托管机制,促进债券跨市场顺畅流转。鼓励债券交易场所合理分工、发挥各自优势。促进债券登记结算机构信息共享、顺畅连接,加强互联互通"。在理论层面上,有学者提出债券市场统一互联的路径包括商业银行重返交易所债券市场、构建统一的债券托管体系、理顺债券市场监管体系,其中主体联通是基础、托管联通是平台、监管联通是保障;①另有学者认为,实现债券市场统一监管是我国建立统一债券市场的前提和基础;②还有观点认为,我国债券市场统一的关键在于统一债券托管,一个比较可行且能从根本上实现市场统一的思路是在统一托管的前提下保留各个市场的交易和结算方式。③由此可见,无论是政策层面还是理论层面所要表达的实质意蕴都是一致的,但对于债券市场互联互通的认识和路径选择却不尽相同,这有赖于对债券市场互联互通的内涵做出清晰的界定,从而正本清源、消除误解。

二、债券市场互联互通的内涵界定

"互联互通"(Interconnection)一词最初广泛应用于网络通信领域,指的是运营商的网络与不在该网络中的设备或设施之间的物理链路,在美国《1934 年电信法》(Communications Act of 1934)中,互联互通被专门定义为"两个或多个网络的链路,用于通信流量的双边交换"。目前已经成为时下热门的术语被用于各个领域。笔者在中国知网以"互联互通"为篇名检索,有超过 3500 条结果,内容涵盖了公共服务、网络通信、交通、基础设施、区域合作、"一带一路"、物流和金融等领域。习近平总书记在APEC 会议等国际场合多次提及区域合作中的互联互通,④在 2015 年世界互联网大会上提出"共同推动网络空间互联互通、共享共治",⑤在 2019

---

① 参见陈岱松:《构建我国统一互联债券市场的路径分析》,载《南方金融》2008 年第10 期。
② 参见温彬、张友先、汪川:《我国债券市场分割问题研究》,载《宏观经济研究》2010 年第11 期。
③ 参见蔡国喜:《我国债券市场统一方案构想》,载《证券市场导报》2004 年第 5 期。
④ 习近平:《联通引领发展 伙伴聚焦合作——在"加强互联互通伙伴关系"东道主伙伴对话会上的讲话》,http://news.xinhuanet.com/2014-11/08/c_127192119.htm,2020 年 10 月 13日最后访问。
⑤ 习近平:《在第二届世界互联网大会开幕式上的讲话》,http://news.xinhuanet.com/politics/2015-12/16/c_1117481089.htm,2020 年 10 月 13 日最后访问。

年第二届"一带一路"国际合作高峰论坛开幕式上强调"共建'一带一路',关键是互联互通。我们应该构建全球互联互通伙伴关系,实现共同发展繁荣"。[①]可见,互联互通所蕴含的开放、共享、包容、合作等理念,已经在不同领域得到广泛的认可,通过互联互通可以打破不同网络、不同地域、不同市场甚至不同文化之间的隔阂。

在金融领域,"互联互通"最初被用于内地和香港资本市场交易中。2014年4月,中国证监会和香港证券及期货事务监察委员会发布联合公告,决定原则批准上交所、香港联交所、中证登以及香港中央结算公司开展沪港股票市场交易互联互通机制试点(以下简称"沪港通"),自2014年11月17日正式启动。"沪港通"是指两地投资者委托上交所会员或者香港联交所参与者,通过上交所或者香港联交所在对方所在地设立的证券交易服务公司,买卖规定范围内的对方交易所上市股票,包括"沪股通"和"港股通"两个部分。在"沪港通"试点经验的基础上,2016年12月5日深交所和香港联交所股票市场交易互联互通机制(以下简称"深港通")正式启动。2017年5月16日,中国人民银行和香港金融管理局发布联合公告,决定同意内地基础设施机构和香港基础设施机构开展香港与内地债券市场互联互通合作(以下简称"债券通"),并于7月3日正式上线试运行。根据中国人民银行制定的《内地与香港债券市场互联互通合作管理暂行办法》第2条的规定,"债券通"是指境内外投资者通过香港与内地债券市场基础设施机构连接,买卖香港与内地债券市场交易流通债券的机制安排,包括"北向通"及"南向通"。目前,"债券通"开展的是"北向通"业务,即中国香港及其他国家与地区的境外投资者经由中国香港与中国内地基础设施机构之间在交易、托管、结算等方面互联互通的机制安排,投资于内地银行间债券市场。债券通有限公司数据显示,"债券通"启动以来,截至2020年6月底,通过"债券通"进入银行间债券市场交易的境

---

① 习近平:《在第二届"一带一路"国际合作高峰论坛开幕式上的主旨演讲》,http://www.xinhuanet.com/world/brf2019/fhkms/index.htm,2020年10月13日最后访问。

外机构投资者超过 550 家,账户数量达 2012 个,覆盖全球 33 个国家和地区,三年累计成交量超过 6 万亿元人民币。"沪港通""深港通"和"债券通"有力地促进了我国金融市场的对外开放,拓展了市场主体投融资渠道,丰富了投资者结构,也有利于推动人民币国际化进程。

如果说中国内地和香港资本市场互联互通的目的是为了便利投资者跨境、跨市场从事证券交易,那么银行间债券市场和交易所债券市场互联互通所承载的任务远不止于此,所面临的问题也更加复杂。首先需要指出的是,债券市场互联互通并非要完全统一或合并债券市场,而是在尊重市场差异,保持市场竞争性并存的前提下,"立足于消除市场之间人为的进出壁垒和制度障碍,便于发行人和投资者在不同市场和品种之间的选择,促进不同市场在竞争中共同发展",①其实质是"债券市场的交易要素——信息、资金、交易券种、交易主体能够在市场间自由流动"。②具体而言,债券市场互联互通至少应当包含三个层面的内容:(1)债券市场交易主体的互联互通,即投资者能够自主选择债券交易场所,从事债券跨市场交易,从而实现在不同市场之间的风险转移、分散和套利;(2)债券市场交易产品的互联互通,即不同的债券品种都能够自由地跨市场发行和交易,债券发行市场的选择不因主管部门的不同而受到限制,债券交易市场也不因发行市场的选择而受到限制;(3)债券市场托管结算体系的互联互通,即打破债券托管结算机构不同对高效跨市场交易造成的阻碍,保证债券市场交易主体和交易产品能够自由地、实时地从事跨市场交易,不因托管结算体系的分割而受到限制。

与此同时,也有必要进一步澄清有关债券市场互联互通的几个误解:(1)互联互通并不意味着要求银行间债券市场和交易所债券市场的交易规则、市场要素和运行机制完全相同,互联互通本质上是消除市场之间的

---

① 时晋、曾斌:《市场分立与监管竞争——我国公司债券市场发展的法经济学研究》,载《制度经济学研究》2013 年第 1 期。

② 高坚、杨念:《中国债券市场发展的制度问题和方法研究》,载《财经科学》2007 年第12 期。

隔阂而非差异。互联互通仍然是以保持市场异质性为前提的,两个市场各有优劣,在实际运行过程中恰好能够取长补短,发挥优势互补的作用,满足不同投资者的市场需求,也可以促使市场竞争效应的充分释放。(2)互联互通并不以债券市场的均衡化发展为目标,不是片面追求银行间债券市场和交易所债券市场规模相当,对于场内和场外债券市场由谁主导也没有任何指向性,只是致力于在市场之间实现要素的自由流动和充分竞争,形成市场并存、分工合作、互联互通的格局,至于两个市场的发展状况和竞争结果则交由市场来决定。(3)互联互通并不是单向的,而是双向的,不仅要求银行间债券市场的交易主体和产品能够进入交易所债券市场交易,也要求交易所债券市场的交易主体和产品能够进入银行间债券市场。(4)并非只要允许债券交易主体和产品跨市场交易就意味着实现了互联互通,商业银行重返交易所债券市场只是互联互通的第一步,互联互通还必须要求跨市场交易的自主性、自由性和实时性,这也是目前政府债券和企业债券通过转托管方式从事跨市场交易所面临的缺陷,这就要求从托管结算体系等债券市场基础设施着手,通过托管结算体系的统一互联保障债券跨市场交易的有效性。(5)虽然债券市场互联互通本义上是市场层面的问题,但仅仅试图从市场运行机制的角度来解决市场分割问题是远远不够的,造成我国债券市场分割的根源在于监管和法律制度。因此,在市场之外必须要从债券市场监管体系和法律制度层面进行制度变革,也就是说互联互通绝不只是一个技术性问题,而是关乎债券市场中的市场机制、政府职能和法制建设的全局性问题。

第二节　债券市场互联互通的竞争视角分析

正如前文中已述及的,竞争是市场经济活动的核心,也是市场最基本的运行机制,市场经济中的价格机制、供求机制等其他机制的作用都要通过竞争机制实现,甚至可以说没有竞争就没有市场经济,市场经济的运行过程自始至终都表现为竞争过程。①竞争对市场如此之重要,但债券市场分割却阻碍了竞争机制的发挥。那么,基于竞争视角分析,从一般市场竞争到金融市场竞争,从市场要素竞争到交易场所竞争,对于债券市场竞争有何启示?银行间债券市场和交易所债券市场竞争的比较优势何在?债券市场互联互通如何使竞争成为可能?这是债券市场互联互通模式选择所必须回答的问题,既是回应了债券市场互联互通的合理性和必要性,也有助于廓清债券市场互联互通的实现路径。

一、市场竞争:从一般市场竞争到金融市场竞争

随着我国社会主义市场经济发展进程的不断深入,市场竞争已经得到越来越广泛的认可和重视。党的十八届三中全会提出,"建设统一开放、竞争有序的市场体系,是使市场在资源配置中起决定性作用的基础。必须加快形成企业自主经营、公平竞争,消费者自由选择、自主消费,商品和要素自由流动、平等交换的现代市场体系,着力清除市场壁垒,提高资源配置效率和公平性"。党的十九届四中全会进一步强调,要"完善公平竞争制度","强化竞争政策基础地位"。在法律层面上,也基本形成了以《反垄断法》和《反不正当竞争法》为主体的竞争法律体系,标志着我国绝大部分经济领域中市场主体的经济活动已经纳入竞争法的调整范畴中。在制度层面,为了处理好政府干预和市场竞争的关系,国家建立了负面清单制度和公平竞争审查制度。2015 年,国务院出台了《关于实行市场准入负面清单制度的意见》(国发〔2015〕55 号),对于禁止和限制投资经营的行业、领域、业务等必须以清单的方式明确列出,市场准入负面清单以外的行业、领域、业务等,各类市场主体皆可依法平等进入,从而赋予了市场主体更多的主动权、自主权,有利于形成各类市场主体依法平等使用生产要素、公开公平公正参与竞争的市场环境。2016 年,国务院进一步出台了《关于在市场体系建设中建立公平竞争审查制度的意见》(国发

---

① 参见陈秀山:《现代竞争理论与竞争政策》,商务印书馆 1998 年版,第 1—4 页。

〔2016〕34号），要求政策制定机关在制定涉及市场主体经济活动的规章、规范性文件和其他政策措施时，应当进行公平竞争审查，经审查不具有排除、限制竞争效果的才可以出台实施。

但是，一些"国有经济占控制地位的关系国民经济命脉和国家安全"的领域则处于负面清单之上，而且在市场结构上往往呈现垄断状态，市场竞争程度不高，金融领域即是如此。根据《市场准入负面清单（2020年版）》，明确列出了禁止违规开展的金融相关经营活动，以及未获得许可不得设立金融机构或变更股权结构、不得设立金融机构营业场所和交易所、不得从事特定金融业务、金融机构高管不得任职等。从金融发展实践上看，我国的金融市场一直处于罗纳德·麦金农和爱德华·肖所提出的"金融压抑"（Financial Repression）现象之下，[①]政府对金融实行严格管制，包括市场准入、业务活动和金融价格（利率和汇率）等方面，整个金融市场表现出强烈的"国家垄断"的特征，在金融市场中占据主导地位的商业银行、证券公司、保险公司等金融机构都是国有资本所控制的，资本市场中的证券交易所、托管结算机构等也莫不是如此，机构和业务的市场准入都带有国家"特许"的性质。由此也导致了我国严重失衡的"倒金字塔式"金融结构，国有大型金融机构占据主导地位，中小金融机构竞争力不足。这其中固然有金融自身特性的决定因素，即金融具有很强的"准公共性"和"外部性"特征，对社会公共利益会产生很大的影响，满足公众基本需要的储蓄、保险、支付等业务体现出准公共产品的性质，一旦发生危机，不仅损害存款人和保险人利益，更是可能引发系统性风险和经济危机，动摇社会稳定。况且，在"总体国家安全观"的统领下，金融安全也是国家安全的重要

---

① 金融压抑是指政府通过对金融活动和金融体系的过多干预抑制了金融体系的发展，而金融体系的发展滞后又阻碍了经济的发展，从而造成了金融抑制和经济落后的恶性循环。具体可参见［美］罗纳德·麦金农：《经济发展中的货币与资本》，李瑶、卢力平译，中国金融出版社2006年版，第50页；［美］爱德华·肖：《经济发展中的金融深化》，王巍等译，中国社会科学出版社1989年版，第10页。

组成部分。因此,有观点认为对金融领域维持有限的竞争,对其垄断进行容忍是有必要的。①

但是,也有学者意识到金融垄断造成了金融资源的配置失衡,引起了对社会公平的负面影响,提出通过完善金融反垄断制度,引入竞争主体、优化竞争环境、引导竞争活动、规范竞争行为,构建具有竞争性的金融市场。②事实上,由金融垄断走向金融竞争的过程不仅是金融深化(Financial Deepening)的过程,也是金融包容(Financial Inclusion)的过程。一方面,市场竞争要求排除政府对金融市场的过度干预,放松对市场准入、业务活动、利率和汇率等方面的不当限制,推进金融市场化改革,通过市场机制提高金融资源配置的效率。另一方面,引入竞争性的金融市场主体、产品和服务,丰富金融供给,有助于满足多元化的主体进入金融市场、参与金融活动、享受金融服务的机会平等和公平,缓解我国金融市场中根深蒂固的"金融排斥"(Financial Exclusion)③现象,从而推动建立"普惠金融体系"(Inclusive Financial System)。④因此,在全面深化改革和建设具有普惠性、竞争力、适应性的现代金融体系背景之下,金融市场也必须走向深化,不断朝着市场化方向改革,优化金融市场结构,引入金融市场竞争机制。即使考虑到国计民生和社会公共利益,对于满足公众基本金融服务需要的"准公共性"的信贷市场,可以保留适度的竞争限制。但对于超出

① 参见孙晋主编:《现代经济法学》,武汉大学出版社 2014 年版,第 180 页。

② 参见冯果、袁康:《反垄断视域下的金融资源配置和社会公平》,载《法学杂志》2011 年第 8 期。

③ 金融排斥指的是人们在获取或利用主流金融市场所提供的适合其正常社会生活需要的金融产品或服务时面临困难的一个过程。European Commission, Financial Services Provision and Prevention of Financial Exclusion, March 2008,p.9.http://www.bristol.ac.uk/medialibrary/sites/geography/migrated/documents/pfrc0807.pdf. 2018 年 4 月 15 日最后访问。

④ 普惠金融体系是联合国在推广 2005 年国际小额信贷年时所提出的,其基本含义是:一个能有效地、全方位地为社会所有阶层和群体——尤其是贫困、低收入人口——提供金融服务的金融体系。参见焦瑾璞、陈瑾:《建设中国普惠金融体系——提供全民享受现代金融服务的机会和途径》,中国金融出版社 2009 年版,第 4 页。另按照国务院《推进普惠金融发展规划(2016—2020 年)》的定义,普惠金融是指立足机会平等要求和商业可持续原则,以可负担的成本为有金融服务需求的社会各阶层和群体提供适当、有效的金融服务。

基本金融服务范畴的投资性的证券市场,则理应放开,由市场要素和交易场所充分竞争,而不应继续由政府对市场准入和定价进行限制,或是设置行政壁垒,人为地制造市场分割,排除和限制竞争。

二、证券市场竞争:从市场要素竞争到交易场所竞争

一直以来,有关市场竞争的认识都主要集中在市场要素领域的竞争,竞争主体主要是经营者,竞争的范围是在特定的市场上,竞争的动因是争取商品、服务的交易机会及获取更大的经济利益,竞争的手段是提供有利的价格、数量、质量、服务等。[①]相对而言,有关交易场所的竞争则鲜有提及,盖因大多数情况下的交易场所都只是一个抽象的空间概念,而非实在的市场主体,因而所谓交易场所的竞争也都内化为了市场要素的竞争。但在证券市场中,证券交易场所却是一个实实在在的市场利益主体,证券交易场所之间围绕着证券上市资源和投资者的竞争,不仅是客观存在的现象,更是成为了全球范围内的普遍趋势。早期的证券交易所因其规模经济效应、外部性、公共产品属性以及地域限制等,处于自然垄断地位,证券交易所像企业一样竞争几乎是不可想象的事情。但是,在网络技术与资本市场高度融合的时代,证券交易电子化和网络化使得基于 ECN(Electronic Communications Networks)产生的另类交易系统(Alternative Trading Systems,ATSs)已经向传统证券交易所的垄断地位发出了有力的挑战。[②]特别是 20 世纪 90 年代以来,随着信息技术的发展和证券市场的全球化,市场属性的差别和地域间隔逐渐模糊,证券交易所之间的竞争从一国内部扩展到了国际范围,全球证券市场迈入了相互竞争的新时代。[③]

总体而言,证券交易所之间的竞争,主要包括传统证券交易所和网上证券交易所之间的竞争,如纽交所和纳斯达克之间的竞争;世界主要证券

[①] 参见王先林:《竞争法学》,中国人民大学出版社 2015 年版,第 4—5 页。

[②] 参见冯果:《网络时代的资本市场及监管法制之重塑》,载《法学家》2009 年第 6 期。

[③] 参见施东辉等:《交易所竞争力分析》,上海人民出版社 2010 年版,第 31 页。

交易所之间的竞争,如纽交所和港交所围绕阿里巴巴上市展开的竞争;成熟市场和新兴市场之间的竞争;以及主板市场和中小企业板、创业板等市场之间的竞争。①为了回应竞争,证券交易所围绕着提高竞争力展开了一系列变革,包括交易所非互助化(Demutualization)、②交易所并购、③交易系统改进和创新、降低交易服务费用、创新交易品种等。"交易所间的竞争可形成一种有效的约束机制,促进公正、透明的市场环境的形成。"④不仅如此,证券交易所竞争也促使其不断完善其自律监管职能,"交易所监管的核心优势就在于其所面临的竞争压力。竞争不但将会有效减少交易所的垄断地位,减少交易所监管的缺陷,也会促进监管制度更为有效"。⑤

我国证券市场中的交易场所大体上也经历了由分散无序到集中统一,再到多层次市场并存的结构演变。目前,我国债券市场包括银行间债券市场、交易所债券市场和商业银行柜台市场,股票市场包括主板、中小

---

① 参见屠光绍主编:《证券交易所——现实与挑战》,上海人民出版社2005年版,第29页。

② "非互助化"表述的是交易所由传统互助性的会员制向营利性的公司制转变的过程,及由此带来的交易所治理结构的深刻变革。Caroline Bradley, Demutualization of Financial Exchanges: Business as Usual? Northwestern Journal of International Law & Business, Vol.21, 2001. 1993年瑞典斯德哥尔摩证券交易所由会员制改为公司制,开启了证券交易所公司化改制的先河。世界交易所联合会(WFE)2013年调研报告显示,截至2012年年底WFE会员中74%已完成由非营利性向营利性的转变。就交易所组织形式而言,41%的会员为上市公司,14%的会员为可转让未上市的股份公司,14%的会员为私人有限公司,即高达69%的会员已完成公司化改制,仅有12%为会员制协会,且所有发达国家的交易所均已完成公司化改制,多数新兴经济体交易所也完成了股份制改制。参见上海证券交易所—厦门大学联合课题组:《全球主要交易所治理结构研究》,上证联合研究计划第24期课题报告,第19页。

③ 例如,2010年10月25日,新加坡证券交易所尝试收购澳大利亚证券交易所,并很快得到了澳洲竞争与消费委员会批准;2011年2月8日,多伦多证券交易所集团宣布,将和伦敦证券交易所集团寻求合并可能;2月15日,德国证券交易所集团和纽约泛欧证券交易所集团签署了合并协议,成为世界最大的证券交易平台;2012年,港交所并购伦敦金属交易所;2013年,东京证券交易所并购大阪证券交易所;2016年3月16日,伦敦证券交易所和德意志交易所宣布就对等合并条款达成协议;2019年9月11日,港交所提出以每股2045便士现金及2.495股新发行的港交所股份的价格(约合2900亿港币)收购伦敦证券交易所。

④ 冯果、田春雷:《临渊羡鱼 莫如退而结网——关于我国证券交易所组织形式改革的一点反思》,载《法学评论》2009年第5期。

⑤ 彭冰、曹里加:《证券交易所监管功能研究——从企业组织视角》,载《中国法学》2005年第1期。

企业板、创业板、全国中小企业股份转让系统和区域性股权交易市场等，可以说多层次资本市场已初具雏形。但是，市场的多层次性并不必然意味着市场的竞争性，虽然证券交易场所日趋多元化，但在政府主导下，已经人为地对上市资源进行了分配，市场之间处于分割状态，并且在证券市场相对封闭的体制下，也不存在与境外证券交易所的直接竞争，可谓是"内无竞争必要，外无竞争压力"。①众所周知，上海证券交易所和深圳证券交易所之间并无实质性竞争关系，拟上市公司也并无在两个交易所之间选择的权利，特别是深交所转型为面向中小企业和创业企业股票发行和上市的专门场所后，在制度设计上两家交易所已经形成了错位格局，潜在的竞争性更是聊胜于无。②因此，即便证券交易场所体系已存在一定的多元性和层次性，但沪深交易所明显呈现"独大"的局面，其他证券交易场所还处在边缘化和为沪深交易所"拾遗"的局面，甚至还常常面临着被"清理整顿"之虞。③可见，整个证券市场中的交易场所之间并未形成有序的竞争格局，债券市场亦是如此。市场分割状态下，债券市场发行人和投资者缺乏自主选择债券发行和交易场所的权利，债券市场资源已经被监管部门人为划分，市场之间的竞争关系无从谈起，市场要素也因缺乏流动性而大大削弱了竞争性。因此，债券市场互联互通不仅是要实现市场要素的自由流动和充分竞争，更是要促成银行间债券市场和交易所债券市场之间的竞争关系，形成市场竞争压力和动力，进而借助竞争机制不断地推动市场的自我革新和改进，促进市场功能的实现。

三、银行间债券市场与交易所债券市场的竞争优势比较

银行间债券市场和交易所债券市场作为我国两大债券交易场所，承

---

① 参见徐明、卢文道:《从市场竞争到法制基础:证券交易所自律监管研究》，载《华东政法学院学报》2005 年第 5 期。

② 参见缪因知:《论证券交易所竞争与监管的关系及其定位》，载《时代法学》2008 年第 6 期。

③ 参见中央财经大学课题组:《多层次资本市场及证券交易场所法律制度完善研究》，载《证券法苑》(第 10 卷)，法律出版社 2014 年版。

载着绝大部分的债券交易,其中又以银行间债券市场交易量最大,二者在投资者结构、产品结构、交易机制、交易成本和监管要求等方面都有所差异。以下将通过对银行间债券市场和交易所债券市场的比较分析,揭示各自在债券市场竞争中的优劣之处。

（一）投资者结构

银行间债券市场的投资者是以商业银行为主的机构投资者,交易所债券市场的投资者则主要是商业银行以外的机构投资者和个人投资者,特别是在我国场内市场中个人投资者一直占据着非常大的比重。值得一提的是,随着"债券通"的实施,银行间债券市场将引入更多的境外机构投资者。首先不得不承认的一点是,在我国银行主导型的金融体系中,商业银行庞大的规模在债券市场中依然发挥着重要的影响力,在债券市场中的持债比重也是最大的,这也是银行间债券市场相对于交易所债券市场最重要的竞争优势。也因为如此,商业银行回归交易所债券市场之路才会面临重重障碍、异常艰难,但这也正是债券市场互联互通所必须要破解的难题。可反过来看,商业银行的主导性也造成了银行间债券市场投资者结构单一化、同质化现象严重,交易策略的趋同性容易降低债券市场流动性。反观交易所债券市场,投资者数量较之银行间债券市场更为庞大,投资者类型和风险偏好也更加多样化,虽然投资者规模大多相对较小,但只要有符合不同投资者需求的多元化的债券交易产品,那么必然可以创造出巨大的流动性。近几年来,银行间债券市场先后推出了债券远期、利率远期等利率衍生产品,但实际成效却并不显著,主要原因就在于银行间债券市场缺乏投机者,因此衍生产品的交易往往由于缺乏对手方而难以达成,而交易所债券市场恰恰可以弥补这一缺陷。单就个人投资者而言,一直都在我国资本市场发展中占据着重要一席,虽然债券的特点决定了更适合机构投资者的大宗批发性交易,个人投资者无法成为债券市场的主要投资群体,但也不能完全漠视个人投资者在信用债券投资中的作用,从而巩固交易所在债券零售市场中的优势地位。

（二）产品结构

在发行和交易的债券品种类型上，银行间债券市场囊括了除公司债券、可转换公司债券以外的所有债券品种，交易所债券市场的债券品种范围相对狭窄，主要包括公司债券、可转换公司债券、企业资产支持证券、政府债券、企业债券以及政策性金融债券，其中后三种债券的发行和交易规模都相对较小。在债券托管总量上，银行间债券市场也拥有着绝对的优势，根据中债信息网的数据统计，截至2020年年末，银行间债券市场的债券托管量占到了86.76%。此外，在债券品种的期限结构上，银行间债券市场的债券品种期限结构相对丰富和均衡，而交易所债券市场主要集中在5—10年的中期债券，短期和长期债券比较匮乏。[1]这一方面是由于市场分割阻碍了债券的跨市场发行和交易，但另一方面也反映了交易所债券市场在产品创新方面的不足。特别是2007年之后，银行间债券市场不断地推陈出新，先后推出了中期票据、中小企业集合票据、超短期融资券等一系列新的债券品种，极大地丰富了债券产品结构，此消彼长之间，两个市场的失衡局面也在不断扩大。可喜的是，近几年来银行间债券市场和交易所债券市场明显加快了产品创新的步伐，推出了绿色债券、"一带一路"熊猫债券、社会效应债券以及"抗疫"专项债券等。

表2.1　我国债券品种的创新演变

年份	政府信用债券	金融债券	公司信用债券
1981	国债	—	
1984	—		企业债券
1985		特种贷款金融债	—
1989		—	短期融资券
1992			城投债

[1]　参见上海证券交易所—上海证券联合课题组：《交易所公司债券市场发展研究》，第24页。http://www.sse.com.cn/researchpublications/jointresearch/，2019年10月20日最后访问。

续表

年份	政府信用债券	金融债券	公司信用债券
1994	—	政策性金融债 （摊派发行）	
1996	贴现国债； 央行融资券	特种金融债	—
1998	—	政策性金融债 （市场化招标发行）	
2000	—	—	以一年期定存为基准的 浮动利率企业债
2001		非银行金融机构债	—
2002	央行票据； 商业银行柜台发 行的记账式国债	—	—
2003	—	境内美元债	中小企业集合债
2004	凭证式国债 （电子记账）	商业银行次级债； 证券公司短期融资券； 以7天回购利率为基准 的浮动利率金融债	
2005	—	商业银行普通债； 熊猫债	信贷资产支持证券； 企业资产支持证券
2006	储蓄国债	—	可转债
2007	特别国债	以 Shibor 为基准的 浮动利率金融债	公司债； 以 Shibor 为基准的浮动 利率企业债、短期融资券
2008	—		可交换债； 中期票据
2009	财政部代发 地方政府债券		中小企业集合票据
2010	政府支持机构债	—	企业资产支持票据
2011	—	—	非公开定向债务融资工具

年份	政府信用债券	金融债券	公司信用债券
2012	—		中小企业私募债
2013	—		可续期债券
2014	—	证券公司短期债券； 保险公司次级债； 三农专项金融债； 商业银行柜台发行的 政策性金融债	永续中期票据； 项目收益债； 项目收益票据
2015	定向承销 地方政府债	专项金融债	非公开发行的 项目收益债券
2016	自贸试验区发行 的地方政府债	绿色金融债； SDR 计价债券； 扶贫专项金融债	绿色企业债； 绿色资产支持证券； "双创"公司债； 项目集合企业债券
2017	地方政府专项 债券创新品种	—	企业债券的专项债券品种； 市场化债转股专项企业债券
2018	跨市场交易 铁道债	—	PPP 项目专项债券； "一带一路"债券； 优质企业债券
2019	在澳门发行的 人民币国债； 在商业银行柜台发 行的地方政府债	无固定期限资本债券； "债券通"绿色金融债； 以 LPR 为基准的浮动 利率金融债	以 LPR 为基准的浮动 利率超短期融资券、 信贷资产支持证券、 企业资产支持证券
2020	"抗疫"特别国债	"抗疫"主题金融债	"疫情防控"公司债、 银行间市场债务融资 工具、资产支持证券

资料来源：中债研发中心：《中国债券市场概览（2020 年版）》，第 9—11 页。

（三）交易机制

债券市场交易机制是指汇集与交易有关的指令以形成市场价格规则的总和，其实质是市场价格的形成方式。①交易机制的完善与否直接决定

---

① 参见沈炳熙、曹媛媛：《中国债券市场：30 年改革与发展》，北京大学出版社 2014 年版，第 196 页。

了市场价格的形成以及交易能否顺利达成,因而也成为衡量债券市场竞争力的重要因素。从世界范围内看,债券市场交易机制主要分为两种:一是指令驱动制,又称竞价交易机制,以"竞价撮合、时间优先、价格优先"为特征;二是报价驱动制,包括询价交易机制和做市商交易机制,前者以交易双方一对一谈判协商的方式确定交易价格并进行交易,后者由做市商提供双边报价以达成交易。交易机制的选择归根结底是由债券产品的属性和投资者结构所决定的,债券作为固定收益证券更适合批发性交易,以机构投资者为主,而机构投资者的特点是议价能力、风险承受能力、信息搜寻和分析能力强,更倾向于在透明度较低且能够体现市场地位和议价能力差异的场外市场交易,采取报价驱动交易机制。

在我国债券市场中,银行间债券市场的交易机制是以询价机制为主,通过交易双方自主谈判、逐笔成交。双方谈判过程即询价过程和达成交易并形成交易合同的过程,可以通过外汇交易中心的电子交易系统(CFETS 系统)进行,也可以通过电话、传真等手段进行。交易达成后,交易双方要统一在 CFETS 系统中输入交易数据,生成成交单。银行间债券市场在询价交易基础上建立了做市商制度,由做市商和尝试做市机构对做市券种双边报价。交易所债券市场的三个组成部分各采用不同的交易机制:集中交易市场采用竞价机制;大宗交易市场采用询价与竞价相结合的交易机制;固定收益电子平台实际上是交易所内的场外市场,采用做市商与询价相结合的交易机制。总体而言,场外的银行间债券市场已经建立起较为成熟的询价交易机制,并且率先推出做市商机制,在吸引机构投资者交易方面具有天然的优势;交易所债券市场的竞价交易机制更符合其传统上个人投资者的定位,虽然已经认识到其交易机制的局限性,开始引入询价机制和做市商机制,试图在场内市场中搭建起场外交易平台,但受制于交易产品的缺乏,尚未发挥出应有的作用。

(四) 交易成本

交易成本包括直接成本与间接成本两个方面:直接成本主要指为达

成交易而由投资者直接承担的费用,如向经纪商缴纳的佣金、向交易所缴纳的规费、向税务机关缴纳的税费等;间接成本是指与达成交易相关但并非由投资者直接缴纳的费用,包括买卖价差、搜寻成本、延迟成本、市场影响成本等。[1]由于间接成本取决于市场交易机制、基础设施以及监管要求等多重因素,且难以量化,因而本部分仅就由交易费用所构成的直接交易成本进行比较。从表 2.2 中可以看出,两个市场在直接交易成本上各有千秋,银行间债券市场的交易经手费更高,交易所债券市场则有更高的交易佣金。有研究根据交易费用进行测算,表明银行间债券市场更适合大宗交易,单笔成交金额越高,其边际交易成本递减,交易所债券市场则更适合于小额交易。[2]

表 2.2　银行间和交易所债券市场交易费用比较

费用类型	银行间债券市场	交易所债券市场
交易佣金	—	(1) 沪市:不超过成交金额 0.02%,买卖双向收费。 (2) 深市:国债、企业债、公司债交易佣金不超过成交金额的 0.02%,可转换公司债券交易佣金不超过成交金额的 0.1%,买卖双向收费。
结算过户费	(1) 中央结算公司:①现券交易纯券过户 100 元/笔,其他 150 元/笔。②质押式回购交易单券种 120 元/笔;多券种 200 元/笔。③买断式回购交易 200 元/笔。 (2) 上海清算所:150 元/笔。	(1) 交易过户费:无。 (2) 非交易过户费:200 元/笔(双向收取)。

---

① 参见何志刚:《中国债券市场微观结构研究》,中国经济出版社 2011 年版,第 27 页。

② 参见上海证券交易所—上海证券联合课题组:《交易所公司债券市场发展研究》,第 24 页。http://www.sse.com.cn/researchpublications/jointresearch/,2019 年 10 月 20 日最后访问。

费用类型	银行间债券市场	交易所债券市场
交易经手费	百万分之2.5	（1）沪市：①债券现券交易经手费为成交金额的0.0001%（双向），最高不超过100元/笔。②债券质押式三方回购交易经手费为一天期按成交金额的千万分之5收取（双向），其他期限按成交金额的百万分之1.5收取（双向），单笔超过200元的，按200元收取。试点期间暂免。③债券质押式回购、国债买断式回购、债券质押式协议回购暂免交易经手费。 （2）深市：①债券现券交易成交金额在100万元以下（含）每笔收0.1元；成交金额在100万元以上每笔收10元。②可转换/可交换公司债交易按成交金额双边收取0.04‰。③债券质押式回购暂免收取交易经手费。
交易终端使用费	专线36000元/年；互联网12000元/年	—

（五）监管要求

银行间债券市场主要面向机构投资者，对于行政监管和投资者保护的要求相对较低，因而在放松外部管制方面走在了前面，降低了行政干预，重视交易商协会的自律监管，强化了信息披露和信用评级等市场约束机制，提高了市场化程度。特别是2008年《银行间债券市场非金融企业债务融资工具管理办法》的出台，对非金融企业债务融资工具的发行审核实行注册制，并授权银行间市场交易商协会实施自律管理，大大降低了非金融企业债务融资工具的发行门槛，使之银行间债券市场得以后来居上，超过了交易所公司债券的发行规模。相比之下，交易所债券市场长期沿袭着严格管制的行政化监管思维，对公司债券发行实行核准制，并设置了严苛的债券发行条件,在很大程度上限制了债券市场的创新空间,束缚了公司债券的市场化进程。因此,银行间债券市场的迅速发展不仅在于其市场资源占有上的优势,更在于其法律和监管制度优势,脱离了《证券法》的制约,《中国人民银行法》又仅有原则性规定,从而获得了制度创新的法律空间。①随着新《证券法》的颁布实施,自2020年3月1日起公司债券公开发行开始实行注册制,标志着交易所债券市场监管改革的深化,两个市场的监管制度不断走向融合。

四、债券市场互联互通与竞争的耦合

通过以上的层层分析可以发现,在全面深化改革的背景下,金融市场竞争是金融市场深化发展的必由之路,其中资本市场的开放和竞争又是首要的,不仅是市场要素的竞争,更要构建起多层次资本市场体系,促进证券交易场所之间的竞争。在债券市场中,银行间债券市场与交易所债券市场之间在投资者结构、产品结构、交易机制、交易成本和监管要求等方面互有竞争优势,但在市场分割状态下二者之间的竞争性被人为抑制了,竞争效应也就无从发挥。因此,债券市场互联互通就是要致力于消除市场竞争的障碍,为债券市场之间的竞争创造必要的前提条件和良好环境,使市场竞争成为可能。首先,债券市场互联互通要求打破银行间债券市场和交易所债券市场之间的壁垒,放宽市场准入限制,创造市场竞争的机会。具体而言,就是要允许各类债券跨市场发行,由发行人自主选择债券发行市场;在债券发行之后,能够自主选择交易场所从事跨市场交易;除了银行间债券市场对个人投资者的限制外,其他投资者应当有权自主选择交易场所,保障投资者的自主选择权和公平交易权。其次,债券市场互联互通要求为市场竞争的过程提供公平竞争的制度环境。首要的就是排除债券市场各个监管机构对市场竞争过程的不当干预,防止市场竞争

---

① 参见陆文山:《债券市场发展与配套制度建设的若干问题》,载《证券法苑》(第2卷),法律出版社2010年版。

演化成了监管机构之间的部门利益之争,市场竞争的手段应是立足于交易机制、交易成本、创新能力、基础设施和服务等方面的比较优势,而不是基于其所依附的监管机构的权力大小和资源的行政分配。监管者在市场竞争中的角色应当是居中的"裁判者",监管职责是防范竞争失序,而不应作为市场竞争的"参与者"介入竞争过程,防止既当"运动员"又当"裁判员"的角色冲突。在此基础上,还需要为债券市场竞争提供公平的法律规则,使投资者和债券产品在跨市场交易过程中面临同等的监管负担。

对于债券市场来讲,互联互通下的市场竞争是一种效益机制、创造机制、发现过程和分配机制。①首先,互联互通下的市场竞争有利于提高债券市场资源配置效率。在竞争机制的作用下,银行间债券市场和交易所债券市场为了竞争市场资源,吸引发行人在各自市场发行债券以及投资者在各自市场参与交易,势必将会推动债券发行的市场化改革,放宽债券发行条件限制,提高债券发行效率;同时为投资者参与市场交易提供便利,并不断完善债券市场交易机制和基础设施等,提升债券跨市场交易的顺畅程度。通过提高债券发行和交易的效率,进而提升整个债券市场资源配置效率,实现结果上的分配正义。其次,互联互通下的市场竞争有利于推动债券市场创新。从古典经济学的静态竞争理论到动态竞争理论的发展,竞争已经不再是传统上不变生产方法和组织形式的僵硬模式下进行的了,而是表现为一种"创造性破坏"的过程,不断地破坏旧结构,不断地创造出新结构。②为了获得竞争优势,各个债券市场需要通过不断地创新从而实现自我进化,这既包括交易产品、交易机制、交易系统等市场要素和基础设施的创新,也离不开债券市场监管和法律等制度创新。实际上,即便是在市场分割导致竞争机制受到制约的状态下,银行间债券市场和交易所债券市场为了建立竞争优势,也在加快各自的市场创新步伐,例

---

① 参见邱本:《自由竞争与秩序调控》,中国政法大学出版社 2001 年版,第 288—290 页。
② 参见[奥]约瑟夫·熊彼特:《资本主义、社会主义与民主》,吴良健译,商务印书馆 2008 年版,第 111—112 页。

如银行间债券市场不断创新债券新品种,交易所债券市场则推出了"固定收益证券综合电子平台"的交易平台和系统创新。但总体而言,市场分割下由于缺乏足够的竞争压力,债券市场的创新仍然十分缓慢滞后,通过市场互联互通释放竞争的活力,将会为市场创新提供更大的动力。再次,互联互通下的市场竞争有利于促进债券市场信息发现。市场分割阻断了银行间和交易所债券市场之间信息的形成、传递和发现渠道,导致信息只能在各市场内部积聚,缺乏信息共享机制,也无法形成反映整个债券市场真实情况的完整信息,造成债券市场中的信息不对称,从而不利于债券市场价格发现和风险防范。债券市场互联互通下的竞争过程恰好是一个信息揭示的过程,不仅为市场主体的债券发行和交易决策提供必要的信息,也为债券市场价格形成提供必要的信息,在二者的共同作用下,债券市场资源的优化配置也就具备了充分的信息基础。除此之外,在这一过程中债券市场的信用风险信息也会形成并揭示出来,从而为债券市场监管和风险防范措施的实施提供决策依据。

第三节　债券市场互联互通的利益集团理论诠释

"利益集团"(Interest Group)一词最初是政治学领域的概念,用于分析利益集团对政治过程的影响,之后被广泛运用于经济学和法学等领域的研究中,以反映利益集团对政府监管和立法的影响。本节将对利益集团理论进行研究和梳理,分析利益集团在政治、经济和法律制度中的影响。在此基础上,以利益集团理论作为债券市场互联互通的一个分析框架,通过研究债券市场中的利益集团及其相互关系,分析利益集团对债券市场结构、监管和立法的制度影响,既可以透视造成债券市场分割的利益集团因素,从而更好地理解债券市场互联互通所追求的制度目标,也可以为我国债券市场互联互通下的监管体系重构和债券法制变革提供理论指引。

一、利益集团理论的政治、经济和法律维度

(一) 利益集团理论的政治维度

在政治学领域,被誉为美国"宪法之父"的詹姆斯·麦迪逊是公认的研究利益集团问题的"第一个重要的美国理论家",他在《联邦党人文集》中提出"造成党争的最普遍而持久的原因,是财产分配的不同和不平等。有产者和无产者在社会上总会形成不同的利益集团","土地占有者集团、制造业集团、商人集团、金融业集团和许多较小的集团,在文明国家里必然会形成,从而使他们划分为不同的阶级,受到不同情感和见解的支配。管理这各种各样、又互不相容的利益集团,是现代立法的主要任务"。①戴维·杜鲁门在《政治过程》一书中指出:"利益集团,包括任何这样的集团,指在一种或几种共同的态度基础上,为了建立、维护或提升具有共同态度的行为方式的集团。"②另外,英国政治学家格雷海姆·威尔逊在其著作《美国的利益集团》中认为:"利益集团是指为了寻求或主张代表一种或几种共同利益或信念的公众或团体的组织。"③可见,不同学者对于利益集团内涵的表述虽各有不同,但总体而言都包含共同利益、集体行动和一定的组织性等核心要义。具体而言,首先利益集团必须具备共同的利益和目标,这是形成利益集团的前提。利益集团的产生本身就源于经济社会发展过程中出现了利益分化,并在此基础上不同利益群体出于共同利益诉求进行了利益重组。其次,利益集团为了共同的利益会采取一致的行动,通过游说等手段对政治决策和立法施加影响。再者,为了便于将松散的利益群体整合起来形成一致行动,利益集团往往呈现一定组织性特征,例如经济领域的各类行业组织等。

---

① [美]汉密尔顿、杰伊、麦迪逊:《联邦党人文集》,程逢如、在汉、舒逊译,商务印书馆1995年版,第47页。

② [美]戴维·杜鲁门:《政治过程——政治利益与公共舆论》,陈尧译,天津人民出版社2005年版,第37页。

③ Graham Wilson, Interest Group in the United States, Clarendon Press, 1981, p.4.

以美国为例,"利益集团政治是美国政治的本质,不同的利益集团通过发动成员投票、竞选捐赠、游说等方式来影响美国的政治进程和决策过程,以维护和拓展本集团的利益"。①从麦迪逊伊始,利益集团一直被视为"败坏公共管理的不稳定和不公正的影响","反对其他公民的权利,或者反对社会永久的和集体的利益"。②利益集团为了自身利益,通过游说和制造公共舆论等方式影响政府公共政策和立法,而这可能会与公共利益相悖,因而需要对利益集团进行"遏制和平衡"。直到20世纪50年代兴起的多元主义理论,认为多元化的利益集团之间相互竞争、冲突和制约,自由地参与政府决策过程,可以阻止个别利益集团主导政治,不同集团的利益诉求得到表达,利益集团和政府之间妥协和协商一致形成公共政策,恰好使得"利益集团政治与民主价值相得益彰"。③因此,政治学视野下的利益集团理论越来越关注不同利益集团对民主政治过程的参与以及相互之间的利益博弈,政府的角色就是平衡和协调这些多元的利益,最终达到一种利益平衡的状态。但其所建立的一个重要前提是,社会中存在多元的利益集团且没有哪个占据绝对主导地位,这些利益集团都能够参与公共决策过程并且充分表达利益诉求。

(二)利益集团理论的经济维度

在20世纪60年代利益集团理论逐渐从政治学领域引入经济学研究之前,围绕政府干预经济和政府监管的研究主要是基于"公共利益理论"(Public Interest Theory)。公共利益理论从市场失灵出发,指出由于垄断、外部性、公共产品、信息不对称等缺陷的存在,市场这只"无形之手"配置资源并不总是有效率的,因而需要政府这只"有形之手"干预经济,以弥补市场失灵。政府是社会公共利益的代表,政府监管可以有效地增进社

---

① 张文宗:《美国涉华利益集团与中美贸易摩擦》,载《美国研究》2019年第6期。

② [美]汉密尔顿、杰伊、麦迪逊:《联邦党人文集》,程逢如、在汉、舒逊译,商务印书馆1995年版,第46页。

③ [美]杰弗里·M.贝瑞、克莱德·威尔科克斯:《利益集团社会》,王明进译,中国人民大学出版社2012年版,第5页。

会福利,促进社会公平,这也构成了政府监管的正当性基础。但正如波斯纳所指出的,政府监管的公共利益理论存在两个假设前提:一是市场是极度脆弱的,并且倾向于无效率或不公平的运行;二是政府监管是没有成本的。①可实际上,市场本身具有自我调节的功能,政府监管也并不总是有效的,和市场失灵一样,政府也会失灵,由于利益集团和政府部门利益的存在,政府监管可能会背离社会公共利益。

在经济学领域,奥尔森对传统利益集团理论的"共同利益"和"集体行动"提出了挑战,认为"除非一个集团中人数很少,或者存在强制或其他特殊手段以使个人按照共同利益行事,有理性的、寻求自我利益的个人不会采取行动以实现他们共同的或集团的利益"。②换言之,个体理性并不意味着集体理性,也就是说存在着集体行动的困境,而小集团和有选择性激励的集团相对会更有效地组织集体行动。此后经济学领域对利益集团理论的研究基本都是对奥尔森理论观点的扩展,其中具有代表性的是芝加哥学派所提出的"监管俘获理论"(Capture Theory of Regulation)。其核心内容是:政府监管会被利益集团所俘获,与其说是代表公共利益,不如说是代表特殊利益集团的利益。对此,施蒂格勒作了开创性的研究,他在对美国电力部门和证券市场等产业监管进行了一系列实证研究的基础上指出,"运用公共资源或权力改善某些经济集团的经济地位构成了监管的需求,政治过程的特点允许小规模利益集团获得这些监管利益则构成了监管的供给","监管通常是产业主动获取的,监管的设计和实施也主要是为了被监管产业集团的利益所服务的"。③在他看来,监管本质上是利益集团利用政府权力将社会资源从其他利益集团向本集团转移的工具,而且往

---

① Richard A.Posner, Theories of Economic Regulation, The Bell Journal of Economics and Management Science, Vol.5, No.2, 1974, p.336.

② [美]曼瑟尔·奥尔森:《集体行动的逻辑》,陈郁、郭宇峰、李崇新译,上海人民出版社1995年版,第2页。

③ George J.Stigler, The Theory of Economic Regulation, The Bell Journal of Economics and Management Science, Vol.2, No.1, 1971, p.3.

往是小规模的产业集团而非消费者集团更容易从监管中获利。佩兹曼和贝克尔进一步发展了施蒂格勒的理论模型,佩兹曼认为监管者的政治利益是通过最大化的政治支持来实现的,因而监管政策需要在不同利益集团之间进行平衡,而不仅仅是被某些小规模产业集团所俘获;[1]贝克尔则集中讨论了政治过程中的利益集团竞争问题,认为监管者会受到各种相互竞争的利益集团的压力,最终形成监管政策在政治市场上的"纳什均衡"。[2]

以上有关利益集团对政府监管影响的研究大体上都还是遵循着"公共选择理论"(Public Choice Theory)的研究思路和方法。公共选择理论的代表人物詹姆斯·布坎南提出,"公共选择是一种对政治的看法,它是在把经济学家的工具和方法扩大应用于集体的或非市场的决策的过程中产生的"。[3]公共选择理论假定在经济市场之外还存在一个政治市场,与经济市场上存在经济利益交换一样,政治市场上也存在着政治交换,经济市场中的理性经济人假设也同样适用于政治市场,政治市场上的选民、利益集团、政治家和官员等也都是追逐自身利益最大化的经济人,政治过程就表现为各个利益主体之间"复杂的利益交换关系"。因此,政府对经济活动的监管就会受到利益集团之间、利益集团与监管者之间、监管者相互之间利益博弈和交换的左右,从而可能偏离公共利益的目标。

另外,新制度经济学派还对利益集团在制度变迁中的作用进行了研究,认为利益集团之间的相互竞争和博弈会影响制度变迁的进程和方向。正如诺斯所言:"组织和它们的企业家所从事的有目的的活动及它们在其间所起的作用是制度变迁的代理实体,并勾勒了制度变迁的方向",[4]"制度和

---

[1] Sam Peltzman, Toward a More General Theory of Regulation, Journal of Law and Economics, Vol.19, No.2, 1976, pp.211—240.

[2] Gary S.Becker, A Theory of Competition Among Pressure Groups for Political Influence, The Quarterly Journal of Economics, Vol.98, No.3, 1983, pp.371—400.

[3] [美]詹姆斯·M.布坎南:《自由、市场与国家——80年代的政治经济学》,平新乔、莫扶民译,上海三联书店1989年版,第29页。

[4] [美]道格拉斯·C.诺斯:《制度、制度变迁与经济绩效》,刘守英译,上海三联书店1994年版,第99页。

组织的相互作用构成了一种经济的制度演化。如果说制度是游戏规则（the rules of the game，又译博弈规则），组织及其企业家就是玩家"。①这里的"组织"就是不同的利益集团，从自身利益出发对制度变迁施加影响，进而也带来了制度的"非中性"。即同一制度对于不同的利益集团而言往往各有利弊，因而那些已经从既定制度中或可能从未来某种制度安排中获益的利益集团，无疑会竭力去维护或争取该制度。②制度变迁就是利益集团相互博弈所达成的新的制度安排，其实质不过是利益的重新分配。③因此，利益集团不仅是制度变迁的推动力量，也可能成为制度进步的阻碍。

（三）利益集团理论的法律维度

无论是政治学领域研究利益集团参与民主政治过程，抑或是经济学领域研究利益集团俘获政府监管、影响制度变迁，常常都是通过影响法律的制定和实施来最终实现利益集团的利益目标的。如果将公共选择理论的经济分析工具和方法引入法律领域，那么也可以假定在经济市场和政治市场之外，存在着一个法律市场，法律市场上的供给者（立法、行政和司法机关）和需求者（利益集团）也都是自利性的理性经济人。④因此，法律的制定和实施过程也就演变成了利益集团和立法、行政、司法机关之间的利益交换、博弈的过程，利益集团之间力量对比及其博弈的结果，会直接反映到法律制定和实施的效果上，可能会形成利益的平衡，也可能会偏向于某些利益集团。在这种背景下，传统法律通过个体的权利义务配置，力图维持个体之间的利益以及个体与社会间的利益平衡的利益调整模式，已经不能完全适应社会结构的变化和社会利益关系的新发展，还必须要关注利益集团在其中发挥何种作用以及应当如何应对。⑤

---

① ［美］道格拉斯·C.诺斯：《历时经济绩效》，胡家勇译，载《经济译文》1994 年第 6 期。

② 参见张宇燕：《利益集团与制度非中性》，载《改革》1994 年第 2 期。

③ 参见耿利航：《中国证券市场中介机构的作用与约束机制》，法律出版社 2011 年版，第 286 页。

④ 参见钱弘道：《法律的经济分析工具》，载《法学研究》2004 年第 4 期。

⑤ 参见杨帆、张弛：《利益集团理论研究：一个跨学科的综述》，载《管理世界》2008 年第 3 期。

首先,在立法过程中,利益集团有充分的动机去"游说"立法机关,以促使法律朝着有利于本集团利益的方向制定。美国利益集团对立法游说的方式和手段既包括程序化渠道,通过参与立法程序表达利益诉求,也包括组织会议、广告宣传、媒体舆论等非程序化渠道。[①]法律的主要作用之一就是调和各种相互冲突的利益,而对这些相对立的利益进行调整以及对它们的先后顺序予以安排,往往是依靠立法手段实现的。[②]特别是在经济立法中,不可避免地涉及经营者和消费者以及具有竞争关系的经营者等市场主体之间的利益冲突,这些市场主体所结成的利益集团就会试图对立法过程施加影响,从而推动立法价值取向和规则制定符合自身利益。例如,反垄断法不仅关乎市场竞争主体的利益,还涉及竞争政策和产业政策的冲突和平衡,因而始终是利益集团"游说"的焦点,美国反垄断政策的演变和反垄断立法目标的异化,背后都隐现着利益集团的身影。[③]这点在金融领域体现得也尤为明显,金融资源的稀缺性诱发了激烈的市场竞争,金融利益集团的规模和实力对于金融立法的影响也更大,这从金融监管立法中"自由放任—金融危机—金融管制"的治乱循环也可见一斑。正如有学者所言:"在特殊利益集团和诸多政治因素的侵蚀下,原本只是纯粹技术规则的金融监管法律,蜕变成为一个充满不确定性的追逐利益的竞技场。"[④]尤其是我国正处在经济转型时期,市场经济体制尚未完全建立,在金融体系中的国有大型金融机构形成了既得利益集团,占据了绝大部分金融资源,中小金融机构缺乏竞争优势,民间金融和互联网金融的法律地位尚不明确,受到了严重的压制,利益集团在金融立法中的影响更应得到关注。当然,也有观点认为利益集团在立法过程中的影响并不全是消

---

① 参见王保民:《美国利益集团影响立法的机制研究》,载《国外理论动态》2020年第1期。

② 参见[美]E.博登海默:《法理学:法律哲学与法律方法》,邓正来译,中国政法大学出版社2004年版,第413—415页。

③ 参见吴玉玲:《美国反垄断领域的福利转移市场——利益集团对反垄断法利益目标的异化》,载《经济经纬》2006年第6期。

④ 罗培新:《美国金融监管的法律与政策困局之反思——兼对我国金融监管之启示》,载《中国法学》2009年第3期。

极的,也有其积极的一面。因为立法过程本就是一个利益表达的过程,利益集团参与立法过程有助于矫正立法机关"闭门造法",增加了立法过程和立法结果的民主性,推动从"统治"到"治理"的治道变革。①有学者指出,西方利益集团和法律发展的互动关系中,利益集团游说立法客观上有利于提升立法理性,利益集团参与立法也有利于提升立法过程的公开性和透明性,通过建立立法博弈机制提高立法的理性决策和民主决策。②但这仍然是有赖于立法过程保障多元利益主体参与和表达的权利,而不是被某些特殊利益集团所"裹胁"。

其次,法律规范由于存在大量哈特称之的"空缺结构"(Open Texture)③或是拉伦茨称之的"不完全法条"(Incomplete Code),④从而呈现卡特琳娜·皮斯托和许成钢所提出的"法律的不完备性"(Incomplete Law)。⑤这也就为行政执法和司法留下了很大的自由裁量空间,同时也构成了利益集团对执法和司法过程游说、寻租的重心。其中,利益集团对政府监管的"俘获"一直是前述经济学理论研究的重点,利益集团会干扰政府监管和法律执行的效果,使之服务于某些集团的利益目标,违背立法的初衷,在此已无需赘述。相对而言,对司法过程中利益集团影响的关注较少,但事实上司法活动还是反映了各种利益之间的竞争,很少有哪个利益集团能够远离司法机关的活动,对利益集团来讲,法院作出的司法解释、判决与立法机关和行政监管的决定同样重要。⑥如果说立法过程中多元

① 参见侯健:《利益集团参与立法》,载《法学家》2009年第4期。
② 参见张羽君:《论西方利益集团与法律发展的互动》,载《湖北社会科学》2017年第1期。
③ 参见[英]哈特:《法律的概念》,张文显等译,中国大百科全书出版社1996年版,第124页以下。
④ 参见[德]卡尔·拉伦茨:《法学方法论》,陈爱娥译,商务印书馆2004年版,第137—143页。
⑤ Katharina Pistor, Xu Chenggang, Incomplete Law: A Conceptual and Analytical Framework and its Application to the Evolution of Financial Market Regulation, Columbia Law and Economics Working Paper, 2002.
⑥ [美]戴维·杜鲁门:《政治过程——政治利益与公共舆论》,陈尧译,天津人民出版社2005年版,第519—520页。

利益集团的参与对利益平衡和立法民主尚有其积极因素,那么在行政执法和司法过程中则更要强调独立性,严格依法行政和裁判,避免被利益集团所干扰,防止滋生行政和司法腐败。

一个容易被忽略的事实是政府本身也是利益集团,政府并不是抽象的和超然的存在,而是由具体的部门和官员所组成,都有各自的利益追求,围绕着权力资源、政治资源展开竞争,其竞争的领域往往又体现在经济资源方面,竞争的手段则主要是政府监管和立法的方式。与发达国家相比,在我国立法过程的参与和表达中,尚没有形成成熟的多元利益集团竞争和博弈的氛围和途径,整个立法过程仍然是以政府为主导的,因而其中的利益博弈也主要体现在地方政府之间以及政府部门之间,立法呈现出地方化和部门化的利益倾向。[1]一方面是地方政府立法中为了竞争经济资源,除了通过立法为吸引各种资源提供便利和优惠外,还可能会滋生地方保护主义,造成行政性垄断等问题。另一方面,目前很多立法都是由政府部门主导的,这种"部门立法"中不可避免地就会掺杂进部门利益,这一过程也被形象地归纳为"权力部门化—部门利益化—利益法制化"。[2]其结果就是多元利益集团在立法程序中的利益表达渠道不够顺畅,信息传递机制不健全,政府部门往往"垄断"立法过程,难以克服部门利益局限性,立法异化成为政府部门占有权力资源的方式和分配利益的手段。[3]

二、债券市场中的利益集团及其相互关系

对于我国债券市场中利益集团的存在形式,有学者归结为三类:一是监管者利益集团,此为强效集团;二是债券发行人、机构投资者和服务商

---

① 参见孙同鹏:《经济立法中地方部门利益倾向问题的新思考》,载《法学评论》2001年第2期。

② 高凛:《论"部门利益法制化"的遏制》,载《政法论丛》2013年第2期。

③ 参见王保民:《当代中国利益集团多元利益立法表达的问题及对策》,载《河北法学》2011年第2期。

利益集团,此为次强效利益集团;三是个人投资者利益集团,此为弱效集团。[1]笔者认为,在广泛的意义上,所有具有共同利益取向的主体构成的利益共同体都可称之为利益集团,既包括有组织性的团体、机构,也包括松散的利益关联群体。从这个意义上说,债券市场的利益集团包括政府层面的利益集团和市场层面的利益集团,但在本书所探讨的债券市场分割和互联互通的特定语境下,这里的利益集团应当是以银行间债券市场和交易所债券市场为基础所形成的两大利益共同体,具体由不同的监管机构、交易场所和市场主体所组成。

在政府层面上,债券市场中的各个监管机构就构成了相对独立的利益集团。在债券发行市场上,中国人民银行、财政部、国家发改委、中国银保监会和中国证监会等机构是不同债券的发行监管主体,债券资源是稀缺性的金融资源,债券发行监管权也是稀缺性的权力资源,因而债券发行监管就直接关乎各机构的部门权力和利益。其中,中国人民银行、中国证监会和国家发改委三者之间是具有直接竞争关系的政府利益集团,因而会对公司信用类债券的发行监管资源展开竞争。与此同时,中国人民银行与中国银保监会、中国证监会在金融债券发行监管过程中也存在着权力的交织。在债券交易市场上,中国人民银行和中国证监会构成了具有直接竞争关系的政府利益集团,其部门利益和各自所监管的债券交易市场的利益直接"捆绑"在一起,双方围绕着债券上市交易资源和投资者资源展开激烈的竞争和博弈。

在市场层面上,利益集团主要是以债券市场的交易场所、发行人、投资者、托管结算机构等形式呈现的。在不同种类的利益集团及其利益关系上,具体表现为:第一,银行间债券市场和交易所债券市场是两个具有直接竞争关系的利益集团,具体的则是体现为交易商协会、上海证券交易所、深圳证券交易所对债券发行交易和投资者资源的竞争;第二,债券发

---

① 参见岑雅衍:《中国债券市场监管法律制度研究——以监管不完备为视角》,华东政法大学 2009 年博士学位论文,第 31—33 页。

行人不仅作为个体对债券发行资源进行竞争,作为整体也有共同的利益诉求,例如降低债券发行门槛、提高发行效率和允许跨市场发行等;第三,债券市场投资者之间的利益关系也相对复杂,既有商业银行所代表的大型机构投资者和中小投资者间的利益冲突,也有投资者整体的共同利益诉求,例如允许投资者跨市场交易、降低交易成本、提高交易效率等;第四,中央结算公司、上海清算所和中证登三个债券托管结算机构之间也是相互竞争的利益集团,主要是围绕债券托管结算资源展开竞争,但在市场分割背景下更多的是体现为对已获得行政分配的既得利益的维护。

总体而言,在我国政府主导型的债券市场中,各债券监管机构是最为强势的利益集团,市场层面的多元利益集团尚未发育成熟。二者之间的关系更多的不是体现监管俘获理论所提出的市场特殊利益集团对政府监管机构的"俘获",而是一种市场对政府的"依附"关系。债券市场中的不同利益集团能够占有多少资源,并不完全取决于市场竞争的结果,很大程度上要取决于监管机构的行政分配。资本和权力的相互交织,结成了利益共同体,这也是我国债券市场中利益集团关系的最鲜明的特征。以此为基础,在我国债券市场形成了以中国人民银行主导的银行间债券市场和证监会主导的交易所债券市场两市分割的利益格局,各市场中的监管机构、交易场所和托管结算机构之间构成了具有共同利益、紧密结合的利益集团,围绕着债券市场资源展开竞争和博弈,对债券市场结构、监管和立法产生了深刻的影响。

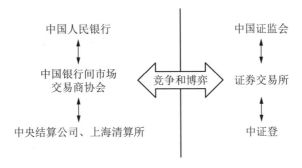

图 2.1　债券市场的利益格局

三、债券市场利益集团的制度影响

(一) 利益集团对债券市场结构的影响

债券市场中的利益集团带来了市场结构的分割,在银行间债券市场和交易所债券市场之间构筑起了牢固的壁垒。正如本书前文已经指出的,银行间债券市场在我国债券市场中的主导地位,固然体现了作为场外市场在交易机制等方面的优势,但却又不只是如此,还离不开中国人民银行在背后的扶持,突出表现为商业银行长期只能在银行间债券市场交易,以及债券跨市场交易面临的诸多限制。另外,债券市场分割不仅阻碍了债券市场竞争,也制约了债券市场创新的步伐。拉詹和津加莱斯曾运用"利益集团理论"对 20 世纪金融发展中的"大衰退"(Great Reversals)现象进行了分析,发现金融市场中的利益集团由于垄断地位和经济实力而获得了实实在在的政治权力,从而可以决定一国经济中金融部门的发展,当金融发展和竞争损害其既得利益时,这些金融利益集团会抵制金融创新、开放和发展。[①]在我国债券市场中,银行间债券市场和交易所债券市场中的监管机构、交易场所和托管结算机构等形成了相互"捆绑"的两大利益集团,为了维护既得利益,在行政权力和市场力量的共同作用下,对债券市场进行人为分割,阻断了债券市场投资者和债券产品跨市场交易的渠道,使得市场竞争机制无从发挥,两个市场在各自封闭的市场体制下发展。即便是有债券市场统一或互联互通的诉求,也都是单向性的,仅仅从各自市场的利益出发,试图要求对方市场放开投资者和债券产品进入本市场交易,却不愿意放开本市场的投资者和债券产品进入对方市场,并且对债券市场互联互通的进程设置重重障碍。例如,2010 年商业银行时隔13 年之后重返交易所债券市场,却只能是上市商业银行并且只能在集中竞价交易系统交易;债券以转托管方式跨市场交易,却只有政府债券和企

---

① Raghuram G.Rajan, Luigi Zingales, The Great Reversals: the Politics of Financial Development in the Twentieth Century, Journal of Financial Economics, Vol.69, No.1, 2003, p.21.

业债券并且企业债券只能单向转托管,转托管机制不顺畅,托管结算机构却没有足够的动力采取措施提高转托管效率。不仅如此,利益集团在极力维护既得利益的同时"故步自封",缺乏创新的动力,债券市场仍然是以传统的基础性债券品种为主,各种专项债券以及债券衍生品等方面的产品创新严重缺失,难以满足多元化的市场需求,也不利于债券市场规模的扩大和功能的实现。

(二) 利益集团对债券市场监管的影响

债券市场利益集团和监管机构之间存在着利益交换关系,降低了债券市场监管的独立性、公共性和有效性。在政府主导和市场分割的背景下,被监管者所占有的市场资源与监管者所占有的权力资源直接相关,二者之间形成了利益共同体。所导致的结果就是,债券市场监管者与被监管者之间的独立关系被扭曲为了主从关系,被监管者依附于监管者,监管者成为了被监管者的利益"保护伞"。[①]由于监管独立性的丧失,债券市场监管的公共性也难以维系,监管的目标已经不再是单纯地从公共利益出发,而是夹杂着被监管利益集团的利益和监管机构自身的部门利益,从而产生了公共利益和私人利益的冲突。在债券市场的监管过程中,除了保护投资者、防范债券市场风险、维护债券市场秩序和社会公共利益之外,中国人民银行和中国证监会还致力于为各自所监管的市场谋求更多的市场资源,这也是为其部门利益所服务的。债券市场监管的价值目标和利益取向上的异化,也直接反映到了监管理念和监管制度上。具体而言,监管理念上的行政干预和管制色彩浓厚,市场化和法治化的监管理念严重缺位;各监管主体依旧秉持着机构监管理念,功能监管理念缺失,针对不同债券品种、发行主体和市场"画地为牢",形成条块分割的监管割据局面。体现在监管制度上,就是在很长一段时间内大部分债券的发行监管仍然实行审批制或核准制,债券市场准入受到严格限制,债券市场监管与"简政放权"的政府职能转变的趋势相悖,监管机构权责不清,监管不作为

---

① 宋逢明、金鹏辉:《企业类债券市场解构及其监管理念创新》,载《改革》2010 年第 6 期。

和乱作为并存。另外,监管机构的"部门本位主义"理念根深蒂固,对债券市场监管缺乏系统性、全局性的考量,体现在监管制度上,就是对公司信用类债券的发行实行三套不同的监管制度,中国人民银行和中国证监会主管下的债券只能在其所监管的市场发行,并严格限制债券跨市场交易,对银行间债券市场和交易所债券市场的监管也是各自为政,监管标准不统一,债券市场监管协调机制也是形同虚设。

(三)利益集团对债券市场立法的影响

除了市场结构和政府监管外,债券市场的立法过程也被打上了利益集团的印记,存在着立法的部门利益化和集团利益化倾向。一方面,债券市场立法延续了"部门立法"的传统,无论是《中国人民银行法》和《证券法》,还是具体的债券发行和交易的行政法规、部门规章等,都是由各个监管机构牵头制定的,立法成了各监管机构的"私有领地",立法调整范围也是以其监管的市场、债券和机构为限。这种立法模式虽然表面上看泾渭分明,但却有着难以消弭的局限,就是在立法过程缺乏沟通和商谈,或是部门利益难以协调时,容易造成债券法制的不统一和规则体系的碎片化。这也是《证券法》所调整的债券范围受限的根本原因,债券市场始终无法建立起统一的法制基础。同时,这还导致了同类债券面临不同监管主体、规则和标准的问题,债券跨市场交易也缺乏统一的监管规则作为保障。另一方面,在立法过程中"闭门造法"现象严重,除了监管机构的立法决策外,主要是被监管的交易场所、托管结算机构等既得利益集团参与和表达意见,其他的市场参与者,尤其是中小企业和投资者,缺乏参与和利益表达的顺畅渠道,立法过程的公开性、民主性没有得到彰显,最终制定出来的法律或监管规则能够在多大程度上代表社会公共利益存在疑问。如前所述,我国债券市场自产生之时就有着服务于国有企业脱困的目标定位,时至今日公司信用类债券的发行门槛仍然过高,广大中小企业被排除在外,债券市场融资权利呈现"特权化"特征,中小企业融资的利益诉求在立法中始终无法得到回应。另外,债券市场分割也一直饱受市场诟病,市场主体对于债券跨市场交易、统一公司信用债券监管的呼声也不绝于耳,但时至今日在立法层面依然没有得到充分回应。

四、债券市场互联互通对利益集团困境的消解

利益集团是市场发展中的必然现象,只要在市场中存在不同的利益群体,就会产生利益的分化和结合,相对应也就会有共同的利益或是利益的冲突。利益集团的竞争和博弈是市场经济中的常态,对于政府监管、立法过程的民主性和利益平衡也有其积极作用。因此,利益集团不可能也不应该被完全消灭,关键在于保持利益集团的多元性和竞争性,防止监管和立法被某些特殊利益集团所裹挟。对于债券市场而言,互联互通要求打破利益集团的市场割据,防止债券市场监管被利益集团"俘获"、突破"部门立法"的局限性,从而有助于消解利益集团造成的制度困境。

（一）互联互通要求打破利益集团的市场割据

目前我国债券市场利益集团的最主要特点就是划市场割据,以银行间债券市场和交易所债券市场为基础,监管机构、交易场所和托管结算机构等构成了债券市场中的既得利益集团。为了维护其在债券市场的既得利益,利益集团之间相互联结,不断地强化债券市场分割的现实困局,阻碍了市场的开放、竞争和创新。而债券市场互联互通的实质就是交易主体、交易产品等市场要素能够在不同市场间自由流动,从而实现债券市场的充分竞争。如果既得利益集团的市场割据不被打破,互联互通也就无从谈起。在市场互联互通下,银行间债券市场和交易所债券市场因各自监管机构的行政权力分配所获得的市场资源和既得利益,将被市场化的资源配置机制所取代。债券市场的发行人和投资者有权自主选择发行和交易的场所,两个市场能够获得多少资源将由竞争机制所决定,取决于各自在债券发行和交易制度、服务水平、创新能力等方面的比较优势。与之相应的,依附于不同监管机构和交易场所的托管结算机构、中介机构等利益集团的既定利益格局也将被打破,托管结算机构将适应互联互通的需

要从自主的、实时的转托管逐渐走向联通甚至统一,中介机构等则会面临更多的市场竞争。如此一来,债券市场可以朝着更加市场化的方向发展,市场竞争将愈发多元化和常态化,利益集团的"特权"也将被其他市场主体的权利所分解。

(二)互联互通要求防止债券市场监管被利益集团"俘获"

在债券市场分割下,监管机构与被监管利益集团之间具有很强的利益关联性,监管机构的权力资源和利益集团的市场资源一一对应、相互强化。债券市场互联互通打破了利益集团的市场割据,也就削弱了监管机构与利益集团之间的利益交换关系,利益集团能够获得多少资源不再由监管机构的权力分配所决定,而是由市场竞争所决定,由市场主体自主判断和选择。申言之,互联互通下的监管机构与利益集团间的关系将回归独立的监管与被监管关系,其中的依附关系、主从关系将渐趋分离,从而保证监管不为少数特殊利益集团所"俘获",监管的价值目标也就能够真正回归公共性,监管机构的部门利益竞争和博弈问题也可得到缓解。为此,债券市场监管也需要进行相应的变革,至少应当包含以下几点:一是债券发行和交易监管理念及制度要以市场化为导向,包括建立市场化的发行审核制度和以信息披露为中心的监管制度,立足于为市场竞争和资源配置提供公平、健康、有序的制度环境,而非由政府代替市场作出判断和决策,促进债券市场监管由"干预主义"向"监管治理"转变,监管重心由事前监管向事中事后监管转移;二是为了适应互联互通的需要,缓解部门利益之争,有必要对债券市场监管权力进行重新配置,特别是对公司信用类债券的发行和债券交易市场应实施统一监管,避免监管标准不统一产生的监管套利,以及监管权力的交叉重叠;三是将债券市场监管纳入法治轨道中,完善债券市场法律体系,减少以政策替代法律的现象,重视对监管者自身的权力约束,在制度安排上强化监管者的中立地位,[①]防止部门

---

① 参见岳彩申、王俊:《监管理论的发展与证券监管制度完善的路径选择》,载《现代法学》2006年第2期。

利益的膨胀,关键是要建立起严格的责任"倒逼"机制。

(三) 互联互通要求突破"部门立法"的局限

部门立法在我国金融立法中已经成为一种常态,其优势在于可以克服专门立法机关在金融专业性方面的不足,能够使得立法更加符合市场实践的需求,但部门立法也有其局限性。就债券市场而言,部门立法存在两大局限:一是助长了立法中的部门利益倾向和部门本位主义,各监管机构在立法过程中各行其是,将部门利益掺杂进立法之中,相互之间缺乏沟通与协调机制,所制定的法律和监管规则的内在协调性不足,甚至存在冲突,导致了债券法制的割裂;二是在立法过程中,或者是"闭门造法",没有广泛征求市场主体的意见,或者仅仅反映了某些特殊利益集团的利益诉求,其他市场参与者或社会公众缺乏参与和表达的渠道,导致立法难以体现多元利益主体诉求。债券市场互联互通的目的就是要打破利益集团既定的利益格局,回归债券市场竞争,同时也要求约束监管机构的部门利益本位和监管竞争,这都离不开与之相适应的债券法制作为制度保障。因此,债券市场立法需要做出相应的调整,突破"部门立法"的局限,防止沦为监管机构和特殊利益集团的"私有领地"。

首先,立法应当超越权力和部门利益,超越个人和集团的偏见,而不应从立法者自身的立场和利益出发。①在既有的债券市场立法模式下,应当摆脱单一部门主导立法的格局,加强立法过程中各相关监管机构之间的共同参与和协调。具体而言,对于法律的制定和修改,充分发挥全国人大常委会及其专门委员会在立法过程中统筹协调的作用,特别是对立法中涉及的监管权力冲突等问题进行协调,而不只是在立法草案起草完毕后进行审议和表决。对于部门规章等监管规则的制定和修改,也应加强监管机构间的协调,防止出现规则冲突,必要时可以采取多部门联合立法的形式。通过部门联合立法可以实现部门之间的立法权责整合、防止涉及多部门职责事项立法的部门本位主义、提升部门立法的公正性与科学

---

① 参见毛寿龙:《化解部门立法问题的制度结构》,载《理论视野》2012 年第 5 期。

性、节约立法成本和减少部门立法冲突。①对此,《立法法》第 81 条规定:"涉及两个以上国务院部门职权范围的事项,应当提请国务院制定行政法规或者由国务院有关部门联合制定规章。"这在债券市场政策制定中已有体现,例如 2010 年中国证监会、中国人民银行和中国银监会联合发布《关于上市商业银行在证券交易所参与债券交易试点有关问题的通知》(证监发〔2010〕91 号),2018 年中国人民银行、中国证监会和国家发改委联合发布《关于进一步加强债券市场执法工作有关问题的意见》(银发〔2018〕296号),2019 年中国证监会、中国人民银行和中国银保监会联合发布《关于银行在证券交易所参与债券交易有关问题的通知》(证监发〔2019〕81号)。虽然现阶段金融领域监管部门联合出台的大多是政策性文件,但在条件成熟时部门联合立法也未为不可。例如,2019 年 11 月中国人民银行、国家发改委、财政部和中国证监会联合发布《信用评级业管理暂行办法》即是债券市场部门联合立法的典型例证。其次,立法过程应当尊重和保障多元利益主体参与和表达的权利,加强立法的民主性和科学性。"现代立法其实质是一个利益识别、利益选择、利益整合及利益表达的交涉过程,在这一过程中立法者旨在追求实现利益平衡。"②为此,需要增加立法过程的公开性和透明度,丰富利益表达的渠道和方式,确保不同的利益诉求都能得到充分的表达和讨论,并在最终的法律规则中得到协调和平衡,从而充分发挥法律作为"利益调节器"的功能。

---

① 参见封丽霞:《部门联合立法的规范化问题研究》,载《政治与法律》2021 年第 3 期。
② 张斌:《论现代立法中的利益平衡机制》,载《清华大学学报(哲学社会科学版)》2005 年第 2 期。

第三章　债券市场互联互通的实现路径

从债券市场互联互通的内涵出发,其实现路径包括交易主体的互联互通、交易产品的互联互通以及托管结算体系的互联互通三个方面。其中,交易主体互联互通的实质是投资者能够自主选择债券交易场所,从事债券跨市场交易,这也是市场主体应有的权利。为此,需要培育多元化的投资者结构、加强投资者适当性管理和教育、建立适应不同投资者需求的交易平台以及完善债券市场做市商制度作为保障。交易产品互联互通的实质是各类债券品种都能够自主选择发行和交易场所,这既是债券市场主体发行权和交易权的彰显,也是债券市场功能实现的内在要求,这也同样需要创新债券产品结构、丰富市场交易工具和健全债券分类管理作为保障。托管结算体系互联互通是真正实现交易主体和交易产品互联互通的基本前提,短期目标是要提高转托管的债券品种范围和效率,长期目标是要顺应国际趋势建立集中统一的债券托管结算体系。

第一节　债券市场交易主体的互联互通

一、交易主体互联互通的权利基础

如果将"利益"视作市场主体参与市场经济活动的逻辑起点,那么"权利"就是实现市场主体经济利益的基本前提和保障。按照较为通俗的定义,权利是指主体"为了满足其特定的利益而自主决定采取一种手段",①因而权利往往具有利益性和自主性,也就是排除外在的非法干预,即所谓"法不禁止即权利"。但法律对于权利的确认和保护却也是不可或缺的,否则权利就容易受到侵犯,特别是来自公权力的侵犯。因此,在涉及一项权利时,往往需要在宪法和法律层面寻求权利的依据。债券市场交易主体的互联互通是市场主体经济自由权的应有之义,"经济自由是市场经济的另一个基础性条件,尽管在很多国家将其内含于财产权之中,但是现代国家都纷纷视为独立权利给予关注"。这不仅是宪法上的基本经济权利,也是经济法上所要保护的市场主体权利范畴。

(一) 宪法上的经济自由权

宪法上的基本权利应当是公民在社会生活中必需的权利,是母体性权利,能够派生出公民的一般权利,具有稳定性和排他性,与人的公民资格不可分,与人的法律地位不可分,因而也是所谓的"不证自明的权利"。②经济自由权作为市场主体的一项基本经济权利载入宪法的共识,正是源于市场主体对于自由参与经济活动的基本需求。对市场主体经济自由权的不同规定,直接决定着市场主体能否以及在多大程度上可以参与市场的交易,自主地配置社会资源。③德国行政法学者罗尔夫·斯特博根据《德意志联邦共和国基本法》的规定,将经济自由权分为:(1)个人在法律和经济生活中的自决权,包括合同自由、价格自由、竞争自由、消费自由、生产自由等;(2)经济联合与经济协作自由;(3)职业自由、工作区域保护与迁徙自由。④美国宪法学者路易斯·亨金和阿尔伯特·J.罗森塔尔将经济自由划分为四项内容,即创设自由、竞争自由、合同自由和消费自由、

---

① 李龙主编:《法理学》,人民法院出版社 2003 年版,第 260 页。

② 参见周叶中主编:《宪法》,高等教育出版社 2005 年版,第 262 页。

③ 参见王克稳:《论市场主体的基本经济权利及其行政法安排》,载《中国法学》2001 年第 3 期。

④ 参见[德]罗尔夫·斯特博:《德国经济行政法》,苏颖霞、陈少康译,中国政法大学出版社 1999 年版,第 157—176 页。

结社自由。

债券市场交易主体互联互通正是体现了市场主体经济自由权的内在要求，即有权自主地选择交易场所，自由地参与市场竞争。从我国《宪法》规范层面上看，已经有了一些经济自由权的规定，例如第 11 条第 2 款规定"国家保护个体经济、私营经济等非公有制经济的合法的权利和利益"；第 16 条第 1 款规定"国有企业在法律规定范围内有权自主经营"；第 17 条第 1 款规定"集体经济组织在遵守有关法律的前提下，有独立进行经济活动的自主权"。可见，虽然《宪法》对于市场主体的经济权利以及国有企业、集体经济组织的经济自由权已经有所体现，但对于一般市场主体经济自由权的规定仍然有所欠缺，这在某种程度上也反映了我国市场经济转型过程中的宪法保障尚未跟上现实的需求。事实上，随着经济活动中国家角色和政府职能的嬗变，宪法已经或者正在实现着由政治立宪向经济立宪的转变。[①]宪法中将规定越来越多的基本经济制度，宪法基本权利的重心也将由政治权利向经济、社会权利迁移，这与我国现行宪法历次修正的趋势也是相吻合的。1988 年宪法修正案增加了有关私营经济的内容，1993 年宪法修正案增加或修改了农村家庭联产承包责任制、国家实行社会主义市场经济、国有企业和集体经济组织的自主权等内容，1999 年宪法修正案修改了有关社会主义初级阶段基本经济制度、农村集体经济制度、非公有制经济等内容，2004 年宪法修正案进一步修改了非公有制经济的规定并增加了公民合法的私有财产不受侵犯等内容。从历次修正的内容上看，经济立宪主要还是偏重于经济制度方面，而对于经济权利的规定相对疏漏，为了适应市场经济发展的需要，未来在宪法修正中有必要增加和完善有关市场主体经济自由权的规定。

（二）经济法上的经济自由权

经济自由权作为一项经济法上的权利也已经得到了较为广泛的认可。张守文教授指出，从权利的角度看，受政府调控和规制的主体依法享

---

① 参见冯果：《宪法秩序下的经济法法权结构探究》，载《甘肃社会科学》2008 年第 4 期。

有法律赋予市场主体的一切权利,这些权利可以统称为"经济自由权",具体形态包括企业的经营自由权和居民的消费者权利。①冯果教授从宪法秩序的角度,进一步提出了经济自由权和政府经济调制权构成了经济法最基本的权利(力)范畴,其中经济自由权可以具体细化为公平竞争权、反垄断权、择业自由权、营业自由权和消费者主权等。②岳彩申教授将经济法权利分为经济自由权和经济平等权,具体包括市场准入的平等与自由权、自由与平等参与经济活动的权利、平等获得资源与机会及公平竞争的权利、公平获得经济利益的权利等。③鲁篱教授认为经济治理权和经济自治权构成了经济法的基本权利(力)范畴,其中市场经济主体的经济自治权就包括经济平等权、经济自由权、经济民主权和经济发展权,经济自由权指的是市场经济主体所享有的自主决策和选择的权利,具体可界分为自由竞争权和自由消费权。④以上学者对于经济自由权表述的内涵和外延虽各有不同,但将之视为经济法上市场经济主体的基本权利已经形成了共识。

经济法上的市场经济主体与民法上抽象笼统的"自然人、法人和其他经济组织"相比,最大的特点就是主体身份的特定性和类型化,表现为具体的经营者、消费者等。因而从主体角度看,经济法上的经济自由权应当包括经营者经济自由权(如自由竞争权、公平竞争权和自主经营权)、消费者经济自由权(如自主选择权、公平交易权)。在债券市场交易中,作为交易主体的商业银行、证券公司、保险公司、基金公司等金融机构,既是金融市场中提供金融产品和服务的经营者,也是从事债券投资活动的机构投资者,个人投资者的身份也经历着由投资者向金融消费者的角色嬗变,⑤

---

① 参见张守文:《经济法理论重构》,人民出版社 2004 年版,第 406 页。
② 参见冯果:《宪法秩序下的经济法法权结构探究》,载《甘肃社会科学》2008 年第 4 期。
③ 参见岳彩申:《论经济法的形式理性》,法律出版社 2004 年版,第 127 页。
④ 参见鲁篱:《论经济法的基本权利(力)范畴体系》,载《经济法研究》(第 12 卷),北京大学出版社 2013 年版。
⑤ 参见陈洁:《投资者到金融消费者的角色嬗变》,载《法学研究》2011 年第 5 期。

因而经济法上市场经济主体的各项经济自由权都应该适用之，交易主体的互联互通目的就是要保障其在债券交易活动中自由竞争、公平竞争、自主选择、公平交易等权利。一方面，要防止市场主体相互之间对于经济自由权的侵犯，包括市场主体的垄断行为对于自由竞争权的排除和限制，以及债券市场经营者对金融消费者权利的侵犯；另一方面，更要防止债券市场的政府监管机构滥用行政权力对市场主体经济自由权的侵犯，平衡好市场主体经济自由权与政府干预经济权力的关系。

（三）经济自由权与政府干预经济权力的平衡

无论是宪法上的经济自由权，还是经济法上的经济自由权，都是与政府干预经济的权力相对应的，二者之间存在一种张力，在市场经济中缺一不可。市场经济就是法治经济，法治的第一个作用是约束政府，即约束政府对经济活动的任意干预；法治的第二个作用是约束经济人行为。[1]在宪法层面上，所谓的立宪经济，实际上就是将政府和市场主体在市场经济中的行为纳入宪制框架中。在经济法层面上，经济法的法权结构也是由市场主体的经济法权利和政府主体的经济法权力共同构成的，形成了一种共生、互动的状态。[2]经济法就是旨在平衡和协调两者之间的关系，既规范市场主体的经济行为，也约束政府主体的调制行为。政府经济权力的存在不应当是为了限制市场主体的经济自由权，而是为了更好地维护和实现经济自由权，应是以有利于市场主体自由竞争、公平竞争和自主选择为出发点的，目的是要更好地发挥市场在资源配置中的决定性作用。在我国，从计划经济向市场经济转型的过程中，政府对于经济活动的干预无处不在，很多时候是以市场经济的监管者和参与者的双重身份存在，严重侵占了市场主体的竞争空间，因而尤其应当重视对市场主体经济自由权的法律保障。在债券市场中，基于维护市场秩序、防范市场风险和保护债

---

①　参见钱颖一：《市场与法治》，载《经济社会体制比较》2000年第3期。
②　蒋悟真教授认为经济法法权结构中的权力和权利的关系本质上是从"互侵"中探寻通往"互动"之路。参见蒋悟真：《现代经济法的法权结构论纲》，载《法学杂志》2008年第6期。

券投资者利益等目的出发,政府监管机构对债券市场发行和交易活动的监管是必不可少的。但与此同时,政府监管也应当保持在合理限度范围内,以尊重市场自治为前提,只有当市场不能自我调节时才由政府介入,而不能以政府监管代替市场机制的作用。例如,在债券发行环节应当实行注册制,减少对于债券发行条件、发行场所等方面的行政干预;在债券交易环节也不应对交易主体的交易场所实施不当限制。

二、交易主体互联互通的路径选择

理论上,交易主体互联互通应当是债券市场的所有交易主体都有权自主地选择交易场所,从事跨市场交易,其中既包括商业银行在内的机构投资者,也包括个人投资者。虽然从投资者适当性的角度看,不同类型的投资者适合在不同的交易场所交易不同风险等级的债券,例如个人投资者并不适合在场外市场交易,但这本不应通过行政命令的方式强制分割,而是应当按照市场化原则来决定。在我国债券市场实践中,银行间债券市场是完全面向机构投资者的场外批发性交易市场,个人投资者只能在交易所债券市场和商业银行柜台债券市场进行债券交易。除商业银行以外的证券公司、保险公司、财务公司、基金公司等机构投资者,只要符合条件都可以选择在银行间债券市场和交易所债券市场进行交易,并无实质性障碍。因此,债券市场交易主体互联互通的关键就在于商业银行能否重返交易所债券市场。

诚然,1997年中国人民银行以一纸"通知"的方式强制商业银行退出交易所债券市场,是有其特定历史背景的。由于交易所债券市场回购交易存在制度缺陷,一些证券公司等机构投资者与商业银行进行回购交易获得资金后,转而投资于股票市场,导致大量银行资金通过交易所债券回购交易违规流入股市,不仅助长了股市泡沫,也将股票市场风险转嫁到了商业银行,威胁到了整个金融体系的安全与稳定。[①]在当时资本市场法律

---

① 参见冯光华:《中国债券市场发展问题研究》,中国金融出版社2008年版,第213页。

和监管体系尚不健全、制度设计存在缺陷的背景下,中国人民银行采取了简单直接的"一刀切"做法。银行间债券市场建立的初衷就是在资本市场和货币市场之间设立一道"防火墙",防止股票市场风险通过交易所债券回购"传染"到货币市场,因而起初银行间债券市场只有商业银行参与,是名副其实的"银行间"市场,提供商业银行之间进行流动性管理和头寸余缺调整的场所,直到2000年以后证券公司、基金公司等非银行金融机构才逐渐进入该市场参与债券交易。①

然而,随着时间的推移,债券市场的发展不断深化,债券交易机制、法律体系和监管制度也在不断完善,商业银行退出交易债券市场的理由已经渐渐难以维系,理当适应现实发展的需要而适时地进行变革。首先,交易所债券市场回购交易制度正在不断改进,上海证券交易所和深圳证券交易所相继出台了《交易所债券交易实施细则》《交易所债券质押式协议回购交易暂行办法》《交易所债券质押式回购交易业务指引》,中证登也出台了《债券登记、托管与结算业务实施细则》,这些规则的制定能够有效弥补交易所债券回购交易的制度缺陷,况且即使回购交易可能导致银行资金变相进入股市,也应当允许商业银行在交易所债券市场从事现券交易;其次,防止商业银行资金违规流入股市可以借助相应制度安排予以实现,比如交易所向商业银行提供债券专用席位,商业银行在其债券专用席位内只能使用本银行账户从事债券交易,不能买卖股票,这就可以堵住商业银行资金违规直接进入股市的通道;②再次,交易所债券市场固定收益平台采用了场外市场交易机制,能够满足商业银行对于大宗交易的需求,实际上已经为商业银行等机构投资者提供了适合的交易平台;最后,实践也证明了商业银行退出交易所债券市场,并未能够从根本上阻断银行资金违规入市的渠道,在大资管时代,通过"银信合作"等通道业务的方式,商

---

① 参见彭兴韵:《中国债券回购市场的制度演进与进一步的发展》,载《经济社会体制比较》2005年第2期。

② 参见申屠青南:《统一互联债券市场建设步伐加快》,载《中国证券报》2009年1月20日,第A04版。

业银行理财资金与伞形信托等各种结构化产品相对接,成为股票市场场外配资的重要来源。[①]因此,防范商业银行资金违规入市不能单纯依靠行政命令"围堵"的方式,而应该在有效监管的前提下进行"疏导"。

自 2010 年以来,商业银行已经逐渐开启了重返交易所债券市场之路,在第一阶段试点上市商业银行在交易所债券市场集中竞价交易系统进行规定业务范围内的债券现券交易,2019 年 8 月在前期试点基础上扩大了在交易所债券市场参与债券交易的银行范围,包括政策性银行和国家开发银行、国有大型商业银行、股份制商业银行、城市商业银行、在华外资银行、境内上市的其他银行,但在债券交易范围上仍然限定在债券现券的竞价交易。综上所述,本书主张商业银行重返交易所债券市场可以沿着以下路径循序推进:第一,在试点的基础上,由交易所集中竞价交易系统逐步过渡到允许商业银行进入固定收益平台进行债券交易;第二,将参与交易所债券交易的商业银行范围由上市商业银行逐步扩大至其他商业银行和政策性银行;第三,在完善制度建设的基础上,将商业银行在交易所债券市场的债券业务范围由现券交易逐步扩大至回购交易。

三、交易主体互联互通的制度供给

(一) 培育多元化的债券投资者结构

投资者结构的单一化和趋同化会降低债券市场交易的活跃程度,因而交易主体的互联互通首先就需要有多元化的投资者结构作为支撑,否则其效果只会大打折扣。就我国债券市场投资者结构来看,银行间债券市场以机构投资者为市场定位,机构投资者的数量和类型都在不断增加,已经由最初的商业银行扩展至证券公司、保险公司、基金公司、财务公司等机构。中国人民银行制定的《全国银行间债券市场债券交易管理办法》第 8 条明确规定,下列机构可成为全国银行间债券市场参与者,从事债券

---

① 参见王春梅:《银行资金入市调查》,http://www.ennweekly.com/2015/0615/15776. html, 2019 年 11 月 25 日最后访问。

交易业务：(1)在中国境内具有法人资格的商业银行及其授权分支机构；(2)在中国境内具有法人资格的非银行金融机构和非金融机构；(3)经中国人民银行批准经营人民币业务的外国银行分行。但是，投资者数量和类型的增加并不必然意味着投资者结构已经实现多元化和合理化，银行间债券市场总体而言还是以商业银行为主导的，其债券持有量占到了60%以上，并且银行间债券市场的债券承销商、一级交易商、做市商、结算代理人等角色也大多由商业银行担任，证券公司等机构投资者的市场地位相对较低。与之相对的，交易所债券市场传统上的个人投资者定位尚未从根本上得到扭转，在机构投资者结构方面，除了商业银行的严重缺位以外，从数量、类型和持有比重上看，趋于多元化和均衡化，也没有明显呈现出类似商业银行在银行间债券市场"一家独大"的局面，但在债券承销商、一级交易商和做市商的资质认定上还是以证券公司为主的。而从境外成熟债券市场国家经验上看，债券市场投资者主要是以养老基金、共同基金、私募基金、保险公司、证券公司、商业银行等机构投资者为主，且各类机构投资者的持债比重也较为均衡，个人投资者主要通过购买基金份额的方式间接投资债券。

因此，从债券投资的适合性角度出发，我国债券市场投资者结构未来应以机构投资者为主，并且应该致力于培育更加多元化和均衡化的机构投资者队伍。具体可从以下几个方面着手：第一，在完善法律制度和监管的前提下，放松对于金融机构的行政管制，促进各类证券投资基金和中小金融机构等机构投资者的发展，丰富机构投资者类型，同时要健全机构投资者的公司治理结构，提高机构投资者的投资水平和风险内控能力。第二，降低银行间债券市场和交易所债券市场的投资者市场进入门槛，引入更多的机构投资者参与债券市场交易，在投资者数量和类型上都要得到扩大，特别是要为保险资金、社会保障基金、企业年金、慈善基金等投资高信用等级债券创造有利条件，放宽投资比例限制。应当在"债券通"试点经验的基础上进一步推动债券市场对外开放，吸引更多境外投资者参与境内债券市场交易,提高我国债券市场的国际化程度。经合组织的研究报告即将"外国投资者进入国内债券市场的便利"视作债券二级市场是否有效率的重要标志之一。[1]第三,银行间债券市场和交易所债券市场应当分别在商业银行和证券公司之外,允许更多的符合条件的机构投资者担任债券承销商、一级交易商、做市商等,以提高其在债券市场中的地位和作用,既有助于推动更多的机构投资者在承销、做市过程中发展壮大和发育成熟,也可以防止债券市场被某些特定的机构投资者所垄断。

(二)加强投资者适当性管理和教育

不可否认的是,我国债券市场投资者结构已经日趋多元化,但这并不意味着投资者主体已经发育成熟,投资者的不成熟也会直接影响债券市场的发展。因此,有必要从投资者适当性管理和投资者教育等方面加强投资者主体培育,在"卖者尽责"的前提下,落实投资者"风险自担、买者自负"原则。投资者适当性原则是资本市场的一项重要原则,指的是卖方机构在向投资者销售证券、提供服务时,应当了解客户(包括资产状况、投资经验和知识、风险承受能力、风险偏好等)、了解产品(包括产品结构、风险和预期收益等),将适合的产品(或服务)销售(或提供)给适合的投资者。新《证券法》第88条已经对投资者适当性原则作了规定,此外在其他有关证券监管的部门规章当中也有所体现。债券市场中投资者适当性的要求同债券产品的风险等级以及投资者自身状况密切相关,对于专业的机构投资者而言并无必要,但对于交易所债券市场、商业银行柜台市场普通的个人投资者则十分重要,当然卖方机构适当性义务的履行必须以法律责任约束作为保障。

由于债券投资的专业性和风险性,从卖方机构的角度应督促其履行适当性义务,而从投资者的角度也需要加强投资者教育,充实投资知识,树立正确的投资理念。首先,在投资者教育主体上,主要应当强化四类主

---

① Hans Blommestein, Introduction and Overview of OECD Bond Markets, http://www.oecd.org/finance/financial-markets/2755977.pdf.

体的投资者教育责任，一是中国人民银行、中国证监会、中国银保监会等政府监管机构，二是银行间市场交易商协会、证券交易所、证券业协会等自律组织，三是投服中心等专门的投资者保护机构，四是证券公司、中介服务机构等债券市场主体。其次，在投资者教育对象上，主要应面向交易所债券市场和商业银行柜台市场的个人投资者。再次，在投资者教育方式上，除了传统的媒体渠道外，还应当充分发挥互联网和大数据技术在投资者教育信息传播方面的作用，开展线上和线下教育相结合的多种教育形式。

在加强投资者适当性管理和教育的基础上，应当在债券市场培养投资者"买者自负"的风险意识。我国债券市场一直面临政府隐性担保的"刚性兑付"，债券被视为"储蓄投资"的替代方式，债券违约风险被政府所"兜底"，长此以往造成了投资者的依赖心理和风险意识淡薄。[①]随着债券市场深化发展，打破"刚性兑付"已经是大势所趋，公司信用债券违约日益常态化，必须在债券市场落实"买者自负"的原则，采用市场化、法治化逻辑处置债券违约风险，促使投资者回归理性投资。除了公司信用债券之外，也不能忽视地方政府债券的违约风险，随着地方政府债务不断累积，地方政府债务风险也在不断积聚，必须引起足够的警惕。而且，如果说公司信用债券正朝着市场化、法治化方向阔步迈进，那么地方政府债券的市场化、法治化可谓任重道远。正如有学者所言："由于地方政府的偿债来源法定性和禁止破产的法律规定，导致即便有些地方政府的负债率明显高于偿债能力，已然不堪重负、无力清偿到期的地方政府债券，其根本违约还是面临着从认定到处置的多重困境。"[②]实际上，针对到期地方政府债券所发行的再融资本质上就是一种"借新还旧"的风险处置机制，通过再融资债券避免地方政府债券陷入实质性违约的尴尬境地。但这只能是

---

① 参见冯果：《债券市场的主体培育：目标、进路与法制变革》，载《政法论丛》2018年第3期。

② 王璐：《地方政府债券违约风险处置的法治逻辑》，载《安徽大学学报（哲学社会科学版）》2020年第2期。

治标不治本的权宜之计,由于地方政府债券的持有主体以商业银行为主,也会引起地方财政风险向金融风险的转移。因此,商业银行等机构投资者在持有地方政府债券时,也需建立相应的风险内控机制,积极主动地防范和化解风险。

(三)建立适应不同投资者需求的分层市场结构

在多元化的投资者结构下,不同债券投资者在资产规模、风险承受能力、风险控制能力、投资能力以及参与债券交易的目的、角色上都有很大差异。使不同特征的投资者在适当的交易平台和适当的交易对手进行交易,是投资者适当性管理的必然要求,也是破解债券市场流动性困局的必由之路,这就需要在债券市场中建立起适应不同投资者需求的分层市场结构。从境外成熟债券市场经验来看,在场外债券市场大都建立起了分层的市场结构,包括交易商间市场(Dealer-to-Dealer Market,B2B 市场)和交易商与客户间市场(Dealer-to-Customer Market,B2C 市场),前者是债券批发交易市场,由具备交易商资质的投资者参与交易;后者是债券零售交易市场,由做市商和共同基金、对冲基金、养老基金等普通机构投资者参与交易,这些机构投资者只能与做市商通过做市报价及请求报价(RFQ)的方式开展交易,相互之间不能直接交易。债券市场分层有利于提高市场交易效率,降低交易差错的风险和利益输送的风险。[①]以美国为例,债券交易市场包括纽交所等多个证券交易所市场,以及 Espeed、BrokerTec、BondVision、Tradeweb 等 60 多个电子交易平台。[②]欧盟债券电子交易平台也主要包括四个层次:(1)泛欧 B2B 电子交易平台,包括 EuroMTS、NewEuroMTS、EuroGlobalMTS、EuroCredit、Eurex Repo 等;(2)各国 B2B 电子交易平台,包括 MTS、ICAP、BGG、Eurex Bond 等;(3)B2C 电子交易平台,包括 MTS 的 BondVision、Bloomberg、Tradeweb

---

[①] 参见马永波:《关于推进银行间债券市场分层的思考》,载《银行家》2015 年第 10 期。

[②] 参见郑宇佳、邓斌:《美国债券市场监管体制研究》,上海证券交易所研究报告,第 3 页。http://www.sse.com.cn/aboutus/research/report/c/4146965.pdf,2021 年 3 月 20 日最后访问。

等;(4)交易所市场电子交易平台,例如西班牙交易所的 SENAF、VIVA 和意大利交易所的 MOT、ExtraMOT 等。[1]

就我国债券市场结构而言,呈现出典型的"分割化"和"扁平化"特征,分割化指的是银行间债券市场和交易所债券市场尚未真正实现互联互通,扁平化则是指市场没有合理分层,投资者基本上不作区分地在同一平台交易。[2]交易所债券市场随着固定收益平台的推出,已经初步建立起了分层的市场结构,包括 B2B 市场、B2C 市场和 C2C 市场。在固定收益平台中,B2B 市场的参与者包括具有自营业务资格的证券公司、基金公司以及交易所认可的保险公司、财务公司、信托公司等非银行金融机构,这些机构投资者取得固定收益平台交易商资格之后直接参与交易;B2C 市场的个人投资者、非金融机构等可与一级交易商在场外达成交易意向后,以成交申报的方式向固定收益平台申报,完成交易、清算和结算。但在银行间债券市场,虽然债券投资者和交易产品已经呈现出了结构化特征,但却没有分层的市场结构与之相匹配。无论是做市商、从事自营业务的金融机构,还是通过结算代理方式进入银行间债券市场的中小型金融机构和企业,在银行间债券市场都可以通过同一交易平台,共享相同的报价信息和权限,相互之间以一对一询价方式直接交易。这对于资质较差的中小机构投资者来讲,交易成本高、效率低,容易滋生风险,也会造成市场价格信号紊乱。[3]

有鉴于此,应着力推动银行间债券市场分层,将其划分为 B2B 市场和 B2C 市场,并建立与之相适应的交易系统,以满足市场参与者不同的交易需求。市场的分层有赖于投资者的分类作为基础,在银行间债券市场现有的甲类户、乙类户和丙类户结算成员的基础上,应当按照资产规

---

① 参见廖慧:《欧盟债券市场管理体制研究》,上海证券交易所研究报告,第 7 页。http://www.sse.com.cn/ aboutus/ research/report/c/4146971.pdf,2021 年 3 月 20 最后访问。

② 参见马永波:《我国债券二级市场分层问题研究》,载《证券市场导报》2015 年的第 8 期。

③ 参见沈炳熙、曹媛媛:《债券市场:30 年改革与发展》,北京大学出版社 2014 年版,第 215 页。

模、交易规模、投资能力和风险控制能力等因素划分一定标准，建立动态调整机制，符合条件的机构投资者可以成为 B2B 市场的交易商，其他的普通机构投资者只能在 B2C 市场与做市商通过做市报价和请求报价的方式参与交易。正如有学者所指出的，我国债券市场以乙类户为核心的"纺锤体"账户结构已经明显不利于债券分层交易开展，应通过"稳甲、限乙、扩丙"的调整向"金字塔"账户结构转变。①

实践中，银行间债券市场已经有了市场分层的意图和尝试，中国人民银行金融市场司《关于非金融机构合格投资者进入银行间债券市场有关事项的通知》（银市场〔2014〕35 号）允许非金融机构合格投资者"借道"北京金融资产交易所进入银行间债券市场，但是只能由非金融企业债务融资工具主承销商和银行间债券市场做市商向其提供点击成交方式的债券报价；《关于做好部分合格投资者进入银行间债券市场有关工作的通知》（银市场〔2014〕43 号）规定符合条件的农商行、农合社、农信社、村镇银行等农村金融机构以及信托产品、证券公司资产管理计划、基金公司及其子公司特定客户资产管理计划、保险资产管理公司资产管理产品四类非法人投资者，可进入银行间债券市场直接进行债券交易，但为促进市场分层和提高市场效率，这些投资者只能与做市商或尝试做市机构以双边报价和请求报价的方式进行交易。

（四）完善债券市场做市商制度

做市商制度指的是由具备一定资格的金融机构充当做市商，连续不断地向债券市场投资者提供债券交易的双边报价，并承诺按照该报价接受投资者的交易要求。做市商制度的核心功能在于提高债券市场流动性，促进债券市场价格发现。我国债券市场正式引入做市商制度是在2001 年，中国人民银行发布了《关于规范和支持银行间债券市场双边报价业务有关问题的通知》，规定了银行间债券市场双边报价商的资格、权

---

① 参见冯果、张阳：《不能忽视的债券市场分层：基于破解债券市场流动性困局的思考》，载《华东政法大学学报》2021 年第 2 期。

利和义务,之后正式批准中国工商银行等9家商业银行为第一批双边报价商,并指定20个报价券种,标志着银行间债券市场做市商制度的初步建立。经过3年左右的实践,中国人民银行于2004年7月将双边报价商正式更名为做市商,并将做市商数量扩容至15家,其中包括中信证券和国泰君安两家证券公司。2007年,中国人民银行制定了《全国银行间债券市场做市商管理规定》,降低了做市商的资格条件,①明确了做市商的权利和义务。②2008年银行间市场交易商协会发布了《银行间债券市场做市商工作指引》,进一步规范了做市商的做市行为,明确了做市商评价体系,完善了做市商激励约束机制。2020年国务院《关于取消和下放一批行政许可事项的决定》(国发〔2020〕13号),取消了银行间债券市场双边报价商行政许可审批。此后,中国人民银行发布了《完善银行间债券市场现券做市商管理有关事宜》公告(中国人民银行公告〔2020〕第21号),明确了具备一定做市能力(包括定价能力、资本实力、风险管理能力、业务系统和专业人才队伍)且具有做市意愿的境内金融机构法人签署做市业务协议,即可开展做市业务。同时,还进一步完善了银行间债券市场现券做市商的权利和义务。随着做市商制度的不断改革和完善,做市商数量也在增加,截至2021年3月底,银行间债券市场共有现券做市商83家,除70家综合类做市商,还有3家信用债专项做市商,以及10家利率债专项做市商。③交易所债券市场

①　与旧规定相比,新规定取消了上一年度承销国债和政策性银行金融债券金额总计排名前30位的要求,将上一年度现券交易量排名前20位修改为排名前80位,但也明确规定了注册资本或净资本不少于12亿元人民币。

②　做市商权利包括:(1)获得在一级市场购买债券的便利;(2)优先成为国债、政府类开发金融机构债券承销商和公开市场业务一级交易商;(3)获得债券借贷便利;(4)获得产品创新的政策支持;(5)通过做市业务达成的现券交易和债券借贷交易享受交易手续费和结算手续费优惠;(6)获取同业拆借中心实时提供的报价数据、成交数据等信息便利。做市商义务包括:(1)每家做市商的做市券种不少于6种,且应当包括政府债券、政府类开发金融机构债券和非政府信用债券3种类型;(2)做市券种的期限应当至少包括0—1年、1—3年、3—5年、5—7年和7年以上5个待偿期类型中的4个;(3)做市商确定的做市券种当日不能变更,且应当连续双边报价,双边报价空白时间不能超过30分钟;(4)做市券种单笔最小报价数量为面值100万元人民币。

③　参见中国银行间市场交易商协会网站:http://www.nafmii.org.cn/zlgl/scjy/jyszz/201707/t20170712_80774.Html,2021年4月15日最后访问。

的做市商制度是在固定收益平台的基础上引入的,由债券一级交易商充当做市商,目前共有 19 家。①

但从债券市场做市表现上看,我国做市商制度的作用并未充分发挥,无法满足提高债券市场流动性的需求,突出表现为做市商双边报价质量差、价格波动大,做市积极性低、报价连续性不足,报价券种比例偏低,甚至出现双边报价规模连年大幅下降的趋势。中国银行间市场交易商协会公布的做市商评价情况通报显示,2009—2011 年间做市商双边报价规模连续大幅下降,2009 年双边报价规模 49.47 万亿元,2010 年下降至 10.88 万亿元,降幅达到近 80%,到 2011 年进一步降至 5.39 万亿元,同比下降 50.47%。②

究其原因,无非有以下几点:第一,做市商数量较少,结构单一化、同质化,缺乏竞争性,做市商双边报价趋同化导致了单边市倾向。以美国为例,场外债券市场有 22 家义务做市商和 2000 多家自愿做市商。但在我国,做市商的准入条件依然相对较高,银行间债券市场做市商包括 2 家政策性银行,1 家中金公司,25 家证券公司,其余 55 家均为商业银行。交易所债券市场的做市商(一级交易商)除了人保资产、中金公司和国寿资产 3 家以外,其余 16 家都是证券公司。第二,做市商权利义务不对等,风险收益不匹配,激励机制缺失,导致做市积极性低。虽然《全国银行间债券市场做市商管理规定》赋予了做市商六项权利,但除了享受交易手续费和结算手续费 20% 的优惠外,其余的权利并没有真正得到落实,尤其是做市商和债券承销商资格并未挂钩,大大降低了其所能获得的收益。一般来说,欧美国家都会给予做市商国债承销资格、IPO 承销资格、新产品开发优先权、一级市场证券优先购买权、融资融券便利、交易结算费用减免、避险工具支持、信息便利、优先成交权等制度配套和优惠措施。③第三,做

---

① 参见上证债券信息网:http://bond.sse.com.cn/data/statistics/dealers/,2021 年 4 月 15 日最后访问。

② 参见中国银行间市场交易商协会网站:http://www.nafmii.org.cn/zlgl/scjy/zsspj/qktb/201205/ t20120528_15182.html,2015 年 12 月 5 日最后访问。

③ 参见金永军、扬迁、刘斌:《做市商制度最新的演变趋势及启示》,载《证券市场导报》2010 年第 10 期。

市商提供双边报价的同时也就暴露在了风险之下,但却缺乏债券互换、远期、期权、期货等风险对冲工具,可用的风险控制手段十分有限。第四,做市商考核评价机制欠合理。2010 年《银行间债券市场做市商工作指引》和《做市商评价指标体系》规定了包括合规性(24 分)、报价价差(40 分)、报价量(10 分)、成交量(10 分)、配合与报告(10 分)、加分项和减分项在内的七项评价指标及权重。但是该评价指标赋予了报价价差过高的权重,对成交量重视不足,且过于细致容易加重做市商负担。为克服以上不足,2016 年修订的《银行间债券市场做市业务评价指标体系》将评价指标限定为双边报价指标(30 分)、双边成交指标(35 分)和请求报价(35 分),基本原则是报价量越大、报价价差越小、债券待偿期限越长、报价时间越长,得分越高。但似乎又矫枉过正,报价量和成交量比重过高,而且未有效剔除空仓报价、倒量交易等虚假数据,无法反映真实流动性。[①]

　　针对以上问题,为了调动做市商的做市积极性,促使其确实履行做市义务,提高做市质量,有必要从以下几方面完善做市商制度。首先,在市场互联互通和投资者结构日趋多元化的背景下,银行间债券市场和交易所债券市场都应当适当降低做市商准入门槛,增加做市商数量,并且促进做市商结构的优化,使更多符合条件且具有做市意愿的不同类型机构投资者担任做市商。其次,在制度层面真正落实法律法规赋予做市商的各项权利,应当明确做市商拥有一级市场债券承销和购买的优先权,加强对做市商风险规避的衍生产品创新和融资融券支持。对此,中国人民银行公告〔2020〕第 21 号中有关做市商权利的规定已经有所体现。[②]再次,健全做市商考核评价体系,从重做市"规模"向重做市"质量"转变,确保对于

---

　　① 参见冯果、张阳:《不能忽视的债券市场分层:基于破解债券市场流动性困局的思考》,载《华东政法大学学报》2021 年第 2 期。

　　② 该公告第 4 条规定做市商享有以下权利:(1)将做市业务表现作为国债承销团成员、非金融企业债务融资工具主承销商的重要参考指标;(2)将做市业务表现作为公开市场业务一级交易商的重要参考指标;(3)将做市业务表现作为参与随买随卖业务的重要参考指标;(4)优先开展银行间债券市场现券交易净额清算业务;(5)获得交易平台提供的交易信息便利;(6)优先参与衍生品等市场创新业务。

做市商的评价能够充分反映提高市场流动性和促进价格发现两大功能。最后,在落实做市商权利的同时也要强化义务,做到激励与约束相容,需要对现有的做市商规则进行修改,在权利和义务之外增加其责任机制,对于逃避做市义务或者没有达到做市商评价要求的,应有相应的处罚措施,包括对做市业务权限实行动态调整,必要时取消其做市商资格,从而建立起"优胜劣汰"的市场退出机制。

第二节 债券市场交易产品的互联互通

一、交易产品互联互通的权利基础与功能解构

(一) 交易产品互联互通的权利基础

从债券发行的角度看,发行债券融资应当是企业不可或缺的权利,是企业赖以生存和发展的根本保障。但对于证券发行权的权利属性似乎仍然存在究竟是特许权还是商事权的争议,这实际上涉及证券发行是否需要政府的审批或核准。有学者认为,核准制下的证券发行权就是特许权,注册制下的证券发行权才是商事权;在英美法系国家证券监管史上,直到法定披露理论确立后,证券发行权才被视为一种商事权利。[①]我国的证券发行制度,从资本市场发展初期的"审批制"到"核准制",再到银行间债券市场非金融企业债务融资工具和信贷资产证券实行注册制,以及新《证券法》实施背景下证券发行全面注册制改革的推进,昭示着证券发行权正在由"特权"逐步向"权利"进化。作为"权利"的证券发行,何时发行证券、发行多少证券、在哪发行证券将更多地取决于发行人的自主选择,而不是取决于监管机构的行政分配或者基于严格发行条件下的核准,证券发行主要交由市场来决定。遗憾的是,我国的公司债券、企业债券和金融债券的注册制改革相对滞后,债券发行门槛过高,政府干预严重,政府债券、企业

---

① 参见李文莉:《证券发行注册制改革:法理基础与实现路径》,载《法商研究》2014 年第 5 期。

债券之外的其他债券大多不能自主选择发行场所,债券发行权的权利属性没有得到彰显。在证券发行全面注册制改革的趋势下,债券发行人的权利应当得到法律充分的尊重和保护,不仅是要减少行政干预,取消诸多的条件限制,还要允许发行人自主决定债券发行场所,打破市场分割下的发行壁垒,实行跨市场发行。

证券发行完成后,附着于证券之上的权利也得以创设,投资者购买证券的同时也就获得了相应的权利。从法律的角度说,证券本质上就是一种权利的凭证。证券本身就是权利得以表现的形式和载体,权利则是证券的实质与内涵。[①]投资者在进行证券投资时,与其说是购买形式意义上的"证券",莫不如说是购买证券所负载的各项权利,如股票所附着的表决权、知情权、优先认购权、股利分配请求权、剩余财产分配请求权等,债券所附着的还本付息请求权等。也有学者认为,证券既是一套可针对发行人行使的"权利",也是独立的可被占有、转让、处分的"财产",前者从公司法视角可被表述为"证券所含的权利"(rights attached to the securities),后者从财产法视角可表述为投资者"对证券的权利"(rights on the securities)。[②]可见,证券的实质是一组权利的集合,其中既有投资者对发行人的权利,也有投资者对证券本身所享有的权利;既有静态的占有权、请求权,也有动态的转让权、处分权。证券交易体现的即是投资者对其持有的证券进行转让的权利,"这是证券持有人将其证券变现的、不可剥夺的固有权利,也是证券生命力存续的关键"。[③]"证券是一种可转让的权利证书。证券可以依据当事人的意志在不同主体间无偿或有偿地转让。通过转让,当事人可使自身的权利随时得以实现。证券的可转让性是证券生

---

① 参见刘俊海:《打造投资者友好型证券法　推动资本市场治理现代化》,载《法学论坛》2015年第4期。

② 参见楼建波、刘燕:《证券持有结构对投资人证券权利法律定性的影响——一个新的分析框架》,载《商事法论集》2009年第1期。

③ 参见刘俊海:《打造投资者友好型证券法　推动资本市场治理现代化》,载《法学论坛》2015年第4期。

命力之所在。"①现代有价证券更加注重证券的流通、转让功能，其实质是通过"债权流转"促进证券动态利用和实现证券价值。②证券交易不仅是实现证券权利和价值的手段，也是证券风险转移和分散的重要途径，通过证券交易使得证券在不同市场主体之间流转，也就实现了资金和风险的重新配置。因此，证券交易作为投资者的一项基本权利，除非存在法律明确规定禁止的短线交易（short-swing trading）、虚假陈述、内幕交易、操纵市场等违法交易行为的，否则不应受到过多的限制，投资者应有权在法律和交易规则框架内自主地选择证券交易的时机、数量和场所等。

我国证券市场中，一方面是股票市场换手率居高不下，股票交易短期化、高频化，市场价格波动大，股票市场整体呈现"投机市"特征，这是由于股票市场个人投资者占比过高、上市公司对中小股东权利保护不力等多重因素决定的；但另一方面，债券市场交易不活跃，市场流动性水平偏低。其中的原因是多方面的，既有对债券和债券市场功能认识和定位的因素，也有债券市场投资者结构同质化的因素，还有一个重要的因素就是在市场分割下，投资者对债券所应有的自由流通、转让的权利受到了行政权力的束缚，投资者持有的债券只能在特定场所交易，从而极大地限制了债券的"可转让性"。因此，基于债券的流通性、可转让性和投资者对债券所享有的转让权出发，应当实现债券交易产品的互联互通，允许投资者将其持有的债券进行跨市场交易。

（二）交易产品互联互通的功能解构

我国债券市场交易产品面临市场分割的限制，除了源于对债券投资者自主交易的权利缺乏应有的尊重和保护外，也与长期以来对债券和债券市场功能的认识误区、定位偏差有关。自 1950 年发行"人民币胜利折实公债"起，在相当长一段时期，我国既没有现代意义上的债券发行市场，

---

① 范健主编：《商法》，高等教育出版社 2002 年版，第 375 页。
② 参见胡军：《法国现代金融有价证券的私法分析》，西南政法大学 2009 年博士学位论文，第 16 页。

更没有债券交易市场,对于债券持有者而言债券更像是一种"储蓄"的替代品。国债以行政摊派的方式发行,承担着财政功能和宏观调控功能,个人购买国债是将其视为一种储蓄手段,无所谓"投资""投资者"的概念。到 20 世纪 80 年代企业债券的诞生,也是服务于国有企业脱困的政治使命和任务,而没有从债券的本质属性出发去认识和发展债券市场。即便随着债券交易市场的产生和发展,这种影响依然延续至今,银行间债券市场的商业银行主导性,使其更像是一个银行间的同业拆借市场,肩负着资本市场和货币市场的双重功能,后者的功能性似乎更胜于前者。银行间债券市场中的国债、央行票据的交易也在很大程度上承担着央行货币政策调控的功能,商业银行对于国债和地方政府债券更多是持有到期或是作为质押的工具,真正以债券投资为目的的交易相对不足。交易所债券市场因商业银行的退出和债券品种的局限,市场规模较小,在债券发行、交易制度和投资者定位上也是以股票市场为导向的。

概言之,我国对于债券和债券市场的功能缺乏清醒的认识,金融功能和财政功能相混淆,资本市场功能和货币市场功能相混淆,过分强调融资功能,债券所应具有的投资、避险、价格发现等功能则被漠视。进而导致的结果就是重债券发行、轻债券交易,反映到债券监管和法律制度上也是重发行监管、轻交易监管。事实上,我国证券市场的重点一直都放在了企业融资功能上,相对忽视了市场的投资功能、风险转移功能和风险管理功能。①但正如前文所述,现代证券更加注重其流通、转让功能,通过在二级市场不同投资者之间的流通,才能够更及时地实现证券的投资价值,更好地分散和转移风险,更有效地促进价格发现,这些功能的合力才能够使市场的资源配置功能发挥到最优。这一切的关键就在于"交易",在更加广阔的市场空间和更加多元的投资者群体之间交易。对于债券市场来讲,就是要实现交易产品的互联互通,保证各类债券产品都能够自由顺畅地

---

① 参见叶林:《准确把握证券市场特性　推进证券市场法制建设》,载《证券法苑》(第 14 卷),法律出版社 2015 年版。

跨市场交易。唯有如此，才能提高债券市场流动性，使债券市场不至于沦为"一潭死水"，从而促进债券市场功能的充分发挥。

二、交易产品互联互通的路径选择

债券市场交易产品的市场分割主要体现在两个层面：一是除政府债券和企业债券外，绝大部分债券都不能跨市场发行，只能在中国人民银行或者中国证监会主管下的债券市场发行；二是除政府债券和企业债券可以通过转托管方式跨市场交易外，其他债券都只能在其所发行的市场进行交易。一言以蔽之，债券发行监管机构决定了其发行市场，发行市场进而决定了交易市场，发行人和投资者都没有对债券发行和交易场所享有充分的自主选择权。因此，债券交易产品的互联互通也需要从发行和交易两个环节展开。

首先，债券跨市场发行要求打破由监管权力分割所带来的发行市场分割，由发行人自主选择债券发行场所。具体而言，公司信用类债券中的公司债券和非金融企业债务融资工具受制于《公司债券发行与交易管理办法》和《银行间债券市场非金融企业债务融资工具管理办法》的规定，① 目前只能分别在交易所债券市场和银行间债券市场发行。因应互联互通的需要，短期目标应当是参照企业债券允许公司债券和非金融企业债务融资工具跨市场发行，长期目标应当是彻底改变公司信用类债券"三分天下"的局面，将企业债券、公司债券和非金融企业债务融资工具进行统一。金融债券的发行受到了《全国银行间债券市场金融债券发行管理办法》的限制，几乎都在银行间债券市场发行。但 2013 年 12 月，上海证券交易所

---

① 《公司债券发行与交易管理办法》第 22 条规定，公开发行的公司债券，应当在依法设立的证券交易所上市交易，或在全国中小企业股份转让系统或者国务院批准的其他证券交易场所转让；第 30 条规定，非公开发行公司债券，可以申请在证券交易所、全国中小企业股份转让系统、机构间私募产品报价与服务系统、证券公司柜台转让。
《银行间债券市场非金融企业债务融资工具管理办法》第 2 条规定，本办法所称非金融企业债务融资工具，是指具有法人资格的非金融企业在银行间债券市场发行的，约定在一定期限内还本付息的有价证券。

发布《关于国家开发银行金融债券发行交易试点的通知》，试点国家开发银行金融债券在上海证券交易所公开发行、上市交易，虽然仅有3只"国开债"试点发行，但标志着金融债券进入交易所债券市场发行的突破。在试点的基础上，应当进一步放开金融债券在交易所债券市场发行，由政策性金融债券逐步扩大至商业银行、保险公司、财务公司等金融机构发行的金融债券。值得注意的是，2019年开始中国证监会逐步放开证券公司在银行间债券市场发行金融债券，这也是对两市分割状态的一次突破。信贷资产支持证券因《信贷资产证券化试点管理办法》第3条规定的"资产支持证券在全国银行间债券市场上发行和交易"，在进入交易所债券市场发行时面临监管规则上的障碍。2014年"平安1号"成为现在唯一在证券交易所发行和交易的信贷资产支持证券，其发行过程也是一波三折。可喜的是，2015年3月中国人民银行公告（〔2015〕第7号）宣布信贷资产支持证券实行注册制发行，并规定"按照投资者适当性原则，由市场和发行人双向选择信贷资产支持证券交易场所"，标志着信贷资产支持证券跨市场发行的规则障碍已经清除，但隐性的障碍依旧存在，时至今日在证券交易所发行的信贷资产支持证券除"平安1号"之外别无其他。至于央行票据，存在一定特殊性，其实质是中国人民银行向商业银行发行的货币政策工具，因而可以继续保留在银行间债券市场发行。

其次，债券跨市场交易指的是无论债券在哪个市场发行，投资者都可以将持有的债券从一个市场转入另一个市场交易。不仅如此，互联互通下的债券跨市场交易要求是自由的、实时的，不应有不当的限制、繁琐的审核程序以及交易时滞。目前，能够跨市场交易的债券品种仅有政府债券和企业债券，并且是通过转托管的方式，企业债券暂时还只能从银行间债券市场向交易所债券市场单向转托管交易，实际上还是受到了诸多的限制，并不能够满足自由和实时跨市场交易的要求。但在债券市场托管结算体系尚不统一的情况下，借助于转托管的方式实现债券跨市场交易，不失为一条可行的路径。但是应在现有转托管试点基础上，扩大转托管的债券品种范围,使互联互通下其他跨市场发行的债券同样可以跨市场交易,并且要简化程序并应用技术手段提高转托管效率。未来随着托管结算体系的统一,债券交易产品应当可以真正实现自由的跨市场交易。值得一提的是,有观点认为债券产品的信用和风险特征不同,两个债券市场的投资者结构也不同,因而债券市场互联互通并不是让所有债券都可以在两个市场同时交易流通,而应该是推动高信用、低风险债券产品的跨市场交易流通。①这种观点不无道理,不同信用和风险的债券产品与不同经济实力、产品认知能力、风险承受能力的投资者之间客观上的确存在适合性的问题。但这也并非无法通过制度途径解决,只需要做好投资者适当性管理和债券分类管理即可,而不应构成债券产品不可以跨市场交易的理由。更何况,交易所债券市场不仅有适合普通投资者交易的竞价交易系统,也有适合于合格投资者交易的固定收益平台,高风险债券完全可以在固定收益平台进行交易。

三、交易产品互联互通的制度供给

(一)创新多样化的债券产品结构

金融创新是金融市场的永恒命题,能够为金融发展提供持续的动力和活力。朱利安·沃姆斯利在《新金融工具》一书中提出金融创新有四大作用和功能:增强流动性、创造信用、创造权益以及实现风险转移和分散。②20世纪70年代以后的金融自由化和金融创新浪潮,在很大程度上支撑了欧美发达国家金融市场的快速发展。国际清算银行将金融创新按照不同的功能分为价格风险转移创新、信用风险转移工具、流动性创造创新、信用创造工具和股权创造工具。③由于股票具有标准化的特征,所能

---

① 参见冯光华:《中国债券市场发展问题研究》,中国金融出版社2008年版,第228页。

② 参见[美]朱利安·沃姆斯利:《新金融工具》,类承曜等译,中国人民大学出版社2003年版,第8—9页。

③ 参见[美]弗兰克·J.法博兹:《债券市场:分析和策略》,袁东译,百家出版社2002年版,第12页。

够提供的创新空间相对较小,非标准化的债券也就成为了金融创新的主要"阵地"。以美国为例,债券产品创新结构包括:(1)浮息债券(Floating rate Bonds)、零息债券(Zero Coupon Bonds)、指数化债券(Indexed Bonds)、永久性债券(Perpetual Bonds)、双货币债券(Dual-currency Bonds)、垃圾债券(Junk Bonds)等债券现券产品创新;(2)住房抵押贷款支持证券(MBS)、资产抵押支持证券(ABS)等债权衍生产品创新;(3)国债期货、国债期权、利率期权等利率衍生产品创新;(4)担保债务凭证(CDO)、信用违约互换(CDS)等信用衍生产品创新。债券产品创新拓展了企业直接融资的渠道,优化了债券市场产品结构,增强了债券市场流动性,也有助于提升信用风险定价效率。

但在 2008 年国际金融危机发生后,这些结构复杂且不受监管的金融衍生产品被视作金融危机的"罪魁祸首",成为巴菲特口中的"大规模金融杀伤性武器"。似乎在一时间,金融创新从"天使"变成了"恶魔"。然而,理性地反思金融危机,与其说是金融创新出了问题,莫不如说是金融监管出了问题。理查德·波斯纳指出:"资本主义的核心机制——包括中央银行、银行业以及对银行业的监管——的失败,是美国以及全球经济萧条的原因。"①金融创新本身是"中性"的,无所谓对或错,关键在于如何正确对待它,金融创新离不开有效的监管,包括完善的信息披露制度,健全的风险防范体系,以及完备的投资者保护机制。将金融风险和危机简单归咎于金融创新,未免有失公允,也没有抓住问题的本质。正因如此,美国在后危机时代,从金融创新产品市场准入、高管薪酬机制、金融衍生品市场、金融创新产品的消费者与投资者保护、金融创新产品的信用评级监管等方面着手强化了对金融创新的监管力度。②

我国金融发展进程中一直存在着"金融压抑"的现象,金融创新的步

---

① 〔美〕理查德·波斯纳:《资本主义的失败》,沈明译,北京大学出版社 2009 年版,中文版序言。

② 参见岳彩申、张晓东:《金融创新法律责任制度的完善——后金融危机时代的反思》,载《法学论坛》2010 年第 5 期。

伐相对缓慢和滞后,除基础性金融产品之外的金融创新产品严重缺失。其原因主要在于缺乏金融创新的市场环境和制度环境,金融法律和监管都是以危机防范为导向的,固守着金融安全至上的根本准则,政府完全主宰着金融创新产品的"生杀大权",金融创新的司法审查也过于严苛,坚守着"司法消极主义"的立场。①另外,由于市场分割等因素的存在,金融市场竞争压力不够,金融市场的既得利益集团也欠缺金融创新的动力。诚然,放任自流的金融创新以危机的方式给欧美发达国家带来了沉痛的教训,但我们也不能因此而否定甚至畏惧金融创新,一味地强调金融安全和风险防范,抑制金融创新只会导致我国金融市场发展裹足不前。正如陈志武教授在谈到金融危机给中国的启示时所说的:"这本身并不说明中国的金融欠发展是正确的,是对中国社会有利的事。而如果中国或任何国家从此限制金融创新,过度强化金融管制,那会像因噎废食一样地错。只有进一步鼓励自发的金融创新,放开金融市场的手脚,中国的金融市场才能深化。"②

目前,我国债券市场中的交易产品结构较为单一,主要是基础性的债券,总体呈现出"政府债券强,公司债券弱""基础债券强,创新债券弱"的特征。就债券创新产品而言,资产证券化几经起伏,国债期货时隔18年后才在中国金融期货交易所上市交易,国债期权、担保债务凭证等债券衍生品更是付之阙如。这不仅制约了债券市场发展,限制了发行人和投资者的市场需求,降低了市场流动性,也不利于债券市场风险的转移和分散。我国与发达国家所面临的问题大不相同,不是金融创新过度、金融监管不足,而是金融创新不足、金融管制过度,当务之急是要为金融创新打开"绿灯",创造相对宽松的制度环境。立足于我国债券市场参与者、基础设施、法律体系、监管制度的现实情况,债券产品创新的步伐不宜过快,而

---

① 参见李安安:《祛魅与重构:金融创新的法律困局及其突围——以资本市场为中心的考察》,载《证券法苑》(第9卷),法律出版社2013年版。

② 陈志武:《金融的逻辑》,国际文化出版公司2009年版,第137—138页。

应该是由简单到复杂,循序渐进。具体来说,现阶段可以大力发展绿色债券、可续期债券、高收益债券以及其他专项债券等债券现券产品创新,再推进更多种类的资产证券化产品创新,在此基础上可以伺机创新结构更为复杂的利率类、汇率类、债券类和信用类衍生产品。事实上,银行间债券市场自 2016 年起已经尝试推进信用衍生品创新,相继出台了《银行间市场信用风险缓释工具试点业务规则》《信用违约互换业务指引》《信用联结票据业务指引》等。2016 年 10 月 31 日,银行间债券市场包括中农工建交五大行在内的 10 家机构开展了 15 笔总计 3 亿元的信用违约互换交易;2017 年上半年,中国农业银行和中债信用增进公司分别创设完成了 1 笔信用联结票据产品,首批信用联结票据名义本金总计 5000 万元。

(二) 丰富债券产品的市场交易工具

债券市场的交易工具也被称为市场交易方式或交易品种,但为了与上述债券交易产品所指示的在市场上交易的债券产品相区分,这里的市场交易工具指的是债券产品在市场上交易的方式,具体包括现券交易、回购交易、债券借贷、债券远期交易、债券互换交易等。其中,现券交易是债券市场最基本的交易方式;回购交易的实质是以债券为权利质押的一种短期资金融通行为,也是货币市场的重要工具;债券借贷则是一种债券融券交易;远期、互换、国债期货、国债期权等,既可视作一种债券衍生产品,也可视作一种衍生交易工具。为了避免重复,这里的交易工具主要是针对现券交易、回购交易、债券借贷、债券远期交易而言的。目前,银行间债券市场的交易工具主要有现券交易、质押式回购、买断式回购、债券借贷和债券远期交易,可以采用这些交易方式的债券范围涵盖了在银行间债券市场发行、交易的所有债券品种。而交易所债券市场的交易工具仅有现券交易、质押式回购交易和融资融券交易。总体上看,债券市场最主要的交易工具仍然是现券交易和回购交易,其他交易工具的交易规模相对较低。中债信息网统计数据显示,2020 年银行间债券市场现券交割面额为 1531578.74 亿元,回购交割面额为 7829611.43 亿元,债券借贷成交量为 71140.57 亿元,远期成交量仅 0.2 亿元。

随着债券市场规模的扩大,在互联互通下,债券产品和投资者日益增多,过去单一化的债券交易方式已不能满足市场需求,而是需要多样化的交易方式来促进市场交易的活跃程度。对于银行间债券市场而言,交易工具已经相对丰富,但除了现券交易和质押式回购交易,其他的交易工具受到了较多的限制,如买断式回购中市场参与者单只券种的待返售债券余额应小于该只债券流通量的 20%,并且小于其在中央结算公司托管的自营债券总量的 200%,债券远期交易也面临同样的限制,债券借贷中要求债券融入方向融出方提供足额的债券用于抵押,目的都是为了防止过度投机,未来应当适时地降低这些限制,以促进这些交易方式的发展,满足市场交易的需求。对于交易所债券市场而言,债券交易工具相对狭窄,在回购交易中也仅有国债质押式回购,在交易产品互联互通背景下,势必将会有更多债券品种进入交易所债券市场,这就必然需要有更丰富的交易工具满足这些债券的交易需求,因此有必要扩大回购交易的方式和债券品种,引入债券远期交易、互换交易等方式,并且完善债券融资融券交易。

(三)健全债券分类管理制度

债券分类管理指的是根据信用评级等因素对债券进行分类,对其发行和交易的投资者范围、交易平台实施差异化管理。债券分类管理与投资者适当性管理是一体两面的关系,目的是要使适当的债券在适当的交易平台由适当的投资者交易。由于银行间债券市场参与交易的都是机构投资者,资金实力、专业性和风险承受能力较强,因而债券分类管理主要是针对交易所债券市场而言的。目前,我国交易所债券市场已经建立了公司债券的分类管理制度,《上海证券交易所公司债券上市规则》(2015年修订)和《深圳证券交易所公司债券上市规则》(2015 年修订)都明确规定了对债券上市交易实行分类管理,采取差异化的交易机制,实行投资者适当性管理制度,并且可以根据市场情况和债券资信状况的变化,调整债券分类标准、交易机制以及投资者适当性安排。具体的做法是,债券信用

评级达到 AAA 级、发行人近三年无债务违约或延迟支付本息以及近三个
会计年度平均可分配利润不少于债券一年利息 1.5 倍,选择公开发行的,
公众投资者和合格投资者①均可以参与交易。另外,符合上述分类管理
标准的债券,可以在上海证券交易所的竞价交易系统、大宗交易系统和固
定收益平台交易,在深圳证券交易所可以采用集中竞价交易和协议交易
的方式。否则,只能在上海证券交易所的固定收益平台交易,或者在深圳
证券交易所采取协议交易的方式。同时,交易所在债券上市期间实施动
态管理机制,一旦债券信用评级下调至 AAA 级以下,或者发行人发生债
务违约、延迟支付本息或其他可能对债券还本付息产生重大影响的事件,
公众投资者将不得再买入,原持有债券的公众投资者只能选择卖出或继
续持有。2017 年修订的《上海证券交易所债券市场投资者适当性管理办
法》对合格投资者和社会公众投资者的债券投资标的范围作了进一步的
细化规定(见表 3.1)。

---

① 《上海证券交易所债券市场投资者适当性管理办法》(2017 年修订)第 6 条规定,合格投
资者应当符合下列条件:

(一) 经有关金融监管部门批准设立的金融机构,包括证券公司、期货公司、基金管理公司及
其子公司、商业银行、保险公司、信托公司、财务公司等;经行业协会备案或者登记的证券公司子
公司、期货公司子公司、私募基金管理人。

(二) 上述机构面向投资者发行的理财产品,包括但不限于证券公司资产管理产品、基金管
理公司及其子公司产品、期货公司资产管理产品、银行理财产品、保险产品、信托产品、经行业协
会备案的私募基金。

(三) 社会保障基金、企业年金等养老基金,慈善基金等社会公益基金,合格境外机构投资者
(QFII)、人民币合格境外机构投资者(RQFII)。

(四) 同时符合下列条件的法人或者其他组织:

1. 最近 1 年末净资产不低于 2000 万元;

2. 最近 1 年末金融资产不低于 1000 万元;

3. 具有 2 年以上证券、基金、期货、黄金、外汇等投资经历。

(五) 同时符合下列条件的个人:

1. 申请资格认定前 20 个交易日名下金融资产日均不低于 500 万元,或者最近 3 年个人年均
收入不低于 50 万元;

2. 具有 2 年以上证券、基金、期货、黄金、外汇等投资经历,或者具有 2 年以上金融产品设计、
投资、风险管理及相关工作经历,或者属于本条第(一)项规定的合格投资者的高级管理人员、获
得职业资格认证的从事金融相关业务的注册会计师和律师。

(六) 中国证监会和本所认可的其他投资者。

表 3.1　上海证券交易所投资者债券投资标的范围

项目	合格投资者		社会公众投资者
	合格投资者中的 机构投资者	合格投资者中的 个人投资者	
可以认购及交易的债券品种	1. 国债 2. 地方政府债 3. 政策性银行金融债 4. 公开发行的可转换公司债券 5. 公募公司债(含大公募公司债、小公募公司债、企业债) 6. 私募公司债 7. 资产支持证券 8. 提供转让服务的暂停上市债券 9. 质押式协议回购的融资交易及融券交易 10. 质押式回购的融资交易及融券交易	1. 国债 2. 地方政府债 3. 政策性银行金融债 4. 公开发行的可转换公司债券 5. 债项评级 AAA 的大公募公司债、企业债 6. 债项评级 AAA 的小公募公司债、企业债 7. 质押式回购的融券交易	1. 国债 2. 地方政府债 3. 政策性银行金融债 4. 公开发行的可转换公司债券 5. 债项评级 AAA 的大公募公司债、企业债 6. 质押式回购的融券交易

应该来说,债券分类管理制度对于信用类债券的发行和交易是十分必要的,可以有效防范债券市场风险,保护投资者利益。但是,目前交易所债券市场的分类管理仅适用于公司债券,至于企业债券、资产支持证券是否比照适用没有明确规定。随着债券市场的互联互通,将会有更多的金融债券、非金融企业债务融资工具等信用类债券进入交易所债券市场,这就需要建立起普遍适用的债券分类管理制度,使不同信用等级的债券在不同交易平台和投资者间发行和交易。

第三节　债券市场托管结算体系的互联互通

一、托管结算体系互联互通的制度诉求

一个颇为流行的误解是只要债券市场交易主体和产品能够跨市场交易,就实现了债券市场互联互通。但是,互联互通绝不仅是一般的跨市场

交易,而是要求自由的、实时的跨市场交易,这就有赖于托管结算体系的互联互通。换言之,债券市场托管结算体系的互联互通是交易主体和交易产品互联互通的前提和基础。如果没有前者作为保障,投资者在一个市场所托管的债券就无法实时转到另一个市场交易,套利机制不能充分发挥作用,价格发现和资源配置功能也就不能充分实现,即使交易主体和产品可以跨市场交易了,债券市场也没有实现真正意义上的互联互通。①由此可见,从交易主体和交易产品的角度至多只能实现形式意义上的互联互通,只有从托管结算体系入手才能实现实质意义上的互联互通。从我国债券市场发展的现实情况来看,政府债券和企业债券可以跨市场发行,并且可以通过转托管的方式进行跨市场交易,商业银行重返交易所债券市场之门也已经开启,在一定程度上也可以说债券市场初步实现了有限的互联互通。但与之相悖的是,债券市场托管结算体系的分割却并未随之缓解,甚至有加剧之势,上海清算所被赋予托管结算职能之后,原本中央结算公司和中证登"二分天下"的局面演变成了"三分天下"。即使有了债券跨市场转托管制度的存在,也不能说明托管结算体系已经互联互通了,转托管的债券品种范围有限,企业债券还只能从银行间债券市场到交易所债券市场单向转托管,转托管效率更是低下,根本无力满足债券市场交易主体和产品跨市场交易的需要。如果说债券市场监管权力博弈和法制基础割裂是债券市场互联互通的外部阻力,那么托管结算体系分割就是债券市场层面的最大障碍。

因此,债券市场互联互通的关键是要托管结算等市场基础设施的互联互通,只要债券在不同市场之间可以自由流动,投资者可以自由选择交易场所,单纯的监管分割就不会导致实质上的市场分割。有学者曾就此打过一个生动的比方:一条街上有多家商店,里面摆放着不同工厂生产的产品,但只要消费者可以任意选择一家商店购买商品,不同商店的存在本

---

① 参见冯光华:《中国债券市场发展问题研究》,中国金融出版社 2008 年版,第 229 页。

身就不会导致市场分割,反而可以增加消费者的交易选择。①关于托管结算体系互联互通的路径和方式,普遍的观点认为应当统一债券市场托管结算体系,使投资者的一个债券托管账户可以在不同交易场所之间交易,即所谓的"一户通"。②也有学者提出了分阶段、分步骤的统一路径,第一步是要创建通畅的转托管渠道,增加转托管债券品种,提高转托管效率;第二步是建立真正统一高效的债券托管体系。③本书认为,我国债券市场托管结算体系互联互通的路径选择,既要借鉴债券托管结算的域外经验和发展趋势,也要结合我国的具体实际,探寻一条切实有效且可行的道路。

二、托管结算体系的域外发展趋势

(一)统一化趋势

全球范围内的债券托管结算体系正呈现统一化的趋势,这种统一化趋势包括托管结算机构的统一化、托管结算证券品种的统一化以及托管结算业务的统一化。早在 1989 年,G30 小组提出的关于证券清算、结算的 9 条建议(以下简称 G30 报告)中,第 3 条就是"每个国家都应当建立起一个高效、成熟的中央证券托管机构(Central Securities Depository,CSD),并鼓励广泛参与。托管的证券范围应尽可能广泛"。④1995 年,国际证券服务协会(ISSA)在 G30 报告的基础上,针对第 3 条的内容进一步提出,"如果一个市场上存在多个中央证券托管机构,这些托管机构应当在相互兼容协调的规则和惯例下运作,旨在减少结算风险和提高资金使

---

① 引自冯果教授在中国证券法学研究会 2015 年年会所作的题为"我国债券市场统一的现实藩篱与制度因应"的主题演讲,本次年会于 2015 年 4 月 18 日在清华大学召开。参见武汉大学经济法研究所网站:http://economiclaw.whu.edu.cn/index.php?s=/article/detail/id/3910.html,2015 年 12 月 10 日最后访问。

② 参见高坚:《中国债券资本市场》,经济科学出版社 2009 年版,第 572 页。

③ 参见陈岱松:《构建我国统一互联债券市场的路径分析》,载《南方金融》2008 年第10 期。

④ G30 Recommendations, 1989. http://www.globalspec.com/reference/27534/203279/appendix-2-g30-recommendations,2015 年 12 月 10 日最后访问。

用效率"。①2001 年,国际清算银行的支付和结算系统委员会(CPSS)与国际证监会组织(IOSCO)共同完成的《对证券结算系统的建议》,针对证券结算提出了 18 条建议,其中第 6 条建议就是"证券应当是固定化和无纸化的并且尽可能向中央证券托管机构转移"。②

此后,世界各国和地区的托管结算体系基本上都循着以上建议展开了变革,建立了统一的中央证券托管机构(见表 3.2),托管证券范围涵盖了股票、债券、证券衍生产品等。例如,俄罗斯经历漫长的讨论,最终在 2011 年颁布了《中央证券托管机构法》(第 414-FZ 号),2012 年 11 月俄罗斯联邦金融市场服务局(FFMS)第 12-2761/PZ-I 号令授予俄罗斯国家证券托管公司(NSD)CSD 的地位,统一负责场内外证券交易的托管结算业务,到 2013 年 3 月基本完成各类资产由分散托管向中央集中托管的转变。③比较特别的是,中国香港地区的股票主要在证券交易所交易,由香港中央结算公司的中央结算及交收系统(CCASS)负责托管,债券主要是在场外的电子交易平台交易,统一由金管局下的债务工具中央结算系统(CMU)负责托管结算,直到 1999 年香港金管局将全部未偿还外汇基金债在香港交易所上市,这部分债券在香港中央结算公司的中央结算及交收系统(CCASS)中托管。美国和日本则是对不同债券品种分别托管在不同的中央证券托管机构,如美国的国债集中托管在美联储的全国簿记系统(NBES),公司债券、市政债券等其他债券集中托管在全美证券托管清算公司(DTCC);日本的国债集中托管在日本银行国债簿记系统(BOJ-Net),公司债券等集中托管在日本证券托管中心(JASDEC)。但这也只是分债券品种集中托管,而不是分市场托管,因而也不会阻碍债券跨

---

① ISSA, The 1995 Update G30/ISSA Recommendations, http://www.issanet.org/pdf/issa-g30-1999.pdf, 2015 年 12 月 10 日最后访问。

② CPSS/IOSCO, Recommendations for the Securities Settlement Systems, November 2001, http://www.bis.org/cpmi/publ/d46.pdf, 2015 年 12 月 10 日最后访问。

③ 参见水汝庆等:《俄罗斯托管结算机构研究》,载中央国债登记结算有限责任公司主编:《国际债券市场借鉴》,安徽人民出版社 2016 年版,第 6 页。

市场交易,更不会带来市场分割的问题。在欧洲债券市场,欧洲清算银行(Euroclear)和明讯银行(Clearstream)是最主要的托管结算机构,前者通过下辖子公司为法国、比利时、瑞典、荷兰等国提供托管结算服务,后者则为德国、丹麦、挪威、卢森堡、希腊等多个欧洲国家的交易平台提供托管结算服务。[1]

另外,债券的托管和结算业务也呈现集中化、统一化趋势,大部分国家和地区的中央证券托管机构同时也兼具有结算职能。例如,中国香港地区 CMU 系统的服务范围就包括证券借贷服务、债券托管服务、债券日终 DVP 结算服务、利息分配服务和银行间回购服务等;[2]澳大利亚清算公司(Austraclear)也明确其职责是为澳大利亚和亚太地区金融市场债务工具证券提供广泛的托管、登记、资金转移和结算服务。[3]一些国家还通过机构合并等方式实现债券托管和结算的统一化,如美国的债券托管和结算过去分别由全美证券托管公司(DTC)和全美证券清算公司(NSCC)负责,之后全美证券清算公司又相继成立了政府证券清算公司(GSCC)、抵押证券清算公司(MBSCC)和新兴市场证券清算公司(EMCC)等附属机构,形成了统一托管、分市场清算的模式。1999 年,全美证券托管公司和全美证券清算公司合并成立了全美证券托管清算公司(DTCC),2002年政府证券清算公司、抵押证券清算公司和新兴市场证券清算公司也加入并成为其子公司,至此全美证券托管清算公司兼具有托管和结算职能,从而建立起了统一的托管结算体系。[4]日本债券市场的托管和结算机构

---

① 参见廖慧、李南竹:《海外证券存管结算机构情况简析》,上海证券交易所研究报告,2015 年。http://www.sse.com.cn/aboutus/research/research/c/4001866.pdf,2016 年 3 月 10 日最后访问。

② 香港金融管理局网站,http://www.hkma.gov.hk/gb_chi/key-functions/international-financial-centre/infrastructure/cmu.shtml,2015 年 12 月 10 日最后访问。

③ 澳大利亚证券交易所网站,http://www.asx.com.au/services/settlement/austraclear.htm,2015 年 12 月 10 日最后访问。

④ 参见温彬、张友先、汪川:《国际债券市场的发展经验及对我国的启示》,载《上海金融》2010 年第 9 期。

原本也是相互独立的，但日本证券清算公司(JSCC)于 2002 年更名为日本证券清算与托管公司(JSSC)，从而也在结算之外承担了托管职能。

表 3.2　部分国家债券市场托管结算机构①

国家	中央证券托管机构	所有者/管理人	托管证券种类
澳大利亚	澳大利亚清算公司(Austraclear)	澳大利亚证券交易所(ASX)	债券
加拿大	加拿大证券托管公司(CDS)	商业银行、证券交易所、加拿大投资业监管机构(II-ROC)等	债券、股票、衍生产品等
韩国	韩国证券托管公司(KSD)	韩国证券交易所、商业银行、韩国证券交易商协会、韩国证券金融公司等	债券、股票、衍生产品等
新加坡	中央托管公司(CDP)	新加坡证券交易所	债券、股票、衍生产品等
德国	明讯银行(Clearstream)	德国证券交易所	债券、股票、衍生产品等
法国	欧清银行法国分部(Euroclear France)	欧清银行及其客户成员	债券、股票、衍生产品等
英国	CREST 公司	70 家金融机构作为股东，2002 年与欧清银行合并成为其子公司	债券、股票、衍生产品等
日本	日本银行国债簿记系统(BOJ-Net JGB services)	日本银行	国债
	日本证券托管中心(JASDEC)	证券交易所、证券公司、商业银行、保险公司等	公司债券、股票、衍生产品等
	日本证券清算与托管公司(JSSC)	日本证券业协会以及东京、大阪、名古屋、福冈、札幌证券交易所	公司债券、股票、衍生产品等

———————

①　资料来源于：BIS, Statistics on Payment, Clearing and Settlement Systems in the CPMI Countries(Figures for 2014)，December 2015, https://www.bis.org/cpmi/publ/d135.htm, 2015 年 12 月 10 日最后访问；袁东：《债券市场：交易制度与托管结算》，经济科学出版社 2005 年版，第 134—136 页；时文朝主编：《中国债券市场：发展与创新》，中国金融出版社 2011 年版，第 26—32 页。

续表

国家	中央证券托管机构	所有者/管理人	托管证券种类
美国	联邦储备全国簿记系统（NBES）	美联储	国债
	全美证券托管清算公司（DTCC）	客户成员、全美证券交易商协会、纽约证券交易所等	公司债券、市政债券、股票、衍生产品等
俄罗斯	俄罗斯国家证券托管公司（NSD）	莫斯科交易所集团	债券、股票、衍生产品等

（二）公司化趋势

从机构性质和组织形态上看,除了美国的联邦储备全国簿记系统以及日本的日本银行国债簿记系统等隶属于中央银行外,绝大多数国家和地区的债券托管结算机构都是公司制的。在股权结构上大体可分为两类:一是由证券交易所、商业银行和证券公司等结算成员、证券业协会等共同出资设立,如加拿大、韩国、日本、英国和美国的证券托管结算公司。其中既有以公司制形式成立的,也有从会员制向公司制转变的,如日本证券托管中心于 2002 年由会员制改为公司制;既有证券交易所占据绝对控股权的,如韩国证券托管公司中韩国证券交易所控制了近 70％的股权;也有为保证托管结算机构的独立性和中立性,采取分散股权结构的,如英国 CREST 公司中要求任何一个股东持有的股份不得超过 10％,任何一个产业集团持有股份不得超过 30％。[①]二是作为证券交易所的全资子公司,如澳大利亚清算公司和德国明讯银行等,分别是澳大利亚证券交易所和德国证券交易所的全资子公司。俄罗斯国家证券托管公司则是由莫斯科交易所持有超过 99％股份,其余 36 家少数股东仅持有不到 1％股份。[②]但无论采取何种模式,各托管结算机构都建立起了完善的公司治理结构,

---

① 参见袁东:《债券市场:交易制度与托管结算》,经济科学出版社 2005 年版,第 106、122 页。

② 参见水汝庆等:《俄罗斯托管结算机构研究》,载中央国债登记结算有限责任公司主编:《国际债券市场借鉴》,安徽人民出版社 2016 年版,第 11 页。

包括股东会、董事会、监事会以及独立董事制度等，并设立了财务委员会、法律委员会、审计委员会、薪酬委员会、风险管理委员会等专门委员会，以防范托管结算风险，化解托管结算机构的营利性目标和公益性目标之间的利益冲突。此外，一些国家和地区的托管结算机构还表现出银行化的趋势，这主要是以明讯银行和欧清银行为代表，业务范围和功能更加多元化和综合化，在传统的托管结算业务外，还经营商业银行业务等。另外，俄罗斯国家证券托管公司也于 2012 年 7 月经俄罗斯央行颁发第 3294 号许可证，被批准从事银行业务。[①]

（三）国际化趋势

在经济全球化时代，债券市场也概莫能外，除了投资者的跨境交易，托管结算机构也呈现国际化趋势。这主要表现在两个方面：一是跨国托管结算机构的出现，典型的如欧清银行，在欧洲的比利时、法国和荷兰等国家设立分支机构，作为这些国家的中央证券托管机构。跨国托管结算机构的出现还引发了跨境并购浪潮，如欧清银行在 2002 年收购英国 CREST 公司，使之成为欧清银行的子公司。二是通过不同国家和地区的托管结算机构之间跨境联网，建立起联结机制，使投资者可以跨境持有、结算及交收债券。中国内地中央国债登记结算公司与香港金管局在 2004 年 4 月签订协议，同意在 CMU 系统与中央国债登记结算公司的政府债券簿记系统之间建立联网，通过这项联网，内地经批准的投资者可于 CMU 系统内持有、结算及交收香港及海外的债券。[②]通过托管结算机构跨境联网，可以有效促进投资者跨境持有和交易债券，扩大债券市场投资者基础，拓展债券市场的辐射范围，实现债券市场的全球化，也可以降低债券跨境交易的结算风险。

---

① 参见水汝庆等：《俄罗斯托管结算机构研究》，载中央国债登记结算有限责任公司主编：《国际债券市场借鉴》，安徽人民出版社 2016 年版，第 11 页。

② 香港金融管理局网站，http://www.hkma.gov.hk/gb_chi/key-functions/international-financial-centre/infrastructure/cmu.shtml，2015 年 12 月 10 日最后访问。

三、托管结算体系互联互通的路径选择

（一）短期目标：完善债券跨市场转托管机制

虽然债券托管结算体系的统一化已经成为主流趋势，但我国中央结算公司、中证登和上海清算所"三足鼎立"的格局业已形成，在制度的路径依赖下，统一托管结算体系势必面临诸多阻碍，不可能一朝一夕就能完成。退而求其次，在短期内通过债券跨市场转托管的方式实现跨市场交易不失为一条可行的进路，但亟需对转托管机制在实践中暴露出的缺陷进行完善。

首先要扩大跨市场转托管的债券品种范围，由政府债券和企业债券拓展至公司债券、非金融企业债务融资工具和金融债券等。事实上，公司信用类债券相比于政府债券的套利、避险动机更大，跨市场交易的需求也更为迫切。中国人民银行发布《关于公司债券进入银行间债券市场交易流通的有关事项公告》（银发〔2005〕第30号）和《关于公司债券在银行间债券市场发行、交易流通和登记托管有关事宜的公告》（银发〔2007〕第19号），提出支持符合条件的公司债券可以在银行间债券市场发行、交易流通和登记托管，进一步完善公司债券跨市场转托管功能，支持公司债券在银行间债券市场与其他交易场所之间互相转托管，以促进债券市场互联互通。但在市场分割的背景下，两个市场的监管机构、交易场所和托管结算机构等利益集团之间相互博弈，中国人民银行此举多少显得"一厢情愿"，依然只能停留在纸面上。其次，要转变目前企业债券单向转托管的现状，债券跨市场转托管应当是双向的。债券市场互联互通要求银行间债券市场和交易所债券市场相互开放，不可能是"只进不出"或"只出不进"，而是"有进有出"，全凭债券市场投资者自主决定。再次，应当提高债券跨市场转托管效率，尽可能实现债券实时跨市场交易。对此，有必要在两个市场的托管结算系统之间建立起顺畅的连接机制，由转托管申请的书面申报改为网络申报，简化审核程序，提高审核效率，对于债券转出或

转入的,尽量在当日完成减记或入账处理。2019年中央结算公司发布《关于优化企业债券跨市场转托管办理流程的通知》,正式推出企业债券跨市场电子化转托管业务,进一步提升了企业债券跨市场转托管效率,便利投资者开展跨市场交易融资。另外,针对结算方式差异和交易所交易系统封闭性的问题,也需要进行技术改进,实现债券转托管完成的当日交易,而不是等到下一交易日才能用于交易。

(二)中期目标:推进托管结算机构互联互通合作

2020年7月,中国人民银行和中国证监会〔2020〕第7号文决定同意银行间债券市场与交易所债券市场相关基础设施机构开展互联互通合作。具体包括"前台"和"后台"两个层面:第一,在"前台"方面,银行间债券市场和交易所债券市场电子交易平台可联合为投资者提供债券交易等服务;第二,在"后台"方面,银行间债券市场和交易所债券市场债券登记托管结算机构等基础设施联合为发行人、投资者提供债券发行、登记托管、清算结算、付息兑付等服务,中央结算公司、上海清算所和中证登三个登记托管结算机构之间应相互开立名义持有人账户。这标志着我国债券市场基础设施互联互通的一次重要突破,有助于便利债券跨市场发行和交易。但也有观点认为,这种"多级托管、名义持有"方式推动的互联互通很难从根本上解决现有登记托管结算体系的内在矛盾和冲突,三个托管结算机构依然相互独立,各自负责投资者债券持有及其交易的登记、托管和结算,只是通过相互开立名义持有人账户为跨市场交易提供代理结算服务,再考虑到各托管结算机构结算方式的差异,可能最终导致互联互通的效率大打折扣。[1]

(三)长远目标:建立集中统一的债券托管结算体系

债券跨市场转托管虽能够在一定程度上实现债券跨市场交易,但也只能作为权宜之计,姑且不论在技术层面能多大程度提高转托管效率,只

---

[1] 参见周君诚:《债券市场基础设施如何互联互通》,https://opinion.caixin.com/m/2021-02-1/101658702.html,2021年3月20日最后访问。

要托管结算体系的市场分割继续存在,债券跨市场交易的障碍也就不会彻底根除,互联互通也无法真正得以实现。因此,从长远来看仍需要统一债券市场托管结算体系,保证债券投资者无论选择在哪个市场从事交易,均可由统一的托管结算机构负责债券托管和结算。统一的托管结算机构可以提高跨市场结算效率,为债券跨市场交易提供便利;可以保证不同市场间的系统对接,减少信息不对称和延迟现象;具有相同的监管规则和自律规则,可以降低市场参与者的合规风险;还可以产生规模效应,提高市场效率。①

从现实来看,中央结算公司作为国务院批准设立的首家中央登记托管结算机构,不仅是财政部授权的国债总托管人,而且承担着银行间债券市场发行和交易的政府债券、金融债券、企业债券、非金融企业债务融资工具及其他固定收益证券的登记、托管、结算等职能。依托银行间债券市场,中央结算公司已经成为债券市场最主要的托管结算机构,托管结算的债券种类、数量和金额都占据绝对主导,也建立起了较为健全成熟的托管结算规则、系统和运行机制。因而由中央结算公司作为债券市场统一托管结算机构理应成为一个现实可行的选择,中证登可以专门负责股票市场的托管结算。

明确了中央结算公司作为 CSD 负责债券市场统一托管结算之后,应进一步完善其托管结算系统,以支撑债券托管结算的需要,提高托管结算效率,降低托管结算风险。更为重要的是,中央结算公司在性质上属于全国性非银行金融机构,由财政部出资、中国人民银行负责业务管理、中国银保监会负责人事管理,造成在实际运营中面临多头监管机构的干预,缺乏应有的独立性和自治性。由此也导致了监管机构与托管结算机构、交易场所之间的利益关联性,各监管机构都试图设立和扶持各自主管的托管结算机构,造成了托管结算体系的分割。因此,未来有必要进一步深化

---

① 习晓兰:《债券市场发展的若干重大问题与对策研究——以交易效率与结算风险控制为视角》,载《证券法苑》(第 9 卷),法律出版社 2013 年版。

中央结算公司的公司制改革,引入商业银行、政策性银行、证券公司、保险公司、交易商协会、证券交易所、证券业协会等多元化、分散化的股东结构,淡化其与监管机构间的直接利益关系,由主管转变为监管关系。此外,还应健全其公司治理结构,完善独立董事制度,在现有的信息技术委员会和法律合规委员会外,增加独立的薪酬委员会、审计委员会、风险管理委员会等,以强化风险控制,防范利益冲突。

第四章　债券市场互联互通下的监管体系重构

债券市场分割的一个重要原因就在于多头监管下的监管权力博弈，在行政化监管思维的主导下，在条块分割的监管格局中，监管机构与被监管对象的利益直接关联，组成了债券市场中的利益共同体，监管机构围绕监管资源展开竞争和博弈，阻碍了债券市场互联互通的进程。为了实现债券市场互联互通，除了在市场层面上实现交易主体和交易产品的跨市场交易以及托管结算体系的统一互联，关键还是要重构债券市场监管体系，处理好政府与市场的关系以及监管机构之间的关系。对此，应当以市场化和法治化为基本导向，破除债券市场监管中的沉疴积弊，首先是要更新债券市场监管理念，树立市场化的债券发行监管理念，摆脱机构监管的理念束缚，转变以股票市场为导向的监管思维。其次，在此基础上，对债券市场监管权力进行重新配置，债券发行市场应基于债券品种的差异化特性保留多头监管，但对于同类债券应有统一的发行监管主体；债券交易市场则应基于互联互通需要实施统一监管，并且要重塑发行监管权与交易监管权的关系，建立债券市场监管协调机制；理顺行政监管权与自律监管权的关系，强化银行间市场交易商协会和证券交易所的自律监管。

第一节　债券市场监管体系重构的基本导向

造成债券市场监管过程中一系列问题的根源就在于行政化倾向严

重,市场化和法治化的监管理念、方式存在不足,其结果就是政府和市场的边界模糊,监管机构过多的直接介入和干预市场,主导市场改革和发展进程,造成债券市场分割的困局,市场竞争机制的作用难以有效发挥。与此同时,政府监管缺乏法治约束,权责不清,责任约束机制的缺失也极易导致监管权力的滥用,监管不作为与乱作为、监管重叠与监管空白现象并存,监管机构的部门利益与其所监管的利益集团利益相互交织,背离了监管的公共利益目标。因此,债券市场互联互通下的监管体系重构,首要的就是确立市场化和法治化的基本导向,从而为监管理念更新和监管权力配置提供基本的导向和指引。

一、市场化导向

我国证券市场的建立和发展在很大程度上都是政府推动的,证券市场的市场化程度整体较低,监管机构在市场中始终居于核心地位,其政策和行为对市场影响巨大,由此也带来了证券市场监管和发展中固有的行政化倾向。[1]监管机构在市场中不仅作为中立的监管者身份存在,实际上还或多或少扮演着证券市场的主管者、发展者和保护者的角色。[2]角色的多元化也意味着利益冲突的加剧,监管机构不只是负责外部监管,往往还直接参与证券市场资源配置,甚至运用行政权力分配市场资源,或是扶植市场力量、制造垄断者。在证券市场中,监管机构的监管权力在很多方面已经越界涉入市场权利领域,一些原本属于市场的权利未能得到落实,反而保留在了监管权力范畴中,挤占了市场的自主发育空间。[3]监管机构对证券市场的各个方面"大包大揽",拥有十分宽泛的规则制定权、行政许可权、日常监管权、行政处罚权和采取强制措施的权力,监管内容涵盖了证

---

[1] 参见陆泽峰、李振涛:《证券法功能定位演变的国际比较与我国〈证券法〉的完善》,载《证券法苑》(第5卷),法律出版社2011年版,第42页。

[2] 参见缪因知:《政府性证券监管批判及与民事诉讼之权衡》,载《交大法学》2015年第1期。

[3] 参见高西庆:《论证券监管权》,载《中国法学》2002年第5期。

券发行、上市、交易、登记、存管、结算、市场主体准入和业务审批、违法行为查处、风险处置、投资者教育和保护等方方面面,还担负着市场发展、救市托市等特殊职责。行政监管承载过重也带来了诸多负面影响,主要体现在:(1)监管机构对市场的干预无限扩张,超出行政力量所应当调制的范围、层次和力度,不仅没有弥补市场机制的缺陷,反而妨碍了市场机制作用的正常发挥;(2)由于制定法规政策的失误和执行措施不力等原因,出现监管无效的情形,监管的预期目的和效果未能如愿达成;(3)由于法律制定和监管执行之间的落差,造成投资者和其他市场参与者的心理预期错位,本该由市场机制决定的领域被政府监管所把持,许多本该纳入监管范围的违法行为却游离于监管之外,而部分监管资源被消耗在无谓的灰色区域中。①可以说,行政化的过度监管造成了双重扭曲:既扭曲了市场,也扭曲了政府行为。②

特别是债券市场所面临的碎片化监管体制更加复杂,存在着多头监管机构的权力博弈和监管竞争问题,在行政化思维和部门利益本位的驱使下,牢牢管控着债券市场资源的配置。在债券发行市场,不同债券的发行监管机构将其所监管的债券视为各自的权力资源和利益来源,长期固守行政化的发行审核制度,设置严格的发行条件,实质是以主管代替监管、以事前监管代替事中事后监管、以政府实质审查代替市场判断,使得市场主体发行债券融资的权利被虚置,债券发行权沦为国有企业和大企业专属的特权,债券市场的直接融资功能无法得到充分实现。在债券交易市场,中国人民银行和中国证监会各自为政,导致银行间债券市场和交易所债券市场在监管主体、监管规则、交易主体、交易产品和托管结算体系等方面的人为分割,并且在两个相互竞争的监管机构之间缺乏必要的监管协调机制,监管的不统一导致两个市场的互联互通困难重重。

---

① 参见深圳证券交易所综合研究所法律研究小组:《2007年证券市场主体违法违规情况报告》,http://news.hexun.com/upload/sjsbgzqwf.pdf,2015年12月20日最后访问。
② 参见耿利航:《中国证券市场中介机构的作用与约束机制——以证券律师为例证的分析》,法律出版社2011年版,第283页。

　　债券市场监管体系重构的市场化导向是与行政化相对而言的，目的是要消除行政化监管所暴露出的种种弊病，进一步放松债券发行和交易过程中的行政管制，还权于市场，让市场承担更多自我管理、自我调节的职能。[①]具体而言，在监管理念上应当秉持市场化的监管理念，减少事前审批，放宽市场准入，重视事中事后监管，监管应是为了更好地发挥市场在资源配置中的决定性作用，而不是取代市场机制，更不是为了部门利益服务的。在监管主体上，除了政府监管机构的行政监管，还应发挥证券交易所、银行间市场交易商协会以及证券业协会的自律监管职能，建立起多层次的债券市场监管体系，使行政化监管与市场化监管机制相互配合、互为补充。除市场自律监管不能有效发挥作用的领域外，政府监管应尽可能由直接监管向间接监管转变，充分尊重和发挥市场自我规范、自我管理、自我约束、自我调整的能力。同时，还应当重视信用评级机构、律师事务所、会计师事务所、审计机构等中介服务机构在债券市场中的"看门人"和"私人警察"（Private Policeman）[②]的作用，督促中介服务机构归位尽责，为债券市场投资者披露信息、揭示风险。但也正如有学者所揶揄的，我国证券市场中存在的是"婆婆型"的证券监管机关、"丫环式"的证券交易所、"花瓶式"的自律监管组织和"帮凶式"的中介服务机构。[③]这形象地说明了我国证券监管体系中政府与市场、他律与自律的失衡，政府监管机构延续着无所不包、无所不能的"家长式"作风，自律监管机构欠缺独立性而沦为政府监管机构的附庸，中介服务机构更是因缺乏责任约束机制而陷入了利益冲突之中。破解这一困境，有赖于以市场化为导向对监管权力进行重新配置，既包括政府监管机构之间的权力配置，也包括政府监管机构与自律监管机构之间的权力配置，做到定分止争、守土有责。最后，在监管制度层面上，市场化导向要求简化事前的债券发行审核制度，重视

---

　　① 参见李志君、于向花：《论证券市场政府监管的市场化》，载《当代法学》2005年第3期。

　　② 参见［美］约翰·C.科菲：《看门人机制：市场中介与公司治理》，黄辉、王长河译，北京大学出版社2011年版，第2页。

　　③ 参见郑彧：《证券市场有效监管的制度选择》，法律出版社2012年版，第112—153页。

市场化约束机制的作用,完善包括信息披露制度、信用评级制度、信用增级制度、债券持有人会议制度、债券受托管理人制度等在内的事中事后监管制度体系。

二、法治化导向

法治化导向是针对债券市场法制不健全,监管缺乏必要的法治约束,监管权力和监管责任不对称,容易滋生监管权力失范、失序等问题而言的。在《证券法》等证券立法层面,与监管机构广泛的监管权力相比,有关监管责任的规定明显不足,并且在责任主体上主要是以市场主体为主,在责任方式上以行政责任和刑事责任为主。除了监管者法律责任规定的疏漏,更为迫切的问题在于问责机制的缺失,谁来问责、如何问责都没有明确的法律规定。换言之,监管权力和监管责任的非对称性不仅在于缺乏显性法律责任的规定,更在于对监管机构和工作人员在行使准立法权、审慎监管和自由裁量权时缺乏相应的监督、制衡和问责机制,导致权力和责任的不对称。①从域外经验来看,在保证监管机构独立性的同时,始终保持着对监管权力的可问责性。以美国证券交易委员会为例,其监管权力一直受到国会、总统和法院的监督,被纳入联邦控权体系之下,并且逐渐从以国会事前控权、法院事后控权为主,发展为以正当法律程序、行政公开等事中控权为主,开始从"权力制约权力"步入"权利制约权力"时代。②

但在我国,监管机构并不直接对全国人大负责,既无专门的监督机构,也没有明确的问责机制,立法机关的监督和问责聊胜于无。监管机构与上级主管机关国务院在关系上并不独立,国务院对监管机构更多的是事前和事中的干预,而不是事后的问责。此外,对于证券监管的司法审查和监督也十分乏力,主要由于对大量的证券监管措施是否属于行政法上

---

① 参见巫文勇:《金融监管机构的监管权力与监管责任对称性研究》,载《社会科学家》2014 年第 2 期。

② 参见洪艳蓉著:《美国证券交易委员会行政执法机制研究:"独立"、"高效"与"负责"》,载《比较法研究》2009 年第 1 期。

的行政处罚、行政强制或行政许可等具体行政行为，是否应当遵守《行政处罚法》《行政强制法》和《行政许可法》等行政法律规定的行政程序，是否符合《行政诉讼法》第 12 条规定的行政诉讼的受案范围，仍然存在争议。在司法实践中，2009 年江苏期望公司诉中国证监会案和 2010 年弘信期货公司诉中国证监会案都是针对证券监管措施提起的行政诉讼，结果都以驳回原告诉讼请求而告终，案件争议的焦点就在于中国证监会所做出的监管措施是否属于行政处罚或行政强制。①另外，《行政诉讼法》将制定行政法规、规章和普遍约束力的决定、命令等抽象行政行为排除在行政诉讼之外。2001 年海南凯立公司诉中国证监会一案中，法院将中国证监会所做出的与被监管对象具有直接利害关系的内部行政行为排除在了受案范围之外。②受制于此，法院对于证券监管机构的司法审查范围已然十分狭窄，更何况我国司法实践中法院对证券领域的民事诉讼和行政诉讼案件始终秉持着自我克制的立场和态度。有学者曾对中国证监会被提起行政诉讼案件的结果进行了统计，显示绝大部分案件都以"驳回原告诉讼请求""不予受理""驳回起诉"和"原告撤诉"而告终，对证券监管机构的法院监督和司法审查并未真正有效地发挥作用。③

因此，债券市场监管体系重构的法治化导向关键就在于将债券市场监管纳入法治轨道，完善对监管机构的法律约束，健全外部监督和问责机制，确保监管权力和监管责任相匹配，促使监管机构依法监管。"在法治理念指导下，市场监管本质上是一种法律监管，而不是权力监管。"④经济合作与发展组织（OECD）指出，"监管过程应该是精心安排的，以便所有的监管决策都严格遵从'法治'（rule of law）；也就是说，责任应该明确，

---

① 参见张红：《证券监管措施：挑战与应对》，载《政法论坛》2015 年第 4 期。

② 参见湛中乐、李凤英：《证券监管与司法审查——海南凯立诉中国证监会案的法律分析》，载《中国法学》2002 年第 5 期。

③ 参见马洪雨：《论政府证券监管权》，法律出版社 2011 年版，第 215 页。

④ 陈婉玲：《法律监管抑或权力监管——经济法"市场监管法"定性分析》，载《现代法学》2014 年第 3 期。

以确保所有监管规则都得到更高层次的监管授权、与契约责任相一致并遵守有关法律原则，如明确性、比例均衡性（proportionality）和适当的程序要求"。[1]以法治化为导向，应当在法律层面上明确债券市场监管机构的监管权力范围、行使方式、行使程序和法律责任，监管权的行使不得超越法律授权，并且要符合法定的正当程序，保持公开性和透明性，否则就要承担相应的法律责任。

但是相比于法律上的静态规定，更为重要的是建立和完善对债券市场监管机构的外部监督和问责机制，从而对"谁来监管监管者"的问题作出必要的回应。从主体上看，至少应包括立法机关、政府机关、司法机关和被监管主体的监督和问责。[2]具体来说，立法机关的监督和问责更多的是体现在对监管机构法律实施的监督上，例如2001年全国人大常委会证券法执法检查组曾对《证券法》实施情况进行检查，并在第九届全国人大常委会第二十二次会议上提交了《全国人大常委会执法检查组关于检查〈中华人民共和国证券法〉实施情况的报告》，指出了《证券法》实施过程中的成效、不足与建议。针对其中提出的问题，中国证监会于2002年1月会同有关部门提交了《中国证监会关于落实全国人大常委会执法检查组对证券法实施情况意见和建议的报告》。遗憾的是，全国人大常委会对《证券法》实施的检查和监督并未成为常态化机制，但这理应成为立法机关监督的重要手段。政府机关的监督和问责主要是作为上级主管机关的国务院，但应减少对监管机构行使监管权力的控制和干预，更多体现在事后的监督和问责，其监督手段包括对监管行为的复议、检查、考核等，问责机制主要是行政处分、人事任免等。最后，在司法机关的监督和问责上应扩大对证券监管司法审查的广度和深度，充分保障被监管主体对监管机构的具体行政行为提起行政诉讼的权利，转变司法消极主义的态度。可

---

① 经济合作与发展组织编：《OECD国家的监管政策——从干预主义到监管治理》，陈伟译，法律出版社2006年版，第11页。

② 参见周仲飞：《银行监管机构问责性的法律保障机制》，载《法学》2007年第7期。

资借鉴的是,美国法院根据《美国程序法》第551节第13款的规定,对美国证券交易委员会的行为具有广泛的司法审查权,审查范围包括美国证券交易委员会制定的法规、裁定、许可、制裁、救济等行为,英国更是曾就金融服务管理局监管行为的司法审查设立了专门的金融服务与市场法庭。[1]

第二节　债券市场监管的理念革新

证券监管理念是指证券监管的立法精神、指导思想,也是监管主体实施监管行为的目的、要求和行动指南。[2]监管理念是证券监管成败的关键,是证券监管主体对监管活动的全面认识和对其他监管要素的系统安排,渗透到证券监管的每一个环节和角落。[3]我国债券市场监管中存在的行政管制过度、监管分割和竞争、监管的部门利益和集团利益倾向等问题,实际上在很大程度上所折射出的是监管理念上的偏差,进而造成监管制度上的缺陷。因此,为了适应债券市场互联互通的需要,必须对债券市场监管理念进行彻底革新。但这里的监管理念革新绝不是泛泛而谈,而是对债券市场监管中阻碍互联互通、制约监管有效性的突出问题的回应,具体包括树立市场化的债券发行监管理念、摒弃机构监管的理念束缚、转变以股票市场为导向的监管思维。

一、树立市场化的债券发行监管理念

（一）债券发行注册制是市场化监管理念的必然要求

在行政化的监管理念下,债券发行由政府严格控制,对债券发行设置了严苛的审核制度、发行限额、利率限制、公司资产要求、盈利能力要求以

---

① 参见马洪雨:《论政府证券监管权》,法律出版社2011年版,第38—40页。

② 参见陈岱松:《关于证券监管理念的法理分析》,载《兰州学刊》2009年第5期。

③ 参见张清华:《全球金融危机下中国证券监管理念的历史审视》,载《证券法苑》(第3卷),法律出版社2010年版。

及资金用途限制等。特别是在公司信用类债券领域，2020年3月1日企业债券和公司债券全面实施注册制改革之前，都一直采取严格的核准制，并且规定发行债券的公司需符合一定净资产要求（股份有限公司不低于3000万元，有限责任公司不低于6000万元），最近三年平均可分配利润足以支付公司债券一年的利息，同时限制累计债券余额不超过公司净资产的40%。如此一来，使得本应作为企业直接融资工具的企业债券和公司债券沦为了大企业的专属融资工具，中小企业被排除在公司债券融资体系之外。另外，这种监管方法实质上是以政府实质审查代替市场判断，并隐含政府信用的风险兜底，不可避免地会诱发投融资双方的道德风险，也会阻碍债券市场未来的健康发展。①造成投资者"买者自负"的风险意识淡薄，滋生投机心理和依赖心理，不利于投资者、中介服务机构等市场主体的培育成熟。再者，无论是"审批制"还是"核准制"，事实上都蕴含着计划经济时期遗留下来的"供应管制"和"价格管制"的监管思维，实际上是通过债券发行和市场准入环节的严格控制来配置市场资源，管控市场风险，忽略了事中事后监管，从而以牺牲债券市场深化发展为代价。可事实证明，核准制下的严格审核并未完全实现事前风险防范的制度初衷，股票市场欺诈发行屡禁不止，债券市场违约风险此前也只是一再被掩盖和兜底，随着债券市场"刚性兑付"被打破，近几年来信用债违约事件层出不穷。

不容忽视的是，在"审批制"或"核准制"下，债券发行审核权是监管机构重要的权力资源，也是其部门利益的主要来源，债券发行市场化改革举步维艰正源于此，但这也就为债券发行过程中的权力寻租和腐败提供了空间。即便在债券市场发展初期，由于中介服务机构和投资者队伍尚不成熟，法律制度体系尚不健全，出于风险防范和投资者保护的考虑，由监管机构对债券发行严格把关具有一定的制度合理性。但随着市场发展的

---

① 参见洪艳蓉著:《公司的信用与评价——以公司债券发行限额的存废为例》，载《中外法学》2015年第1期。

深化也理应朝着市场化方向迈进，或许政府债券和金融债券因发行主体、信用基础和承担功能不同尚有特殊性，可至少公司信用类债券发行监管的市场化改革已经刻不容缓。

新《证券法》修订的一大重点就是股票发行注册制改革，但对于公司债券是否同步实行注册制改革一直存在争议。在2015年4月20日，全国人大财经委副主任委员吴晓灵向全国人大常委会所作的关于《证券法（修订草案）》的说明中提到，"在股票实行注册制改革的情况下，公司信用类债券及其他证券从产品属性和实践经验来看，也有条件实行注册制。但考虑到股票发行注册制改革是当前证券市场改革的重点和难点，而对于将发行注册制适用范围扩大到公司信用类债券及其他证券，条件是否成熟，还需要进一步研究。为确保注册制改革的顺利推出，减少争议，现阶段注册制改革的范围宜限定于股票。为此，修订草案规定股票发行实行注册制，维持债券及其他证券发行实行核准制"。[①]因此，在《证券法》修订过程中，从"一审稿"到"三审稿"，无论注册制改革是否入法以及如何规定，都是围绕股票发行展开的，而未涉及公司债券。

可实际上，从股票和债券的比较来看，债券发行总体上是以面向机构投资者为主的，相对于股票市场的个人投资者，具有更强的判断能力和风险承受能力，债券的信用、风险、定价等本应由供求双方的发行人和投资者自主判断、共同决定，但却面临着比股票更为严格的发行审核制度和条件限制。退一步说，即使从保护投资者的角度理解，《证券法》中所规定的公司债券发行条件，更像是对股票发行条件的生硬移植，大多与公司债券到期后发行人的偿付能力并无实质性关联，投资者购买债券后面临的信用风险仍然无法通过监管机构实质审核彻底根除，所谓保护投资者的立法初衷也就难以自圆其说。况且，银行间债券市场非金融企业债务融资工具早已率先实行注册制，《银行间债券市场非金融企业债务融资工具管

---

① 吴晓灵：《关于〈中华人民共和国证券法（修订草案）〉的说明》，载《全国人民代表大会常务委员会公报》2020年第1期。

理办法》(2008 年)第 4 条规定企业发行债务融资工具应在中国银行间市场交易商协会注册。2015 年 4 月中国人民银行发布〔2015〕第 7 号公告，宣布对信贷资产支持证券发行实行注册制。公司债券和企业债券如果继续墨守成规、裹足不前，只会进一步加剧两个市场失衡的局面，也不利于公司信用类债券统一和市场互联互通。统计数据显示，2017—2019 年之间，非金融企业债务融资工具的发行规模分别达到 3.9 万亿元、5.37 万亿元和 6.27 万亿元，相比之下公司债券发行规模分别为 0.56 万亿元、1.01 万亿元和 1.09 万亿元，企业债券发行规模更是只有 0.37 万亿元、0.24 万亿元和 0.36 万亿元。

（二）注册制与核准制之辨析

关于注册制存在一种"流行的误解"，即认为注册制下的证券发行完全摒弃了实质审核，而只保留了形式审核，或者彻底排斥证监会的发行审核权。可"注册制"与"核准制"的区分并非在于审与不审，而是在于审什么、谁来审、怎么审。美国式注册制中也充满了实质审核，其中联邦层面的证券发行注册以信息披露为主，州层面的证券发行注册则以实质审核为基础，形成了所谓的双重注册制（Dual Registration）。[1]除了州层面的实质审核之外，美国发达的中介服务机构和良好的中介信用机制也在一定程度上发挥了事实上的实质审核功能，部分实质审核的任务还以"上市审核"的形式由交易所承担。也就是说，"美国的注册制并不拒绝实质审核，只是其实质审核的主体有多元化的特点，无论是州政府、交易所，还是证券发行中介、服务机构，都事实上承担了部分实质审核的任务"。[2]

总体而言，注册制具有两个基本特征：第一，证券发行监管分权，既包括政府层面的联邦与州政府的监管分权，也包括政府发行监管权与交易所上市监管权的分离，从而构筑起了美国证券交易委员会形式审核、州实

---

[1] 参见沈朝晖：《流行的误解："注册制"与"核准制"辨析》，载《证券市场导报》2011 年第 9 期。

[2] 参见蒋大兴：《隐退中的"权力型"证监会——注册制改革与证券监管权之重整》，载《法学评论》2014 年第 2 期。

质审核与交易所上市审核相互分工、相互配合的有机整体；①第二，证券发行监管以信息披露为中心，发行监管的重心由对发行资格、发行条件的实质审核转向审核信息披露的真实性、准确性和完整性，通过提高发行信息披露的质量为投资者的投资判断提供必要的信息基础，因而完善的信息披露制度是注册制成败的关键。可见，我国的核准制与美国的注册制相比，一是证券发行监管权集中在中国证监会手中，发行监管权与上市监管权界限模糊，中国证监会的发行审核直接决定了上市审核的结果，交易所的上市审核流于形式；二是发行监管的重心在于对证券发行资格和条件的实质审核，强化证券发行的数量控制，以政府判断代替市场判断。因此，监管分权和信息披露也构成了我国证券发行注册制改革的两个关键之所在。"注册制改革的核心在于理顺政府与市场关系，总体目标是建立市场主导、责任到位、披露为本、预期明确、监管有力的发行制度。"②

（三）债券发行注册制改革的路径选择

就我国债券市场而言，在注册制改革的实施路径上，可以走一条渐进式改革道路，现阶段应从公司信用类债券的注册制改革着手，全面推进公司债券和企业债券注册制，待时机成熟时再逐步推广至金融债券等其他债券领域。在注册制改革后的发行监管内容上，应当取消有关公司资产、盈利能力、发债限额等发行条件限制，注册制下债券发行审核的重心应转移到信息披露上，通过审核信息披露的内容和质量，保证债券发行信息披露的真实、准确、完整，目的是为投资者作出价值判断和投资决策提供充分且必要的信息，而非由政府对债券投资价值和风险作实质性判断和"背书"。另外，在注册制改革后的债券监管方式上，应促进监管重心由事前监管向事中事后监管转移，祛除重审批轻监管、以审批代监管、以主管代监管的"痼疾"，加强对欺诈发行和信息披露违法违规的监管和处罚，完善

---

① 参见李燕、杨淦：《美国法上的 IPO"注册制"：起源、构造与论争》，载《比较法研究》2014年第 6 期；李曙光：《新股发行注册制改革的若干重大问题探讨》，载《政法论坛》2015 年第 3 期。

② 参见证监会网站：《积极稳妥推进股票发行注册制改革》，http://www.csrc.gov.cn/pub/newsite/zjhxwfb/xwdd/201512/t20151209_287889.html，2015 年 12 月 15 日最后访问。

中介服务机构的监管规则、监管措施和责任追究，督促中介服务机构归位尽责，严格欺诈发行的强制退市机制。

在注册制改革后的发行监管权配置上，目前我国债券市场主要有两种模式，一种是由自律管理组织负责注册，例如《银行间债券市场非金融企业债务融资工具管理办法》第 4 条规定"企业发行债务融资工具应在中国银行间市场交易商协会（以下简称交易商协会）注册"；另一种模式是仍然由政府监管机构负责注册管理，例如中国人民银行公告〔2015〕第 7 号规定的信贷资产支持证券发行注册制，即是由受托机构和发起机构向中国人民银行申请注册，并在注册有效期内自主分期发行信贷资产支持证券。从域外经验上看，证券发行注册制的典型模式主要有两种：

第一，发行审核与上市审核相分离的模式。即由证券监管机构和证券交易所分别负责发行审核和上市审核，通常前者偏重形式，后者更重实质。但在审核程序上又有所不同，以日本和韩国为代表的是先经证券交易所上市审核同意后再由监管机构进行发行审核和注册，而以新加坡为代表的则是由监管机构和证券交易所同步审核。[1]此种模式又以美国的证券发行"双重注册制"（Dual Registration）最为特别。其特点是联邦层面的美国证券交易委员会和州层面的证券监管机构双重审核和注册，前者的审核以信息披露为主，后者更加侧重实质审核，但对于在纽交所等全国性证券交易所发行上市的证券通常可豁免州层面的注册义务，上市审核仍然由证券交易所负责。[2]

第二，发行审核与上市审核相统一的模式。此种模式的典型代表是中国香港地区的证券发行"双重存档制"（Dual Filing）。[3]特点是证券发行

---

① 参见肖钢：《中国资本市场变革》，中信出版集团 2020 年版，第 40—48 页。

② 参见李燕、杨淦：《美国法上的 IPO"注册制"：起源、构造与论争——兼论我国注册制改革的移植与创生》，载《比较法研究》2014 年第 6 期。

③ 根据香港证监会网站的介绍，双重存档制自 2003 年 4 月 1 日起生效，根据《证券及期货（在证券市场上市）规则》的规定，所有上市申请人及上市公司均须透过香港联合交易所，向香港证监会提交上市申请及信息披露材料以作存档。借此，香港证监会可对发表虚假或具误导性企业资料的人士行使执法权。https://sc.sfc.hk/gb/www.sfc.hk/web/TC/regulatory-functions/listings-and-takeovers/dual-filing/，2020 年 8 月 18 日最后访问。

与上市审核合二为一,联交所在上市审核中起主导作用,负责审核发行人申请材料是否符合《上市规则》和《公司条例》规定。香港证监会负责审核发行人申请材料是否符合《证券及期货条例》及其配套规则的规定,主要关注上市申请材料是否存在虚假或误导性信息披露,以及该证券上市是否符合投资大众或公众利益,并可借此行使上市否决权。①

以上可见,证券发行注册制并无统一模式,也很难评判不同模式孰优孰劣,这很大程度上取决于不同国家和地区资本市场发展状况、法律制度、历史文化、政治体制等因素。关于我国证券发行注册制应当采取何种模式,学界有过广泛的讨论和不同的观点,概括起来主要有以下几种:一是证券交易所负责发行上市审核与注册,证监会回归监管本位,不再审批证券发行;②二是证监会负责发行审核与注册,证券交易所负责上市审核,但前提是发行审核与上市审核之间真正实现分离和独立;③三是证监会负责发行注册,证券交易所负责发行和上市审核;④四是在现有发行上市审核权配置基础上,将发行环节的部分实质审核权回归地方政府,⑤或

---

① 关于双重存档制的法律规定,可参见香港《证券及期货(在证券市场上市)规则》(第571章第36(1)条)。值得一提的是,实践中由于香港证监会与交易所的充分沟通与协调,香港证监会往往通过交易所向发行人反馈意见,要求发行人补充材料,至于否决权事实上处于"备而不用"的状态。参见郑文:《香港:发行上市有三层监管架构》,载《人民日报》2014年7月14日;汤欣、魏俊:《股票公开发行注册审核模式:比较与借鉴》,载《证券市场导报》2016年第1期。

② 参见郭锋:《以〈证券法〉修改为契机,建立股票发行注册制》,载《证券法苑》(第10卷),法律出版社2014年版,第44页。

③ 参见李文莉:《证券发行注册制改革:法理基础与实现路径》,载《法商研究》2014年第5期;刘俊海:《落实十八届三中全会精神扎实推进我国IPO注册制改革》,载《法律适用》2014年第1期;郑彧:《论证券发行监管的改革路径——兼论"注册制"的争论、困境及制度设计》,载《证券法苑》(第5卷),法律出版社2011年版,第148—163页。

④ 该模式是我国《证券法(修订草案)》"一审稿"所创设的,一定程度上吸纳了香港"双重存档制"的经验,得到了部分学者的支持。参见郭富青:《论我国股票发行注册制改革:理念·制度·环境》,载《证券法苑》(第16卷),法律出版社2015年版,第228—250页;叶林:《关于股票发行注册制的思考——依循"证券法修订草案"路线图展开》,载《法律适用》2015年第8期;杜晶:《我国注册制改革的具体路径探析》,载《财经法学》2017年第3期。

⑤ 参见蒋大兴:《隐退中的"权力型"证监会——注册制改革与证券监管权之重整》,载《法学评论》2014年第2期。

者下移至地方证监局。①以上观点,固然各有利弊,但正如前文所阐述的,注册制的实质在于证券发行的市场化,因而不论注册权和审核权在证监会和交易所之间如何分配,关键是要理顺政府与市场的关系,推动政府在证券发行环节"简政放权",突出市场机制在证券发行中的决定性作用。

新《证券法》最终采纳的是注册权与审核权分离的模式,即由证监会行使注册权,证券交易所行使发行上市审核权。②比较而言,核准制由证监会对证券发行条件实质审核,证券发行与上市总体上呈联动状态,发行审核吸收了上市审核,证监会核准发行之后证券交易所上市审核基本流于形式;而在注册制下,证券交易所同时对证券发行和上市条件进行审核,证监会只保留最终注册权,发行审核和上市审核实际上已经合二为一。③该模式独具中国特色,不同于域外流行的发行审核与上市审核相分离的注册制模式,有着很强的折中性色彩。值得注意的是,企业债券与股票、公司债券的注册制虽然大体模式相同,即注册权与审核权分离,但在具体注册和审核机构上有所差别。根据国家发改委《关于企业债券发行实施注册制有关事项的通知》(发改财金〔2020〕298号)的规定,国家发改委为企业债券的法定注册机关,国家发改委指定相关机构负责企业债券发行的受理、审核。其中,中央结算公司为受理机构,中央结算公司、中国银行间市场交易商协会为审核机构。

二、摆脱机构监管的理念束缚

我国金融市场一直针对证券、银行、保险、信托等金融业别实行"分业

---

① 参见沈朝晖:《论证券法的地方竞争体制》,载《北方法学》2013年第3期;李燕、杨淦:《美国法上的IPO"注册制":起源、构造与论争——兼论我国注册制改革的移植与创生》,载《比较法研究》2014年第6期。

② 新《证券法》第21条规定:国务院证券监督管理机构或者国务院授权的部门依照法定条件负责证券发行申请的注册。证券公开发行注册的具体办法由国务院规定。按照国务院的规定,证券交易所等可以审核公开发行证券申请,判断发行人是否符合发行条件、信息披露要求,督促发行人完善信息披露内容。

③ 参见陈洁:《科创板注册制的实施机制与风险防范》,载《法学》2019年第1期。

经营、分业管理"模式,相应的金融业务机构也是分别设立,并且由不同监管机构分别监管,由此在我国金融监管中形成了机构监管理念和模式。在债券市场体现得也尤为明显,例如公司信用债券发行监管"三足鼎立"的格局,又如金融债券依据商业银行、保险公司、证券公司等发行主体不同由不同机构实施监管。债券市场各监管机构针对不同债券产品、市场主体和交易场所"画地为牢",形成条块分割的监管割据局面,监管机构各自为政,监管规则政出多门。但是,机构监管所对应的是分业经营模式,机构监管的基础是对金融机构性质差异的识别,金融业务越简单、分工越明确、行业界限越清晰,机构监管的效率也就越高。①在金融市场不断深化发展的进程中,混业经营的趋势已不可逆转,金融机构、产品和市场的界限也愈发模糊,机构监管理念的缺陷已经逐渐显露。具体表现在以下几个方面:

第一,机构监管理念与部门利益本位观念相互强化,不同的债券产品、发行人、投资者、托管结算机构、交易场所被各监管机构竞相纳入各自的监管范围,监管分割进而加剧了市场分割,阻碍了债券市场互联互通的进程。第二,机构监管理念下债券市场监管者与被监管者之间的独立关系被扭曲为了主从关系,模糊了权责边界,监管者成为了被监管者的"监护人",②市场资源与权力资源间存在"交换"关系,产生了监管俘获问题,进而导致债券市场竞争朝向监管竞争的异化。在机构监管理念下,监管机构更类似于计划经济体制下的行业主管部门,常常自觉不自觉地成为行业、机构的领导部门,监管职能经常滑向领导职能,从而导致监管权力的过度扩张和对市场的过度介入,抑制了市场主体自治。③第三,机构监管理念下的债券市场法律体系呈现"碎片化"特征,各监管机构制定的规则涵盖范围宽窄不一,缺乏内在的一致性和协调性,造成债券市场的同类

---

① 参见于永宁:《后危机时代金融监管变革之道》,法律出版社 2013 年版,第 25 页。
② 参见宋逢明、金鹏辉:《企业类债券市场解构及其监管理念创新》,载《改革》2010 年第 6 期。
③ 参见陈甦、陈洁:《证券法的功效分析与重构思路》,载《环球法律评论》2012 年第 5 期。

债券发行适用不同的监管依据和标准,债券跨市场交易也因不同市场在信息披露、信用评级、托管结算等方面的规则差异而受到桎梏,既损害了债券市场公平竞争的基础,也容易滋生监管套利等风险。第四,机构监管理念面对着金融创新所带来的产品结构、风险结构的日益复杂化,将会逐渐显得无法适应,产生监管真空的问题。例如,2015 年"股灾"的重要原因就是在机构监管理念和模式下,对证券公司融资融券,股票收益互换、单账户结构化配资、伞形结构化信托、互联网及民间配资等场外配资缺乏有效监管。①对此,债券市场监管也必须"未雨绸缪",转变机构监管理念以适应瞬息万变的市场发展需要。第五,机构监管理念下各监管机构都奉行"各人自扫门前雪,莫管他人瓦上霜"的地盘意识和本位意识,并且谁也不服谁,一方面对债券市场资源展开监管竞争,巩固各自的监管权力,另一方面又对监管责任相互推诿,相互之间缺乏监管协作与配合,债券市场监管协调机制也形同虚设。

因此,债券市场监管应当摆脱机构监管的理念束缚,朝着功能监管理念转变。需要澄清的是,机构监管与功能监管的区分不在于是否存在"多头监管",那种将功能监管与单一监管机构画等号的观点,无疑是对功能监管的严重误解。②机构监管与功能监管的最大区别在于对金融产品、业务、机构的本质和功能认识上不同,由此产生对不同监管机构的监管权力、义务和责任划分上的差异。换言之,功能监管是依据金融功能设计监管制度,实现对金融业跨机构、跨产品和跨市场监管,其监管重心在金融机构所从事的业务活动而非机构本身上。③功能监管的核心是将金融投资业、金融投资商品、金融消费者根据经济实质和金融功能进行分类,只要金融功能相同就适用统一的标准与规则。④与机构监管相比较,功能监

---

① 参见吴晓灵:《加强制度建设,防范金融风险》,http://opinion.caixin.com/2015-11-20/100876349.html, 2015 年 12 月 25 日最后访问。

② 参见黄韬:《我国金融监管从"机构监管"到"功能监管"的法律路径》,载《法学》2011 年第 7 期。

③ Robert C.Merton, A functional Perspective of Financial Intermediation, Financial Management, Vol.24, No.2, 1995.

④ 参见郭锋:《大金融视野下的证券监管理念和〈证券法〉修改路径》,载《金融服务法评论》(第 4 卷),法律出版社 2013 年版。

管更具有统一性、包容性、公平性和前瞻性,有利于监管公平、市场统一和金融创新。①

在功能监管理念下,债券市场监管需做出相应的调整,首先就是要扩大《证券法》的适用范围,将所有债券类型都纳入《证券法》的框架下进行调整。不因发行主体、监管主体以及交易场所的不同而在法律层面区别对待,《证券法》也不能只是调整中国证监会监管下的在证券交易所发行和交易的债券。功能监管重视的是"何谓证券"的概念,只要属于《证券法》所界定的证券,不论发行主体、交易主体是谁都应受到《证券法》规制。②在此基础上,债券发行环节应以债券产品的属性为依据,在分类管理基础上对具有相同属性的债券实施统一监管,适用相同的监管规则和监管标准,以减少监管重叠、监管空白和监管套利的制度风险。对于债券交易环节应当实施统一监管,建立统一的信息披露、信用评级、托管结算和投资者保护等制度,为债券跨市场交易和投资者保护提供统一、公平的监管制度环境。与此同时,在摆脱部门本位主义的窠臼后,债券市场监管应当以有利于"保护投资者,确保市场公平、有效和透明,减少系统性风险"③为根本行为准则,消除部门利益之争。需要指出的是,强调功能监管理念,也并非要彻底摒弃机构监管,机构监管在一定程度上仍然具有其存在价值和作用空间。例如,功能监管着眼于产品、业务和市场,缺乏对于金融机构的风险状况、应对危机能力和偿债能力的审慎监管,④这恰恰是机构监管的价值所在。在金融债券的发行监管当中,中国银保监会、中国证监会对债券发行人的机构监管也不可或缺。因此,债券市场中的功能监管和机构监管之间在很长时间内都将保持一种共存、协调、互补的关

① 参见廖凡:《金融市场:机构监管? 功能监管?》,载《金融市场研究》2012 年第 6 期。

② 参见冯果:《金融服务横向规制究竟能走多远》,载《法学》2010 年第 3 期。

③ IOSCO, Objectives and Principles of Securities Regulation, June 2010. http://www.iosco.org/ library/pubdocs/pdf/IOSCOPD154.pdf.

④ Charles Goodhart, Philipp Hartmann, David Llewellyn, Liliana Rojas-Suarez and Steven Weisbrod, Financial Regulation Why, How and Where Now? London, New York: Routledge, 1998, p.150.

系,只要还存在金融业别、机构类型、债券品种的差异,机构监管就仍将是监管的基础,功能监管旨在补充机构监管的不足,弥补机构监管下的监管漏洞。

三、转变以股票市场为导向的监管思维

我国资本市场立法、监管和融资中一直存在着"重股轻债"的思维惯性,这也渗透到了债券市场监管中,有关的立法和监管制度设计体现出很强的"以股票市场为导向"的理念。《证券法》作为规范整个证券市场运行的法律,本应对不同证券类型统筹兼顾,结合不同证券的特性进行相应的制度设计和法律规定,但其实际上在立法导向和规则设计上却是以股票规则为中心的。《证券法》不仅不能够涵盖所有的债券类型,单就公司债券而言,涉及的法律条文也是屈指可数,更多是调整股票的,或是冠以"证券"之名,实则调整股票关系,债券规则被边缘化,或者可以看作是隐身于股票规则之中。①无论是在《证券法》上,还是在行政法规、部门规章或是交易所自律规则上,专门调整债券市场的规则都寥寥无几。另外,股票和债券本属不同性质的证券,其发行和交易监管制度应当有所区别,但在我国并未完全予以区分,混淆了股票和债券管理。②

《证券法》对于债券发行和交易监管制度,或者没有专门规定,或者直接套用了股票市场的相关制度,监管机构在制定有关公司债券发行、交易、登记、托管、结算等监管规则时,也更多是参考股票的相关制度、程序、方式和规则,漠视了债券产品和市场本身所具有的特性。③例如,对公司债券发行中长期沿用股票发行的保荐制和发审委制度,直到《公司债券发

---

① 参见洪艳蓉:《〈证券法〉债券规则的批判与重构》,载《中国政法大学学报》2015 年第 3 期。

② 参见蒋大兴:《被忽略的债券制度史——中国(公司)债券市场的法律瓶颈》,载《河南财经政法大学学报》2012 年第 4 期。

③ 参见中信证券股份有限公司法律部:《交易所公司债券市场发展与〈证券法〉修改》,载《证券法苑》(第 5 卷),法律出版社 2011 年版。

行与交易管理办法》的出台才得以取消。又如，对债券发行和交易监管不可或缺的信息披露制度和信用评级制度都付之阙如，监管实践中往往也是直接套用股票市场的相关制度。再如，对股票和公司债券规定了基本相同的暂停和终止上市的条件，只要公司债券发行人最近两年连续亏损，就要暂停上市交易，而不论该债券是否有担保，也不管发行人最近两年连续亏损是否影响其到期还本付息的能力。①债券市场监管思维的误区、法律规定的疏漏，直接决定了债券市场监管的效果以及市场发展的前景，目前债券发行、交易、风险防范、危机处置中暴露出的诸多问题都与此密切相关。

由此可见，债券市场监管必须转变以股票市场为导向的监管思维，基于债券特性出发构建契合债券本质的监管制度。在新《证券法》修订的背景下，有关债券规则的修改完善也被寄予期许，至少应当对债券市场监管的以下几个问题予以必要的回应：一是结合不同债券品种的差异化特征，确立相应的发行监管制度，实行分类管理。在功能监管理念下，《证券法》所调整的债券范围将扩大至所有债券类型，而不同债券的发行主体、信用基础和功能定位都千差万别，因而在监管制度设计时就不能够以偏概全，而是要结合不同债券特点区别对待。二是制定符合债券投资属性和交易特点的交易规则，其中就包括债券市场的做市商制度，以及落实债券市场的跨市场交易规则。三是结合债券的本质特性，对债券发行和交易中的信息披露、信用评级、风险防范、投资者保护等制度进行专门规定。

其中，在信息披露方面，股票市场更多关注的是盈利能力等影响股票价格波动的因素，但是债券市场需更加侧重于关注影响发行人偿债能力的因素。②因此，债券市场信息披露制度需要以发行人偿债能力为中心，信息披露的重点除了关注发行人盈利能力之外，还应关注与偿债能力相

---

① 参见徐明：《进一步完善公司债券市场的法律制度》，载《证券法苑》（第6卷），法律出版社2012年版。

② 参见时文朝主编：《中国债券市场：发展与创新》，中国金融出版社2011年版，第167页。

关的资产处置、股利分配、对外负债、担保变化、对外投资和关联交易等内容。在信用评级方面，应当在《证券法》层面统一银行间债券市场和交易所债券市场的信用评级制度，强化评级机构的责任约束机制，防止信用评级等中介服务机构责任缺位。除了解决利益冲突问题外，重点还应加强对跟踪评级的真实性、及时性要求，防止跟踪评级沦为"讣告式"评级。跟踪评级不及时、不到位一直是债券市场信用评级制度的重要缺陷，也是风险预警机制的重大缺失。例如，在"11超日债"违约事件中，跟踪评级不及时是造成事件突然恶化的重要原因之一，"11超日债"的评级机构从债券发行至2012年12月27日，一直将"11超日债"的债项评级维持在AA，其间从未变动，但实际上在此之前，超日太阳资金链已断裂。[1]在风险防范方面，与股票市场关注价格波动的市场风险不同，债券市场更多应当关注发行人到期不能偿债的违约风险及其处置。在投资者保护方面，除了与股票市场投资者保护的共性制度外，还应重视债券投资者保护所特有的制度，如债券持有人会议制度、债券受托管理人制度等，明确其权利、义务和责任，防范利益冲突和道德风险，促使其勤勉尽责。

第三节　债券市场监管的权力配置

鉴于债券市场多头监管割据对于市场互联互通的阻碍，那么互联互通下的监管体系重构必然要求对债券市场监管权力进行重新配置。对此，颇为流行的观点就是要对债券市场实施统一监管。有学者指出，"必须尽快建立统一的市场监管体制，并且应该由证监会统一负责（除了国债的发行仍由财政部负责以外）"。[2]还有观点认为，"可以考虑由中国人民银行和中国证监会联合组成统一的监管机构，对债券的发行和交易进

---

[1]　参见王媛：《完善违约处理机制比担心违约更重要——超日债2013年债券持有人大会侧记》，载《债券》2013年第2期。

[2]　参见谭永全：《论我国债券市场的发展》，载《扬州大学学报（人文社会科学版）》2007年第4期。

行统一监管"。①但是,债券品种的差异化特征决定了债券市场监管权力配置绝不是简单的统一监管就能够解决的,统一监管也不能采取不加区分的"一刀切"做法,需要对债券发行市场监管和交易市场监管进行区别对待、具体分析,并且还要妥善处理好发行监管权与交易监管权、行政监管权与自律监管权的关系,从而建立起相互补充、相互协调的多层次债券市场监管体系。

一、债券发行市场:基于债券品种特性保留多头监管

(一) 金融统一监管与统合立法的反思

"统一监管"和"横向规制"已经成为时下重构我国金融监管体系语境下的时髦话语,一个代表性的观点认为金融服务统合法应当是我国金融法重构的发展方向,对金融商品、金融服务、金融机构及其行为、金融监管等予以横向统合规制。②特别是以英国《金融服务与市场法》、日本《金融商品交易法》和韩国《资本市场法》为代表的金融综合立法的不断出现,制定统一的金融立法、建立统一的金融监管机构似乎已是大势所趋。有观点甚至认为,"金融业统合监管模式和金融统合监管法的诞生使全球金融监管法律制度进入一个全新的时代"。③不可否认的是,统一监管在应对金融创新、混业经营和金融控股集团的出现等方面有着多头监管所不具备的优势,似乎可以一劳永逸地解决多头监管下的监管重叠、监管竞争、监管真空问题,防止因权责不清产生的监管责任推诿,减少金融机构的监管套利,还能够发挥统一监管的规模效应和范围效应。④但是,金融业别的存在以及金融产品、服务的差异化结构也不得不让人产生"金融服务横

---

① 参见温彬、张友先、汪川:《我国债券市场分割问题研究》,载《宏观经济研究》2010 年第 11 期。

② 参见杨东:《论金融法制的横向规制趋势》,载《法学家》2009 年第 2 期;杨东:《论金融法的重构》,载《清华法学》2013 年第 4 期。

③ 参见许凌燕:《金融统合监管法制研究:全球金融法制变革与中国的选择》,载《证券法苑》(第 2 卷),法律出版社 2010 年版。

④ 参见于永宁:《后危机时代金融监管变革之道》,法律出版社 2013 年版,第 42 页。

向规制究竟能走多远"的疑虑。①须知金融混业经营与分业经营并不是非此即彼的关系，即便是在混业经营下也存在金融业别的区分和专业化分工，银行、证券、保险的本质属性差异不会因为混业而消亡。事实也表明，金融机构的集团化和全能化也并非放之四海而皆准的，这种经营模式往往适合于大型金融机构，而中小金融机构的生存之道仍然是朝着专业化方向发展。另外，应对混业经营的趋势，完全可以通过机构监管向功能监管理念的转变来实现，功能监管并不等同于单一监管机构，也不主张建立"大一统"的金融监管体制，关键是要基于金融功能划分监管权力，防止在应对金融业务交叉经营以及金融创新时面临的监管漏洞。

不加区分的统一监管，或是简单的合并监管机构，只会"形易具而实难至"，无非平添一个臃肿庞杂的监管巨头。况且还不得不考虑统一监管所面临的来自各方监管机构的现实阻力，以及金融统合立法所面临的复杂的立法技术和高昂的立法成本。从发达国家的监管实践看，大多数国家依然保留了多头监管模式，至多只是对其进行改良，包括引入功能监管理念，设立专门监管系统性风险的宏观审慎监管机构。例如，美国在金融危机之后对其金融监管体系进行了变革，但并未彻底打破原有的"伞形监管"架构，而是扩大了美联储对金融控股公司和系统重要性金融机构的监管权，新设立金融稳定监管委员会（FSOC）和消费者金融保护局（CFPA），分别负责系统性风险监管和金融消费者保护。被奉为统一监管"表率"的英国，金融危机之后也对金融监管实行大刀阔斧的改革，采纳了新的"双峰监管"②模式。在英格兰银行下设立金融政策委员会（FPC）和审慎监管局（PRA），分别承担对英国金融体系的宏观审慎监管和对商业银行、保险公司、投资公司的微观审慎监管责任；撤销金融服务管理局（FSA）并成立

---

① 参见冯果：《金融服务横向规制究竟能走多远》，载《法学》2010 年第 3 期。

② "双峰"（twin peaks）监管理论认为金融监管应当分为审慎监管和行为监管，审慎监管目标旨在维护金融体系稳定，行为监管目标旨在保护金融消费者。Michael W. Taylor, The Road From "Twin Peaks"—And The Way Back. Connecticut Insurance Law Journal, No. 1, 2009, pp.61—96.

金融行为局（FCA），负责监管所有金融服务行为，保护金融消费者利益。[1]日本在金融监督厅的统一监管模式下，设立银行部、证券部和保险部，其中证券部与相对独立的证券和交易监视委员会（SESC）共同行使证券业监管职责，实际上仍然体现了分业监管的特征，很难说是纯粹的统一监管。[2]2002年，德国将银行监管局、保险监管局和证券监管局合并为"联邦金融监管局"（BaFin），负责对德国金融市场统一监管，但其内部事实上采用的还是分业监管，相互之间缺乏协调，导致其集中统一监管只是徒有其表。[3]

（二）债券发行市场多头监管的现实选择

如果将问题的视野从"大金融""大证券"的范畴迁移至"债券"领域，问题依旧存在。债券与股票相比，除了还本付息之外，还有一个重要的特征就是产品结构的多元化，政府债券、央行票据、金融债券、公司信用类债券虽然都可简单地归入"债券"范畴，但其信用基础、功能定位都存在巨大的差异。其中，政府债券背后体现的是政府信用，其财政功能远大于其金融功能，政府债券的发行主要用于弥补财政赤字、满足公共支出的目的，需要充分考虑国家财政管理体制和政府预算约束，因而受到《预算法》等财政法的约束也远大于《证券法》的约束。央行票据的发行更多是出于货币政策调控的目的，其货币市场功能远大于其资本市场功能，受到《中国人民银行法》的约束也远大于《证券法》的约束。金融债券中的政策性金融债背后或多或少体现着国家信用和政策性意图，商业银行、保险公司等金融机构发行金融债券也必须要符合《商业银行法》《保险法》中有关资本充足率等审慎监管要求。这些差异性也就决定了不同债券在发行主体资

---

① 参见中国人民银行金融稳定局赴英考察团：《英国金融监管改革及启示》，载《金融发展评论》2013年第10期。

② 参见杜宁、陈秋云：《日本证券监管机构的历史演变和特点》，载《现代日本经济》2010年第2期；李昱、陈思宇：《日本债券市场的发展及对中国的启示》，载《现代日本经济》2011年第4期。

③ Eric J.Pan，Structural Reform of Financial Regulation，Cardozo Legal Studies Research Paper No.250，January 2009，Available at SSRN：http://ssrn.com/abstract=1333385.

格、市场准入、发行条件以及监管主体上应有所区分，即使是同以公司信用为基础的公司债券、企业债券、非金融企业债务融资工具，多头监管格局的产生在特定的历史阶段也有其制度合理性，在制度的路径依赖下，统一监管也是知易行难。即使是在实行发行注册制的美国，针对不同债券采取的也是多头注册管理体制，国债、市政债券和存款类金融机构发行的公司债券豁免在美国证券交易委员会（SEC）注册，国债由财政部代表联邦政府发行，具体发行事宜由美联储负责；市政债券由地方政府和公共部门发行并自主管理；商业银行发行公司债券由货币监理署（OCC）、联邦储备银行、联邦存款保险公司（FDIC）和储蓄机构监管署（OTS）等银行监管机构负责；其他未豁免注册的债券发行都由美国证券交易委员会负责注册管理。①此外，在欧盟以及日本等国家和地区也大体如此，对政府债券和公司债券发行采取多头监管，前者通常由财政部、央行、地方政府等机构负责发行监管，后者一般由证券监管机构负责发行监管。

因此，本书认为基于债券品种特性的考虑，应适当保留债券发行市场的多头监管，但应在市场化发行监管理念和功能监管理念下，对债券发行监管权力重新配置，对发行监管规则进行整合，在债券分类管理基础上，使得具有相同属性的债券在统一的监管机构和监管标准下发行。首先，政府债券的发行除了关乎政府融资之外，更涉及政府预算约束、财政分权等财政法问题，因而在现有的财政管理体制下继续由财政部负责发行监管是比较合适的。正如前文所提到的，即使是主张统一监管的学者，大多也是将政府债券发行单列出来由财政部监管。其次，金融债券的发行监管主体除了中国人民银行外，还涉及中国银保监会和中国证监会，应理顺二者之间的监管关系，前者负责金融债券发行的功能监管，后者负责对金融债券发行主体的发债资格审查。同时，在风险可控的前提下应放宽金融债券发行条件的限制，允许金融债券的发行主体自主选择发行场所，这

---

① 参见庞红学、金永军、刘源：《美国债券市场监管体系研究及启示》，载《上海金融》2013年第9期。

就有赖于对现有的金融债券发行监管规则进行修改,尽快出台统一的《金融债券发行管理办法》。再次,公司债券、企业债券和非金融企业债务融资工具现阶段可在保留多头监管体制下,统一债券发行监管制度。长远来看,随着企业债券剥离由政府信用"背书"的地方政府融资平台债券,应当立足于"公司信用"这一共性基础,消除企业债券、公司债券和非金融企业债务融资工具之间"异名同实"的状态,统合为"公司债券"并由中国证监会统一负责发行监管。

二、债券交易市场:基于互联互通需要实施统一监管

债券品种的差异化特性并不意味着其在交易过程中所应遵守的监管规则和监管标准上有所差别,交易监管的规则和标准只可能因不同市场、不同监管主体有别,而不会因不同债券而异。在债券发行市场上,不同债券的差异性决定了要受到不同监管主体和监管标准的约束,但在交易市场上则不存在这一区分。易言之,在我国债券市场分割的语境下,债券交易市场的监管权力配置就不是基于债券品种特性的考量,而是要以有利于债券市场互联互通为出发点,对债券交易市场实施统一监管。

我国债券交易市场由中国人民银行和中国证监会构成的多头监管体制更多是由于历史原因造成的,商业银行退出证券交易所之后,在中国人民银行主导之下建立了银行间债券市场,因而由中国人民银行监管银行间债券市场也是顺理成章之事。但历史合理性并不等同于现实合理性,现如今银行间债券市场的参与者已经日益多元化,不再是纯粹的"银行间"市场,而是我国多层次资本市场的重要组成部分,银行间债券市场和交易所债券市场共同构成了债券市场的有机整体。从功能监管的角度看,继续维持多头监管的正当性基础已经发生动摇。正如前文所述,中国人民银行和中国证监会之间的监管权力分割是阻碍债券市场互联互通的"症结"所在,其弊端已无需赘言。统一监管恰可以从根本上解决长期困扰我国债券市场发展的权力分割和博弈问题,从而为债券市场互联互通

铺平道路。推动银行间债券市场和交易所债券市场之间的竞争关系，由监管竞争回到市场竞争的轨道上。以交易机制、基础设施、服务质量作为竞争市场资源的基础，而不是依靠监管权力分配市场资源。再者，互联互通下的债券跨市场交易也需要统一的监管规则和监管标准作为保障，否则只会徒增交易成本，制约跨市场交易的顺畅程度。此外，在债券跨市场交易的同时，风险也在跨市场传导和扩散，这势必要打破债券市场风险防范体系割裂状态，构建起统一高效的债券市场风险防范体系，而统一监管对于跨市场风险防范体系的建立也是十分必要的。

实际上，从境外债券市场监管经验上看，虽然存在场内和场外的多层次债券交易市场，但对债券交易监管基本都是由统一的监管机构负责，只是对场内市场和场外市场监管的严格程度以及在行政监管和自律监管的倾向性上有所差别。例如，美国证券交易委员会统一监管各类债券交易场所，金融业监管局（FINRA）作为自律监管机构在证券交易委员会的领导下发挥一线监管职能；欧盟由各成员国证券监管机构对各自债券交易场所实行统一监管；日本金融监督厅统一监管各类债券交易场所，授权证券和交易监视委员会负责一线监管。①

关于债券交易统一监管机构的选择，在现行法律和制度框架下，本书主张由中国证监会负责对债券交易市场统一监管，中国人民银行在债券交易市场中的角色由微观市场监管者转向宏观审慎监管者和金融监管协调者。这样的制度安排，既能够在最大程度上降低立法冲突和障碍，也与中国证监会和中国人民银行在金融市场的职能定位是相符的。《证券法》第 7 条规定了"国务院证券监督管理机构依法对全国证券市场实行集中统一监督管理"，这里的"全国证券市场"自然也应当包括银行间债券市场和商业银行柜台市场。只是在债券市场分割之下，中国人民银行和中国

---

① 上海证券交易所资本市场研究所课题组：《境外债券市场监管体制模式》，上海证券交易所研究报告，第 3 页。http://www.sse.com.cn/aboutus/research/report/c/4215086.pdf，2021年 3 月 25 日最后访问。

证监会对银行间债券市场和交易所债券市场"分而治之",才造成了法律规定和现实状态的矛盾,也导致《证券法》在制度安排和具体适用上的诸多困境。通过中国证监会统一监管,既可以解决债券市场中的监管和法律冲突问题,也可以在根本上确立《证券法》在整个证券市场中的基本法地位。

另外,中国人民银行在金融市场的监管职能由微观审慎监管向宏观审慎监管和金融监管协调职能转变也是有法可依的。2003年修订的《中国人民银行法》已经在很大程度上淡化了中国人民银行的金融监管职能。例如,第1条和第2条都删除了有关中国人民银行"对金融业实施监督管理"的规定,而是增加了"防范和化解金融风险,维护金融稳定"的内容;第3条对中国人民银行职责规定也删除了"审批、监督管理金融机构"和"监督管理金融市场"的规定,仅保留了对银行间同业拆借市场、银行间债券市场、外汇市场和黄金市场的监管职责;第9条增加规定了"国务院建立金融监督管理协调机制"。2008年国务院批准的《中国人民银行主要职责内设机构和人员编制规定》("三定"方案)中明确了其"职责调整"内容包括"加强与金融监管部门的统筹协调,防范和化解金融风险,维护国家金融安全",并在"其他事项"中进一步规定了"在国务院领导下,中国人民银行会同中国银行业监督管理委员会、中国证券监督管理委员会、中国保险监督管理委员会建立金融监管协调机制"。由此可见,宏观审慎监管已是中国人民银行的法定职责之一,而从宏观审慎监管要求出发由其牵头建立金融监管协调机制也较为合适。[1]现实来看,2013年国务院同意建立的金融监管协调部际联席会议制度,即是由中国人民银行牵头,这也明确了其作为金融监管协调者的角色。[2]2017年11月,经党中央、国务院批准成立了国务院金融稳定发展委员会,办公室设在中国人民银行,旨在强化

---

[1] 参见韩龙、彭秀坤、包勇恩:《金融风险防范的法律制度研究——以我国金融业对外开放为重心》,中国政法大学出版社2012年版,第153—157页。

[2] 参见《国务院关于同意建立金融监管协调部际联席会议制度的批复》(国函〔2013〕91号)。

中国人民银行宏观审慎管理和系统性风险防范职责。

但无论是由哪个机构来统一债券交易市场监管，都必须转变现有的监管理念和思维，以市场化和法治化为行为导向。一方面，债券市场监管要立足于对市场缺陷的补充，而不是替代市场机制的作用，债券市场监管者既不是市场的管理者、管制者，更不是市场的发展者；另一方面，要遵循依法监管的基本原则，树立权责相统一的法治理念，既要在法律层面明确其监管权力和职责范围，更要落实监管者的主体责任，对监管不作为和监管乱作为都应当有相应的责任追究机制，防止监管权沦为攫取法外特权的工具。但是我们也应当清醒认识到，统一监管不可能是一朝一夕之事，考虑到部门利益之争以及制度的路径依赖，统一监管所面临的阻力可想而知。故而，在真正实现债券交易市场统一监管之前，现阶段起码可在监管制度的统一和监管理念的统一上先行一步，①加强中国人民银行和中国证监会的监管协调，消除监管冲突，为债券市场互联互通在监管层面上创造有利的制度环境。2018年11月，中国人民银行、国家发改委和中国证监会联合发文建立债券市场统一执法机制，由中国证监会依法对银行间债券市场、交易所债券市场违法行为开展统一的执法工作，已经标志着债券市场统一监管迈出了重要一步。

三、重塑债券市场发行监管权与交易监管权的关系

前文中根据债券市场特点对债券发行市场和交易市场的监管权配置作了区别分析，前者保留多头监管，后者实行统一监管。在此基础上，有必要对发行监管权和交易监管权的关系进行重新梳理。目前，我国债券市场发行监管权与交易监管权之间的关系存在两大突出表现：第一，发行监管权与交易监管权关系不清，存在重发行监管、轻交易监管，甚至以发行监管代替交易监管的倾向。在现有的发行监管制度下，发行监管机构

---

① 参见陆文山：《债券市场发展与配套制度建设的若干问题》，载《证券法苑》（第2卷），法律出版社2010年版。

有权制定债券发行监管规则，确立发行条件，批准债券发行申请，甚至直接决定债券发行和交易场所，可谓掌握着债券"生杀予夺"之大权。这实际上是将债券市场风险防范和投资者保护的重心，由事中事后监管转移到了事前监管上，试图以政府实质审核的方式严格控制债券发行来实现风险防范、投资者保护等监管目标，而与交易监管息息相关的持续信息披露、跟踪信用评级、风险预警和危机处置等制度则明显缺失。不仅如此，债券发行监管机构往往对自身的角色和职能定位有一种固化的观念，即认为其作为债券的主管部门对债券在发行之后的整个存续期间内都负有持续的、不可推卸的监管责任，除了在发行环节进行事前监管，还要在发行之后对债券的资金使用、违约风险进行事中事后监管。例如，国家发改委办公厅制定的《关于简化企业债券审报程序加强风险防范和改革监管方式的意见》中要求"省级发展改革部门承担区域内企业债券事中事后监管责任"，"发现可能影响企业偿债能力或影响债券价格的重大事件，应及时协调解决"。如此一来，不可避免地就会产生发行监管机构和交易监管机构在债券持续信息披露、跟踪信用评级等方面的重复监管。

第二，发行监管权与交易监管权之间缺乏必要的监管协调机制，二者各行其是，不仅没有形成监管合力，反而存在监管冲突的问题。首先，发行监管规则和交易监管规则中都会涉及信息披露和信用评级制度的规定，但规定的内容却不尽相同，发行市场与交易市场的监管制度之间缺乏有机衔接，导致制度实施的连续性和稳定性较差，并且在持续信息披露和跟踪信用评级的监管权力划分上也并不明确。其次，在发行监管机构和交易监管机构之间缺少信息共享机制，有关债券市场风险信息无法及时、全面、准确地传递，也制约了风险预警机制的作用。再次，发行监管机构与交易监管机构在债券违约处理与危机处置方面也缺少沟通和协调机制，各监管主体权责不清，形成一种谁都在管、谁又都没有真正负责的局面。

针对以上问题，一方面要对债券市场发行监管权与交易监管权的关系进行重新定位,秉持市场化监管理念,将监管重心由发行监管转向交易监管、由事前监管转向事中事后监管。在全面实行注册制改革的背景下,发行监管权的形式和内容势必都将发生"蜕变",从审批权、核准权向注册权转变,从对债券发行主体资格、发行条件、交易场所等事无巨细的实质审核到以信息披露为中心的注册审核转变,发行监管机构也无须对债券的信用和风险作实质性的判断或"背书",而是在完善信息披露的前提下由市场主体自主判断、自担风险。随着发行环节对债券市场准入的放宽,也就意味着需要更加重视交易环节的事中事后监管,包括交易过程中的持续信息披露、跟踪信用评级、风险预警、违约风险处置,以及虚假陈述、内幕交易、市场操纵等违法行为查处,尤其还应当健全债券市场退出机制,从而形成宽进严出、放管结合的监管体制。

另一方面,要建立起包括发行监管机构和交易监管机构在内的债券市场监管协调机制。目前,我国成立了金融稳定发展委员会作为专门金融监管协调机构,成员单位包括中国人民银行、国家发改委、财政部、中国银保监会、中国证监会、国家外汇管理局等。债券市场也于 2012 年建立了公司信用类债券部际协调机制,由中国人民银行行长担任召集人,成员单位包括证监会和发改委,其所承载的期许和任务主要是通过监管协调促进公司信用类债券市场的互联互通。[①]但就公司信用类债券而言,部际协调机制更像是市场分割和多头监管下的权宜之计,在部门利益本位的桎梏下也很难真正起到推动市场互联互通的作用,统一监管才是长久之计。因此,现实的选择应当是在明确发行监管和交易监管的权力分工基础上,建立起适合于整个债券市场的监管协调机制。

首先,债券市场监管协调机制应当建立在既有的制度基础上,由金融稳定发展委员会负责协调"一行两会"、国家发改委、财政部等在债券市场监管中的职责,但由于金融稳定发展委员会并不负责日常监管,因此具体

① 参见闫立良:《部际协调机制成立 债市互联互通取得重大突破》,载《证券日报》2012年 4 月 7 日。

的部门联合监管、联合立法等事宜可由中国人民银行牵头组织实施。其次，为了保证债券市场监管协调机制的制度化、规范化和常态化，有必要将监管协调机制在法律层面加以落实，并制定专门的债券市场监管协调机制议事规则，明确其职责和任务、议事日程、决策程序等。再次，债券市场监管协调机制的主要职责应包括建立法律法规和政策制定的沟通协调机制，确保监管规则的协调性和连续性，防止出现监管规则的矛盾和冲突；对交叉性金融产品和跨市场金融创新的监管协调；建立监管机构之间的信息共享机制，除了例行会议、临时会议和简报制度外，还可以建立面向各监管机构的债券监管信息数据库，实现信息的及时传递和风险预警；建立债券市场危机处置的协调机制，防范和化解系统性风险，维护债券市场乃至整个金融体系的安全和稳定。

四、理顺债券市场行政监管权与自律监管权的关系

(一) 债券市场行政监管权与自律监管权的配置失衡

相对于政府直接介入市场的行政监管而言，自律监管（Self-regulation）是独立于行政监管并与之并行的市场化监管机制。[1]这种自我规范、自我管理、自我约束机制，与命令式、强制性的行政监管相比，具有专业性、灵活性、自愿性和低成本的比较优势。[2]正如有学者所言："符合证券市场本质和发展要求的证券监管体制结构的一般模式应当是由独立的他律监管主体和包括证券交易所、证券业协会在内的自律监管主体之间合理分工、相互配合所组成的有机统一体。同时，前者与后者间又是监管与被监管的关系。"[3]从各国证券市场监管实践上看，基本上都形成了包括政府机构、证券交易所和行业协会在内的多层次监管体系。以美国

---

[1] Peter Cane，Self-Regulation and Judicial Review，Civil Justice Quarterly，1987.

[2] 布莱恩·R.柴芬斯：《公司法：理论、结构和运作》，林华伟、魏旻译，法律出版社 2001 年版，第 411—424 页；Douglas C.Michael，Federal Agency Use of Audited Self-Regulation as a Regulatory Technique，Administrative Conference of the United States，November 1993。

[3] 符启林：《试论我国证券监管的模式》，载《政法论坛》2000 年第 2 期。

债券市场监管为例,除了证券交易委员会的统一监管外,还包括了金融业监管局、证券交易所、全国证券交易商协会(NASD)、市场债券规则委员会(MSRB)在内的自律监管组织。在我国债券市场中,银行间债券市场交易商协会自律监管发展得相对成熟,交易所债券市场的交易所自律监管则明显滞后。但总体而言,我国债券市场监管体系仍是政府主导型的,交易商协会和交易所的"自律性"都没有得到充分显现。在具体的监管权力配置上,根据《证券法》第 179 条的规定,中国证监会对证券交易市场的监管权力范围十分宽泛,涵盖了几乎所有事项,与《证券交易所管理办法》第 7 条中规定的交易所自律监管职能高度重叠。前者规定中国证监会对上市、交易、发行人、证券公司、基金公司、证券服务机构等方面的监管职责,后者也规定了交易所对上市、交易、会员的自律监管职能,二者的监管权力如何分配缺乏明确规定,实践中自律监管一直处于行政监管的阴影之下,更多只是起到执行性和补充性的作用,行政监管权不断侵蚀甚至取代自律监管权,造成了自律监管权的虚置。这与我国债券市场发展过程中政府主导性的强制性制度变迁进程是相吻合的,也与行政化的监管理念相适应,但随着债券市场监管由行政化向市场化、法治化方向的转变,政府在债券市场中的职能转变和简政放权会是大势所趋,交易所和交易商协会势必也要承担更多的自律监管职能。此消彼长之间,需要更好地理顺行政监管权与自律监管权的关系,划清二者的权力边界,保持自律监管的独立性。

(二)债券市场行政监管权与自律监管权的边界划分

国际证监会组织发布的《证券监管的目标和原则》中规定的"自律原则"包括两条:一是监管体系应根据市场规模和复杂程度,适当发挥自律组织对各自领域进行直接监管的职责;二是自律组织应接受监管机构的监督,在行使和代行使职责时应遵循公平和保密准则。[①]循此原则,我国债券市

---

① IOSCO, Objectives and Principles of Securities Regulation, June 2010. http://www.iosco.org/library/pubdocs/pdf/IOSCOPD154.pdf.

场行政监管与自律监管之间应保持"合作监管"(Cooperative Regulation)关系,建立起共享、协同、合作的监管体系,实现保护投资者和公共利益的共同任务。①具体而言,在监管方式上,由交易商协会和证券交易所担当一线监管者的角色,对会员和债券上市、交易活动实施直接监管,而证监会则逐步实现由直接监管向间接监管转变,减少直接参与市场日常监管的比重,转而通过立法和对自律监管组织的监督实现间接监管,只有在自律监管不能或不适合监管的领域才由证监会直接监管。在监管内容上,行政监管应集中在自律监管难以有效发挥作用的领域,证监会更多的是以立法和政策制定者以及审慎监管者的身份存在,主要负责制定有关债券市场监管的规章制度,监管自律监管组织,查处内幕交易、操纵市场、欺诈等重大违法行为等,至于微观层面的会员和上市、交易活动的日常监管,则主要由交易商协会和证券交易所负责。正如美国证券交易委员会前主席威廉·O.道格拉斯对《1934 年证券交易法》中的自律监管制度所描述的那样:"交易所发挥优先作用,而政府发挥剩余作用。换句话说,政府拿着猎枪,站在门后,子弹上膛,抹好油,拉开枪栓,随时准备开枪,但期望永远不开火。"②

在公司债券注册制下,证券交易所与证监会分别行使审核权与注册权,二者之间的权力关系在相互交织中极易发生扭曲和错乱。在我国注册制正处于"摸着石头过河"的试点阶段,对于审核权与注册权的关系有着不同的疑惑和误解。一种观点认为证券交易所审核权居于主导性地位,证券交易所审核同意也就意味着可以发行上市,证监会的注册程序只是走个"过场",仅具有形式意义。另一种相反的观点则认为,注册制没有改变证监会在证券发行中的主导性权力和地位,相比于证券交易所审核权,证监会的注册权更具有实质意义。另外,注册权与审核权的分离,并

---

① Sam Scott Miller, Self-Regulation of the Securities Markets: A Critical Examination, Washington and Lee Law Review, Vol.42, 1985.

② William O.Douglas, Democracy and Finance. Yale University Press, 1994, p.82.

不等同于证监会彻底剥离了审核权，事实上注册制也并不完全排斥证监会的审核。证监会在注册程序中，绝不仅仅只是在形式上对证券交易所审核意见的复核，还会对发行人注册申请文件作必要的审核。例如，证监会在科创板首例不予注册决定案中，通过审阅注册申请文件发现，发行人恒安嘉新存在会计基础工作薄弱和内控缺失的情形，以及未按招股说明书的要求对前期会计差错更正事项进行披露。[①]但这也会带来新的困惑：证券交易所与证监会在发行审核的内容和方式上有何区别？如若不加以区分，那么证券交易所发行审核的意义又何在？有学者就认为，目前中国的注册制中证监会仍进行实质性把关，并且由于证券交易所独立性缺失，似乎成了证监会的下属机构，交易所审核与证监会审核相差不大。[②]可如此一来，证券交易所发行审核权恐将如核准制下的上市审核权般被逐渐虚置，证监会仍然通过注册程序行使事实上的审核权，导致权力重叠和重复审核的问题，与注册制改革的方向背道而驰。以上问题，究其根本还在于我国注册制的制度设计，其实是在政府和市场之间选择了一条折中的道路，在某种程度上甚至可以说是权衡妥协的产物。既试图放权于市场，意图通过将审核权下放至证券交易所来宣示市场化改革的决心；却又不够彻底，依然让证监会掌控着具有最终决定性的注册权。如果不能遵循注册制改革的目标妥善处理好证券交易所和证监会之间的权力关系，那么所谓的证监会简政放权就只能停留在表象，证券发行的市场化也只会是美好的幻象。

因此，虽然公司债券公开发行注册制势必会强化证券交易所审核权，但也要划清二者的权力边界，防止证监会注册权的隐性扩张。一是要保障证券交易所在证券发行上市审核中的优先地位，使之成为证券发行上市的"第一道防线"。证监会在证券发行环节更多是作为最后"把关者"的

---

① 《关于不予同意恒安嘉新（北京）科技股份公司首次公开发行股票注册的决定》〔证监许可（2019）1552号〕。

② 曹凤岐：《从审核制到注册制：新〈证券法〉的核心与进步》，载《金融论坛》2020年第4期。

角色,并且须严格依照法定的发行条件和信息披露要求作出是否同意注册的决定,不得代替市场对证券的投资价值和风险作主观判断。二是明确证券交易所与证监会的权力边界。证券交易所审核权与证监会注册权虽然有衔接性,但在权力主体、法律性质、行使程序和法律后果等方面都存在显著区别,在注册制实施过程中不可将二者混淆,尤其是要抑制证监会注册权对证券交易所审核权的渗透和扩张。同时,也要对证监会和证券交易所的审核权作适当区分,证监会在注册程序中应侧重于对证券交易所审核意见以及发行人信息披露的形式审核,证券交易所负责审核发行人是否符合发行条件、上市条件以及信息披露要求,尽量减少证券发行中的重复审核,更不能以证监会注册程序中的审核替代交易所发行上市审核的作用。

(三)债券市场自律监管独立性的保持

对于自律监管来说,独立性和自治性可谓是其生命线,否则自律监管存在的正当性基础也就荡然无存。在西方发达国家,早期诞生于梧桐树下的美国纽约证券交易所和咖啡馆中的英国伦敦证券交易所,无论从设立主体(证券经纪商)、设立依据(契约)还是设立目的(维护成员利益)上看,都是独立于政府的自治团体。直到证券交易所逐渐承担起越来越多公共的或准公共的自律监管职能后,自律监管才开始呈现出"公权化"特征,[①]证券交易所也被逐渐纳入政府监管的范畴。以美国为例,"从具有里程碑意义的《1934年证券交易法》颁布至今,美国公众见证了作为自律监管组织的交易所由起初自治的、不受控制的私人组织演变为成熟的准政府组织的过程"。[②]纽约证券交易所主席约翰·费伦(John J. Phelan)也曾表示:"我们是一个准公共机构(quasi-public institution),对一般社会公众、个人投资者、机构投资者、上市公司和交易所会员具有广泛的责任,

---

① 参见楼晓:《证券业自律管理"公权化"研究》,知识产权出版社2014年版。

② Williams I.Friedman, The Fourteenth Amendment's Public/Private Distinction among Securities Regulations in the U.S.Marketplace, Annual Review of Banking & Financial Law, Vol.23, 2004.

我们有义务监督市场以确保公平得以实现。"①对证券交易所的政府监管也是为了防范利益冲突,促使其更好地履行自律监管职能。"政府监管者应当监督并消弭滋生利益冲突的潜在因素。政府监管者应当确保不会由于证券交易所接触有关市场参与者的商业信息而产生利益冲突。当自律组织既负责监督其会员,又负责监管市场部分的时候,利益冲突的风险就更大了。"②但保持证券交易所等自律监管组织的独立性、自治性一直是其坚守的底线。

可是在我国,交易商协会和证券交易所等自律监管组织都并非市场自发生成的,而是在政府的强力推动下设立的,这就决定了其在独立性方面的先天不足。虽然在应然层面上,交易商协会和证券交易所是按照章程实行自律管理的法人,享有独立的法人人格,与中国人民银行和中国证监会之间被定位为监管与被监管的关系。但在实然层面上,二者间却早已异化为领导与被领导的关系,受到了政府的绝对控制。以交易所为例,"自身缺乏独立的法律地位和自治空间,完全是作为行政机构的附属机构而进行运作,交易所自身具有非常明显的行政性和官方性"。③证监会不仅对交易所章程和业务规则的制定、修改进行审批,更是对证券交易所的人事任免和自律监管权的行使深度介入,使得交易所独立的法人人格严重丧失。《证券法》和《证券交易所管理办法》对有关交易所自律监管职能的规定中充斥着"报证监会批准""向证监会报告""报证监会备案""报证监会许可"等规定,这些限制性规定无疑制约了证券交易所自律监管实施的独立性,只是徒有自律监管之名,却难副其实,本质上是在执行政府意志。

为了保持自律监管的独立性,真正实现自律监管的制度价值,亟需重

① Sam Scott Miller, Self-Regulation of the Securities Markets: A Critical Examination, Washington and Lee Law Review, Vol.42, 1985.

② IOSCO, Objectives and Principles of Securities Regulation, June 2010. http://www.iosco.org/library/pubdocs/pdf/IOSCOPD154.pdf.

③ 鲁篱:《证券交易所自治地位的比较研究》,载《社会科学研究》2004 年第 5 期。

塑定位行政监管和自律监管的关系。从域外先进经验来看,大体上都是将行政监管机构和自律监管组织之间的关系定位为监管与合作。一方面,二者在监管职能上互为补充、相互配合,共同构筑起完整的证券市场监管体系;另一方面,为了防止自律监管过程中存在的利益冲突和权力滥用的风险,由行政监管机构对自律监管组织实施必要的监管。但无论是监管抑或合作,都应是建立在二者法律地位独立的基础之上,而不能混淆二者的界限。具体到我国,应当明确行政监管对自律监管介入的目的,是为了平衡和协调自律监管中的利益冲突,以促进自律监管组织维护公共利益为目标。对自律监管组织实施行政监管的内容和方式,要以保持自律监管的独立性为原则,在监管内容上应减少对自律监管组织内部事务特别是人事任免的干预,交易商协会和证券交易所的理事会、监事会及其主要负责人应由会员大会选举产生,总经理或秘书长等法定代表人也应由理事会聘任;在监管方式上应由事前、事中干预转向对自律监管行为的事后监督,监管的侧重点在于自律监管行为是否合法合规,保障自律监管组织独立地行使自律监管权并承担责任。可以借鉴我国香港地区的经验,通过签订《谅解备忘录》的方式协调行政监管机构与自律监管组织之间的监管合作关系。2001年香港证监会与证券交易所就证监会监管职能、监管交易所参与者及市场监察的安排事宜签订了《谅解备忘录》,明确香港证监会是证券期货市场的法定监管者,并且对证券交易所的行为和活动进行监管,证券交易所负责对市场参与者的交易行为实行一线监管,并且有义务同证监会展开监管合作,协助证监会履行其监管职能。①

（四）债券市场自律监管的司法介入与民事责任豁免

债券市场交易商协会和证券交易所在行使自律监管职能时,为防范利益冲突,防止自律监管权滥用,除了由监管机构对其外部监督外,还离不开必要的司法介入和民事责任约束。但是为了保持自律监管的独立

---

① 香港交易所网站,http://www.hkex.com.hk/chi/rulesreg/regdoc/regdoc_c.htm,2016年1月10日最后访问。

性,应当采取司法有限介入立场和民事责任相对豁免原则。

1. 自律监管的司法有限介入立场

交易商协会和证券交易所的自律监管涉及多方主体利益,所采取的自律监管措施会对诸多市场参与者的利益产生直接或间接的影响,由此可能引发民事诉讼,这就不得不对自律监管的司法介入进行法律政策考量。美国在长期的司法实践中对证券交易所自律监管司法介入的立场经历了由直接介入向有限介入的转变,并在司法判例中确立了"内部救济穷尽原则",即原告在起诉证券交易所前必须用尽证券法规定的可以利用的所有救济途径。该原则包括两层含义:一是会员不服证券交易所的纪律处分决定,必须首先在证券交易所内部提出申诉,不经此程序不得向证券交易委员会申请复议;二是会员向法院起诉前,必须已获得证券交易委员会的行政复议,对复议结果不服的,方可起诉证券交易委员会,证券交易所作为第三人参诉。但是,如就证券交易所的纪律处分等行为提出损害赔偿的,则无须遵循内部救济穷尽原则,可直接向法院提起诉讼。[1]

近几年来,我国证券交易所自律监管的侵权诉讼也不断涌现,法院对自律监管诉讼司法介入的立场也悄然发生转变,总体呈现由限制走向开放的趋势。早期法院往往基于资本市场发展不成熟、相关法律制度不健全等为由,直接作出不予受理决定。2005 年最高人民法院《关于对与证券交易所监管职能相关的诉讼案件管辖与受理问题的规定》在一定程度上为交易所自律监管的诉讼提供了司法依据,但也作了严格的限制性规定,即"投资者对证券交易所履行监管职责过程中对证券发行人及其相关人员、证券交易所会员及其相关人员、证券上市和交易活动做出的不直接涉及投资者利益的行为提起的诉讼,人民法院不予受理"。但何谓"直接涉及投资者利益"则不甚明了,"直接"与"间接"的标准也难以清晰界定,实践中仍然成为对证券交易所提起诉讼的巨大障碍。此后的司法实践中,一些法院开始逐渐简化和放宽了"直接涉及投资者利益"的诉讼资格

---

[1] 参见卢文道:《证券交易所自律管理论》,北京大学出版社 2008 年版。

判断标准，认为证券交易所自律监管行为的"相关受众主体"均可提起侵权诉讼，从而保障了投资者等相关市场利益相关者的诉权。①

应该说，"无救济无权利"是基本的法治理念，权利人的诉权理应得到保障，法院是权利保护的最后一道屏障，司法介入对于拓展救济渠道，保护市场主体利益免受自律监管不当行为的侵害，督促交易商协会和证券交易所更好地履行自律监管职能，具有重要意义。但是，对自律监管的司法介入如果不加以适当的限制，则容易造成恶意诉讼和滥诉的问题，使得自律监管承受过多的诉讼风险，不利于自律监管权独立自主的行使，反而会畏首畏尾、裹足不前。对此可考虑从以下几方面加以完善：一是要借鉴美国的"内部救济穷尽原则"，将申请交易商协会和证券交易所的复核作为诉讼前置程序，减轻诉讼压力，但这也要求建立起完善的内部救济和行政救济机制；②二是要严格限制对自律监管行为的司法审查范围，原则上应仅限于合法性审查，而不涉及合理性审查。毕竟资本市场瞬息万变，特别是在异常交易情况下，往往要求交易商协会和证券交易所迅速作出处置决定，加之自律监管的专业性特征，对自律监管决定和行为的合理性由法院进行事后判断，既不合理也难达成；三是对自律监管司法介入的立场应由限制诉权向责任豁免转变，即在程序上保障市场主体的起诉权，但可借助民事责任豁免原则缓解其法律风险，保护自律监管职能的独立行使。

2. 自律监管的民事责任相对豁免原则

就自律监管职能履行中的民事责任而言，在美国的司法实践中，法院基于证券交易所自律监管的公共职能属性，逐渐将其视为准政府机构，并将原本适用于政府机构的"民事责任绝对豁免原则"（Absolute Immunity

---

① 参见徐明、卢文道：《证券交易所自律管理侵权诉讼司法政策——以中美判例为中心的分析》，载《证券法苑》2009年第1期。

② 《最高人民法院为创业板改革并试点注册制提供司法保障的若干意见》（法发〔2020〕28号）明确提出"对于证券交易所所涉行政与民事纠纷，要积极引导当事人先行通过证券交易所听证、复核等程序表达诉求，寻求救济"。

from Civil Liability)适用于证券交易所的自律监管。依据该原则,证券交易所在善意执行法律或者自律规则,履行自律监管的公共职能的过程中,即便对被监管者造成了利益损害,证券交易所及其管理人员也无须承担契约或侵权民事责任。①对证券交易所民事责任豁免具有转折意义的是 1985 年的 Austin Municipal Securities, Inc. v. NASD 上诉案,该案中美国第五巡回法院援引联邦最高法院在 1978 年 Butz 案中确立的判断行政机构及其职员适用豁免原则的"三要素标准",首次赋予了全国证券交易商协会(NASD)行使自律监管职责的豁免地位,法院认为私人自律监管组织只有具备以下三个标准才能获得豁免:(1)其职能与司法程序具有共同的特性;(2)其行为可能导致被监管者对其提起诉讼;(3)监管框架中有充分的安全保障措施控制其违宪行为。②我国香港特别行政区《证券及期货条例》则在立法层面明确规定了证券交易所民事法律责任豁免原则,根据该条例第 22 条规定,交易所或代表交易所行事的人,包括该交易所的董事局成员或该交易所设立的任何委员会的成员,在履行交易所自律监管职责时,如出于真诚而作出或不作出任何作为,无须就该等作为或不作为承担任何民事法律责任,不论是在合约法、侵权法、诽谤法、衡平法或是在其他法律下产生的民事法律责任。

公司制交易所能否适用自律监管民事责任豁免原则,曾一度引起争议,其不同于会员制交易所的地方在于公司的营利性。美国 2007 年的 Weissman v. NASD, Inc.一案中,法院认为:证券交易所在履行监管职能时,拥有普通法上赋予政府组织的绝对豁免权,然而在本案中,证券交易所从事的是私人的商业行为,而非公共的监管行为,因而不具有豁免权。必须对证券交易所等自律组织所拥有的豁免权做狭义的解释,根据自律组织的行为类型、目的和性质来判断其能否获得豁免,当且只当该自律组

---

① 参见卢文道:《美国法院介入证券交易所自律管理之政策脉络》,载《证券市场导报》2007 年第 7 期。

② Austin Municipal Securities, Inc. v. NASD. http://law.justia.com/cases/federal/appellate-courts/F2/757/676/425998/.

织依其自律职能而做出的行为才能获得绝对豁免。[1]由此可见,公司制交易所的法律性质本身并不影响其自律监管的民事责任豁免,当其履行自律监管职能时,其行为的公共目的性与会员制交易所并无实质区别,代表的仍然是社会公众利益,只不过要将证券交易所营利性的商业行为和公共性的自律监管行为进行严格区分,自律监管行为仍然适用民事责任豁免原则。

总之,证券交易所自律监管的公共性、独立性和交易所资金来源的有限性等因素,决定了应当赋予自律监管的民事责任豁免,但是绝对豁免原则容易滋生交易所的道德风险,造成自律监管权的滥用,特别是在证券交易所公司化背景下,绝对豁免实际上混淆了交易所具有的公、私二元属性。因此,在我国的证券立法中,应当基于相对豁免原则构建自律监管民事责任豁免制度。具体而言:一是要在区分服务职能和自律监管职能的基础上,明确自律监管的民事责任豁免原则;二是要区分自律监管职能的行使是否程序正当、目的合法,对因正当履行自律监管职能产生的民事责任应予以豁免,但对因"故意或重大过失"不当履行自律监管职能而造成的损失,仍应承担相应的民事责任。新《证券法》第 111 条和第 113 条引入了证券交易所民事责任豁免的规定,明确了证券交易所对证券交易异常情况和重大异常波动采取自律监管措施造成的损失,不承担民事赔偿责任,但存在重大过错的除外。[2]另外,在司法实践中证券交易所民事责任相对豁免原则也得到了法院的贯彻,如"8·16"光大证券内幕交易案中,有投资者以上海证券交易所和中国金融期货交易所存在监管不作为的过错为由,主张交易所承担民事责任。上海市第一中级人民法院在判

---

① 参见蔡伟:《我国证券(期货)交易所的民事责任豁免探讨——基于金融创新的视角》,载《证券市场导报》2011 年第 8 期。

② 证券交易所民事责任从绝对豁免到相对豁免的转变,从证券交易所自律规则的修订中也可见一斑,例如 2016 年修订的《深圳证券交易所交易规则》第 7.5 条规定:"因交易异常情况及本所采取的相应措施造成损失的,本所不承担赔偿责任。"但随着新《证券法》的修订和实施,2020 年修订的《深圳证券交易所交易规则》第 7.5 条规定:"因交易异常情况、重大异常波动及本所采取的相应措施造成损失的,本所不承担民事赔偿责任,但存在重大过错的除外。"

决中明确指出,证券交易所行使自律监管权时的自主决定权系其履行监管职责的基础,据此应当认为,无论交易所在行使其监管职权过程中作为或不作为,只要其行为的程序正当、目的合法,且不具有主观恶意,则交易所不应因其自主决定的监管行为而承担民事法律责任,否则其监管职能的行使将无从谈起。①

---

① 参见《郭秀兰诉光大证券股份有限公司、上海证券交易所、中国金融期货交易所期货内幕交易责任纠纷案》,载《最高人民法院公报》2018 年第 12 期。

第五章　债券市场互联互通下的债券法制统一

除了市场层面的功能定位偏差和政府层面的监管权力博弈,造成我国债券市场分割的另一个重要的制度因素就是债券市场法制基础割裂。无论是发行市场还是交易市场的法律法规体系都呈现出碎片化特征,同类债券发行监管规则和标准不统一,债券跨市场交易也缺乏统一的监管规则和标准。因此,债券市场互联互通亟须统一的债券法制作为保障,这不仅是市场互联互通的需要,也是债券市场统一监管的需要,更是资本市场法制建设的需要。但也必须认识到,债券品种的差异化特征、部门立法的积弊和"重股轻债"的思维惯性决定了债券法制统一必然面临重重困境,需要探索一条现实可行的路径。

第一节　债券市场法制统一的逻辑与进路

一、债券市场法制统一的逻辑起点

(一) 债券市场互联互通的现实诉求

从市场分割走向互联互通是债券市场发展的必然趋势,随着新"国九条"的出台,"深化债券市场互联互通"也已经在国家政策层面上得到了正视。那么随之而来的问题就是,如何使债券市场互联互通从政策层面上升到法律层面,以及如何从纸面上落实到实践中。这不仅有赖于市场层面的交易主体、交易产品和托管结算体系互联互通,以及政府层面的监管理念革新和权力重构，更是离不开债券市场法制统一作为制度保障。首先，债券市场交易主体互联互通除了需要在法律上确认和保障其在债券市场中自由竞争、公平竞争、自主选择和公平交易等权利外，还应当为其跨市场交易提供相对统一的监管制度，使之面临同等的监管负担，不至于因为银行间债券市场和交易所债券市场法制不统一和监管制度差异，而平添交易成本和法律风险。其次，债券市场交易产品互联互通需要统一的债券市场法律基础，从功能视角出发，将所有具备共性法律关系特征和本质属性的债券，不论其表现形式、发行主体、监管主体如何，都纳入统一的债券市场基本法的调整范畴。在此框架下对同类债券制定适用于所有交易场所的发行监管规则，从而消除债券跨市场发行和交易的法律障碍。最后，债券市场托管结算体系互联互通也需要将之纳入统一的债券市场基本法中加以调整，使所有的债券不论在哪个市场发行和交易都适用统一的托管结算规则，进而保障债券跨市场交易的自由性和顺畅性。

（二）债券市场统一监管的必然要求

债券市场的统一监管包含两个方面：一是债券发行市场，在尊重债券品种差异性的基础上，对同类债券的发行实施统一监管；二是债券交易市场，对银行间债券市场和交易所债券市场实施统一监管。不论是发行环节对同类债券的统一监管，还是交易环节对不同市场的统一监管，都是打破监管权力分割所造成的人为的市场壁垒，促进债券市场互联互通的必然要求。而从债券市场统一监管和债券法制统一的关系上看，统一监管需要法制统一加以落实和保障，以扫清统一监管的法律障碍；另外，债券市场监管的统一最终也势必将会促成法制的统一，消除监管机构分别立法导致的规则体系碎片化。债券市场统一监管首先是要有统一的监管机构，在债券发行监管方面，公司信用类债券的三套规则将监管机构一分为三，《证券法》授权中国证监会负责公司债券发行监管，《企业债券管理条例》授权国家发改委负责企业债券发行监管，《银行间债券市场非金融企业债务融资工具管理办法》授权中国银行间市场交易商协会负责非金融企业债务融资工具的发行监管。在债券交易监管方面,《中国人民银行法》授权中国人民银行对银行间债券市场进行监管,《证券法》授权中国证监会对交易所债券市场进行监管。这就意味着统一监管机构的前提是要对割裂的债券法制进行统一,明确其监管权力和监管责任,进而制定出统一的监管规则和监管制度。

(三) 资本市场法治建设的应有之义

法治是资本市场成熟发展的必要条件,只有通过法治才能保障市场主体公平参与市场竞争,只有通过法治才能保障市场交易活动的正常有序进行,只有通过法治明确政府监管职责才能减少行政管制。[①]不可否认的是,我国资本市场法治建设已经取得了长足的进步,以《证券法》为主体、以行政法规和部门规章为重要组成、以自律规则为补充的资本市场法律体系也日益完善。但也要认识到,资本市场法治在市场深化发展的现实需要面前仍然显得力有不逮。其实,资本市场法治不过是市场发展的一个"镜像",客观上映射了资本市场发展存在的问题。具体而言,资本市场发展的现状决定了法治建设上存在"重股票市场、轻债券市场,重场内市场、轻场外市场"的问题。与此同时,在债券市场分割和多头监管体制下,资本市场法律体系也存在割裂,内在的统一性和协调性不够,存在大量重复建设的情况,徒增立法成本。因此,资本市场法治建设一是要平衡、二是要统一。既要在资本市场立法中平衡股票市场和债券市场、场内市场和场外市场的关系,针对不同市场的特点制定符合市场发展需要的法律规则,从而为多层次资本市场发展提供法治保障,又要实现资本市场法律体系的内在统一性和完整性,防止资本市场法律制度的内在割裂和冲突,而这其中最为迫切的莫过于债券市场法制统一。正如有学者所言:"不仅债券市场,而且其他固定收益类产品、资产管理、投资者适当性、多层次交易市场建设等方面都存在着类似债券的多头监管而缺乏统一法制

---

① 参见尚福林:《法治是推动资本市场改革的主导力量》,载《证券法苑》(第4卷),法律出版社2011年版。

的问题。基于债券是资本市场最基础和占据半壁江山的直接融资工具，探讨债法统一的问题，也就有了检验依法治市'试金石'的作用和先行军的深远意义。"①

二、债券市场法制统一的现实困境

（一）债券品种的差异化特性

债券品种的差异化特性不仅决定了债券市场难以建立起完全统一的监管体制，在发行市场仍将债券不同属性长期保留多头监管，同时也构成了债券市场法制统一的根本性障碍。股票的标准化特征使得其发行、上市、交易、登记、存管和结算等可以在统一的法律框架下进行规范，适用统一的监管机构、监管规则和监管制度，即使是优先股和特别表决权类别股的出现也不会动摇这一根基，其差异更多是体现在表决权和收益分配等方面。债券则不然，政府债券和公司信用类债券虽然在本质上都属于债券范畴，但是其内在差异性却不容忽视，发行主体和信用基础截然不同。相应地，在发行监管主体、发行条件、信息披露的内容、信用评级的标准等方面都会不尽相同，显然也就无法通过一部法律、一套规则、一套制度对不同债券加以调整。因此，债券市场法制统一只能是相对意义上的，而不会是大一统的"债券法"，罔顾债券差异化特性讨论债券市场法制统一只会是一个伪命题。既然如此，债券市场法制统一的路径如何选择，在哪个层面上统一，有哪些方面可以统一，都是无法回避的难题，必须要结合债券和债券市场实际情况仔细甄别。

（二）部门立法的积弊

众所周知，我国资本市场立法一直都有着"部门立法"的传统，小到部门规章的制定，大到《证券法》等法律的制定，无不是由具体的监管部门所主导的。虽然《立法法》第7条规定"全国人民代表大会和全国人民代表大会常务委员会行使国家立法权"，但在立法程序中立法草案或修订草案

---

① 洪艳蓉：《债法统一是检验依法治市的试金石》，载《经济观察报》2015年3月2日。

的起草工作主要还是由政府部门负责的。在部门立法格局下,"立法部门不处于法制的中心,只是处于法制的边缘"。[①]部门立法的重要弊端就在于立法过程容易被部门利益所裹挟,以及影响法制统一。事实上,当初《立法法》的制定背景也正是"随着法律数量的快速增加,影响法制统一的问题出现了。在当时,越权立法、部门立法等问题被外界广为诟病,坊间常有'神仙打架、小鬼遭殃'的戏谑之语"。[②]可时至今日,部门立法的积弊依旧得以延续,以此次《证券法》修订为例,虽然起草组成员来自全国人大财经委、中国证监会、国家发改委、中国人民银行、国务院法制办、最高人民法院以及全国人大常委会法工委等多个相关部门,但是修订草案的起草过程仍然是由中国证监会具体负责。这种部门立法的结果就是,新《证券法》依然很难去从根本上突破市场分割和法制割裂的困局,适用范围仍旧狭窄,公司信用类债券监管依然无法统一,导致有关债券发行监管主体的规定存在"国务院证券监督管理机构或国务院授权的部门"这样似是而非、模棱两可的规定。前已述及,要真正实现债券市场互联互通和债券法制统一,就必须要突破部门立法的局限,但在现行的立法体制下,要实现这一目标又是知易行难。

(三)"重股轻债"的思维惯性

我国资本市场立法的另一个流弊就是"重股轻债"的思维惯性根深蒂固,立法以股票规则为中心,债券规则被边缘化,甚至于直接套用股票规则。显而易见的结果就是,调整股票的法律规则和制度体系发展得较为健全和成熟,债券市场法制发展相对滞后。"债券法制被边缘化,作为资本市场基本法的公司法、证券法,更多地呈现以股票为中心的规则体系,债券管理先天缺少统一和系统的制度基础。"[③]这固然与资本市场发展早期对于股票市场和债券市场的不同定位有关,股票市场在国有企业股份

---

① 吴志攀:《〈证券法〉适用范围的反思与展望》,载《法商研究》2003 年第 6 期。

② 梁国栋:《引领法治中国的制度力量——立法法实施 14 年回眸》,载《中国人大杂志》2014 年第 19 期。

③ 洪艳蓉:《债法统一是检验依法治市的试金石》,载《经济观察报》2015 年 3 月 2 日。

制改革和企业直接融资中承载了更主要的任务,资本市场"股强债弱"的现实也反映到了立法当中。可现如今,债券市场的总体规模已经超过了股票市场,公司信用类债券在企业直接融资中的比重也在迅速增加,其融资增量已经超过了股票融资。然而,债券市场法制发展的步伐却滞后于市场发展,资本市场立法的"重股轻债"现象依然如故,在《证券法》中大部分规定都是围绕股票市场展开的,有关债券的规则可谓少之又少,此番新《证券法》修订的主要任务也是推广适用科创板的股票发行注册制经验,并适应注册制改革构建更加完善的信息披露制度并确立更具威慑力的法律责任制度,有关债券规则的修改完善既非重点也存阻力。[①]

三、债券市场法制统一的路径选择

囿于债券市场分割和多头监管的现状,以及上述债券市场法制统一的制度困境,官方层面对于债券市场法制统一一直讳莫如深,证券法学界也有意无意地回避这一问题,或者只是避重就轻地讨论公司债券法制统一。例如,有学者提出"坚持公司债券法制统一的立法原则","确立《证券法》调整实质意义上的公司债券的基本法地位,逐步将广义的公司债券纳入《证券法》的调整范围"。[②]换言之,"按照《证券法》的功能定位和法制统一原则,凡是公司制法人发行的还本付息的有价证券,不论以何种名称命名,也不论是在交易所市场还是在其他市场上市交易,都应当遵循《证券法》"。[③]在此前提下,也有学者提出"以《证券法》为中心,对公司债券相关监管规则进行整合"。[④]应该说,在《证券法》基础之上统一公司债券法制是十分必要的,也是相对容易得出的结论,在学界也基本上形成了共识。

---

① 参见洪艳蓉:《新〈证券法〉债券规则评析》,载《银行家》2020 年第 3 期。

② 张媛:《论我国〈证券法〉中公司债券法律制度的适用与完善》,载《证券法苑》(第 5 卷),法律出版社 2011 年版。

③ 徐明:《进一步完善公司债券市场的法律制度》,载《证券法苑》(第 6 卷),法律出版社 2012 年版。

④ 中信证券股份有限公司法律部:《交易所公司债券市场发展与〈证券法〉修改》,载《证券法苑》(第 5 卷),法律出版社 2011 年版。

但站在整个债券市场的角度看,仅仅讨论公司债券法制统一却又是远远不够的。我国债券市场分割和法制割裂不仅存在于公司债券领域,而是所有债券都面临的共性问题,公司债券只是我国债券市场的一部分,公司债券法制统一或许具有示范意义,但不可能解决全部问题。因此,超越公司债券的更大范围内的债券市场法制统一是不容回避的,必须直面债券市场法制统一的现实需求及其制度困境,选择一条合适的统一路径。对于债券市场法制统一的路径,无非有两种观点:一种观点认为应当确立《证券法》的资本市场基本法地位,以《证券法》为基础统一债券市场法制;[1]另一种观点认为我国债券市场分割等问题不是统一适用《证券法》就能解决的,建议由国务院出台适用于债券市场的单行行政法规,以弥补《证券法》的不足。[2]

本书并不主张绝对意义上的债券市场法制统一,这只是一种理想主义观点,客观上也很难实现,必须考虑到债券品种的差异化特性,以及债券场内市场和场外市场交易规则上的差别。因此,债券市场互联互通下的法制统一,其实是一个从个性中提炼共性、于混沌中发现秩序的过程。具言之,在宏观层面上,应当确立《证券法》在整个债券市场中的基本法地位,不仅只是调整公司债券的基本法,也不仅只是调整交易所债券市场的基本法;在中观层面上,应当重构统一而有差别的债券监管规则体系,既要在分类管理基础上统一同类债券的发行监管规则,又要对银行间债券市场和交易所债券市场的交易监管规则进行重整,在尊重差异的前提下促进规则间的统一和协调;在微观层面上,应当构建符合债券市场特性的基本制度,包括信息披露制度、信用评级制度、投资者保护制度等。

---

① 参见徐聪:《论转轨背景下证券法治逻辑与制度的现代化——兼评〈证券法(修订草案)〉"一读稿"》,载《法学评论》2016 年第 2 期。

② 参见李敏:《我国债券市场监管分割及统一路径》,载《中国政法大学学报》2021 年第 2 期;李曙光:《谁来监管 96 万亿规模的债券市场?》,https://www.yicai.com/news/100533623.html,2021 年 4 月 15 日最后访问。

第二节　宏观层面：确立《证券法》
在债券市场的基本法地位

一、将《证券法》调整范围扩大至所有债券类型

（一）《证券法》调整的债券范围过于狭窄

我国《证券法》所能够调整的债券范围十分狭窄，第 2 条规定："在中华人民共和国境内，股票、公司债券、存托凭证和国务院依法认定的其他证券的发行和交易，适用本法；本法未规定的，适用《中华人民共和国公司法》和其他法律、行政法规的规定。政府债券、证券投资基金份额的上市交易，适用本法；其他法律、行政法规另有规定的，适用其规定。资产支持证券、资产管理产品发行、交易的管理办法，由国务院依照本法的原则规定。"从法律条文上看，什么是"国务院依法认定的其他证券"则是语焉不详，仅就字面上看《证券法》所能调整的债券就是公司债券发行和交易以及政府债券的上市交易，这里的"公司债券"是否包括企业债券和非金融企业债务融资工具等公司信用类债券，还是仅指按照《公司债券发行与交易管理办法》发行的公司债券，也并不明了。实践中，企业债券、非金融企业债务融资工具、金融债券和政府债券的发行分别适用国务院、国家发改委、中国人民银行、财政部所制定的行政法规、部门规章和其他规范性文件，缺乏统一的、上位的基本法约束，即使是《证券法》上有关公司债券发行和交易规则也寥寥无几。《证券法》本应理所当然地担负起债券市场基本法的重任，但其调整范围过窄，整个债券市场的基本法可以说是尚付阙如。

自从 1998 年《证券法》颁布以来，有关《证券法》调整范围的"宽"与"窄"之争始终不绝于耳。在 1998 年《证券法》制定过程中，对于其调整范围之争涉及两个层次的问题，一是调整哪些种类的证券，二是调整证券的哪些活动。一种意见主张《证券法》的调整范围应当包括所有证券（包含

其衍生品),既规定其发行活动,也规定其交易活动;另一种意见主张《证券法》的调整范围不能仅从"证券"的名词概念出发,而要从我国证券市场实践基础和现实条件出发,将调整范围限定在股票和公司债券等基本证券的发行交易活动上。①从最终立法结果看,显然后一种意见占据了上风,1998年《证券法》第2条的调整范围明确规定政府债券的发行和交易由法律、行政法规另行规定。此后,在《证券法》实施过程中其调整范围过窄的缺陷不断暴露,调整范围之争也再起波澜。早在2003年,吴志攀教授在对1998年《证券法》适用范围的反思时指出:"我国《证券法》适用范围'宽'与'窄'的选择,是四年前曾经争论、今天又起争论的问题","《证券法》现有的适用范围的最大问题在于:限制了市场的证券品种和市场层次,限制了交易的多样性和相关性"。②遗憾的是,经过2005年的修改,《证券法》调整范围狭窄的问题依然如故,同1998年相比,只是增加了"政府债券、证券投资基金份额的上市交易,适用本法;其他法律、行政法规另有规定的,适用其规定"。《证券法》对于"证券"的界定范围过窄隐含了一系列的制度性缺陷,包括不利于投资者保护、限制了资本市场发展空间、不能满足市场投融资需求以及不利于实现资本市场的功能监管等。③但对债券市场而言,其更大的弊端还在于造成了债券市场法制的不统一,在法律层面上强化了债券市场分割,导致了债券市场互联互通的法律障碍。因此,重新定义"证券",扩大《证券法》的调整范围,仍应是此次《证券法》修订的头等要务。

(二)"证券"定义的域外立法例

美国《1933年证券法》第2节(a)(1)所定义的"证券"范围相当宽泛,除了票据、股票、国库券、债券、衍生品以及其他各类权益和凭证之外,还引入了投资合同(Investment Contract)的概念。投资合同的概念十分具

---

① 参见李飞:《关于如何确定证券法的调整范围问题》,载《中国法学》1999年第2期。
② 吴志攀:《〈证券法〉适用范围的反思与展望》,载《法商研究》2003年第6期。
③ 参见陈洁:《金融投资商品统一立法趋势下"证券"的界定》,载《证券法苑》(第5卷),法律出版社2011年版。

有弹性,类似于证券定义中的一个"兜底条款",其他概念所不能涵盖的"证券"都可以设法联系到这里,只要符合投资合同的判定,也就属于《证券法》所调整的证券。①1946年,美国联邦最高法院在 SEC v. W.J.Howey Co.一案中确立了投资合同的判定标准,即所谓的"Howey 检验",以判断一项合同、交易或计划是否构成《证券法》所定义的"投资合同"。"Howey 检验"包含四个要素:(1)利用钱财进行投资(investment of money);(2)投资于一个共同事业(in a common enterprise);(3)期望使自己获得利润(with profits);(4)利润仅仅来自他人的努力(come solely from the efforts of others)。②这种通过《证券法》的列举加上司法审查相结合的方法,使得美国证券法上的"证券"范围可以随着经济社会发展和金融创新进程不断拓展。

德国《有价证券交易法》第2条规定,本法所称有价证券指的是可以在市场上交易的股票、代表股票的证书、债券、红利息票、期权证书以及其他相当于股票或债券的有价证券,有价证券也包括资本投资公司或外国投资公司发行的持股份额证书。

日本和韩国相继采取了金融统合立法的模式,将证券和金融衍生品等都纳入金融投资商品的范畴加以统一规范。日本《金融商品交易法》第2条第1项列举的"有价证券"包括国债、地方债、法人依特别法所发行的债券、公司债、依特别法设立的法人所发行的出资证券、合作组织金融机构之优先出资证券、资产流动化法所规定的优先出资证券、股票及新股认购权利证书等在内的20种证券类型。另外还设置了一个"兜底条款",即根据流通性与其他情况,为公益或保护投资者的目的,确有必要根据行政命令认定的其他证券或证书。第2条第2项还规定了第1项所列举的表彰有价证券的权利,纵然没有发行有价证券,该权利仍然准用有价证券,

---

① 参见董华春:《从"Howey 检验"看"投资合同"——美国证券法"证券"定义的法律辨析(一)》,载《金融法苑》2003年第2期。

② SEC v. W.J.Howey Co., 328 U.S.293(1946). The test is whether the scheme involves an investment of money in a common enterprise with profits to come solely from the efforts of others.

而适用本法的规定。第 2 项所列举的"准有价证券"包括信托受益权、对外国人之信托受益权、无限公司与两合公司之社员权(以行政命令规定为限)、合同公司之社员权、外国法人之社员权、集合投资计划之权利、外国集合投资计划之权利以及与前述各项权利具有相同性质的为公益或保护投资者目的由行政命令认定的权利(删除第 1 项的流通性要件)。①

韩国《资本市场法》第 3 条将金融投资商品分为证券和衍生商品两类,第 4 条将"证券"定义为"本国人或外国人发行的金融投资商品,投资者除了负有在获取该商品时支付相应的金钱等义务外,不负有任何其他义务。但是,投资者为了达成基础资产交易而行使权利所产生的支付义务除外",所列举的"证券"范围包括债务证券、份额证券、受益证券、投资合同证券、衍生结合证券、证券预托证券。其中,债务证券是指国债、地方债、特殊债(依法直接设立的法人发行的债券)、公司债券、企业票据以及其他相似的具有支付请求权的凭证。②日本《金融商品交易法》和韩国《资本市场法》最大限度地将具有投资性质的金融商品和投资业务纳入调整范围,不仅将"证券"扩大为实质意义上金融商品的基础,还对具备证券实质功能的不同金融商品进行了统合立法规范和监管。③

由上可见,对于"证券"的定义不管采用何种立法体例,是详尽列举抑或是概括界定,共性特征都是将"证券"的范围定义得十分宽泛,并且保留有足够的弹性空间。单就债券而言,也都是囊括了国债、地方债和公司债等所有债券类型。

(三)《证券法》调整债券范围的立法选择

借鉴域外成熟经验,采取"概括 + 列举"的立法模式,扩大"证券"定义的内涵和外延,是学界对此次《证券法》修订的一个基本共识。在华东政

---

① 参见陈洁:《金融投资商品统一立法趋势下"证券"的界定》,载《证券法苑》(第 5 卷),法律出版社 2011 年版。

② 参见董新义:《韩国资本市场法》,知识产权出版社 2011 年版,第 4 页。

③ 参见华东政法大学课题组:《证券法的调整范围与立法体例研究》,载《证券法苑》(第 10 卷),法律出版社 2014 年版,第 138 页。

法大学课题组有关证券法调整范围和立法体例的专家建议稿中,建议将《证券法》第 2 条修改为"在中华人民共和国境内,证券及证券衍生品种的发行和交易,以及相关服务、监督管理等事项,适用本法;本法未规定的适用《中华人民共和国公司法》和其他法律、行政法规及部门规章的规定。本法所称证券,包括股票、债券、证券投资基金份额及其他经国务院证券监督管理机构认定的集合投资计划份额。这里所称集合投资计划份额,是指投资人本着获利意愿以金钱出资,并可从他人经营中获得利润的标准化投资合同"。①但从《证券法》修订的情况来看,仍然没能够有所突破。"一审稿"采取了"概括 + 列举"的立法例,第 3 条第 1 款规定"本法所称证券是指代表特定的财产权益,可均分且可转让或者交易的凭证或投资性合同",但随后在第 2 款列举的债券范围内规定仅包括"公司债券、企业债券、可转换为股票的公司债券等债券",另外在第 3 款规定"政府债券的上市交易,适用本法"。从"三审稿"到最终通过的新《证券法》似乎又回到了旧《证券法》的规定,删去了对证券的概括性定义,在调整的债券范围上也删除了企业债券、可转换公司债券而只列明了公司债券的发行和交易,以及政府债券的上市交易,资产支持证券的发行和交易管理办法则是由国务院依照本法原则规定。从文义上判断,银行间债券市场发行和交易的非金融企业债务融资工具、企业债券、金融债券、政府债券、信贷资产支持证券等并未纳入其中。由此导致的结果就是,占据债券市场规模近 90%的银行间债券市场发行和交易的债券不能被纳入《证券法》的调整范围,那么《证券法》中的"证券"定义就还是不完整的、狭隘的,《证券法》自然也就无法真正成为债券市场乃至整个资本市场的基本法。

问题的根源在于,市场分割、多头监管和部门立法的相互作用之下,《证券法》对其所调整的债券范围的界定,并不是基于债券的本质属性和法律关系出发,相反的是基于债券发行和交易的场所及监管主体所作的

---

① 华东政法大学课题组:《证券法的调整范围与立法体例研究》,载《证券法苑》(第 10 卷),法律出版社 2014 年版,第 138—139 页。

划分。即凡是由证监会负责发行监管或者在交易所债券市场上市交易的债券就要受到《证券法》的调整，否则就被排除在《证券法》之外，这当中部门利益之争和权力博弈体现得尤为明显。实际上，从债券的本质属性上看，政府债券、公司债券、企业债券、非金融企业债务融资工具、金融债券、资产支持证券等都符合"证券"的定义，都是代表了特定财产权益的凭证，也都具有可转让性。从债券所记载的权利义务关系上看，债券投资者和发行人之间的法律关系是债权债务关系，发行人即债务人，投资者或者债券持有人即债权人。①在债券所记载的发行人与投资者之间的权利义务关系中，最基本的一点就是"还本付息"。无论是政府信用为基础的债券，还是以公司或金融机构信用为基础的债券，都不会脱离这一基础性法律关系，最多只是在债券法律关系的主体上有所差别。在调整各类债券发行监管的行政法规、部门规章中，对于不同债券定义的共同之处都是"在一定期限内还本付息的有价证券"，"还本付息"彰显了债券区别于其他证券的基本特征，"有价证券"则是明示了债券的证券本质。既然如此，那么《证券法》仅仅根据交易场所和监管主体的不同，就将本质上相同的债券人为割裂开，显然既不合理也不合法。因此，在债券市场互联互通、统一监管和债券法制统一的目标指引下，应当将《证券法》的调整范围扩大至所有债券类型，不论其发行主体、信用基础如何，也不论其交易场所和监管主体如何，只要符合"证券"的定义，都应该纳入《证券法》统一调整。需要说明的是，将所有债券类型都纳入《证券法》与前书所言保留债券发行多头监管也并不冲突，《证券法》作为债券市场基本法可以授权相关监管机构就债券发行制定具体的监管规则。

二、在《证券法》上规定调整债券市场的基本制度

在将所有债券类型都纳入《证券法》调整之后，进而需要在《证券法》上规定调整债券市场的一系列具体制度。基于"主体—行为—责任"的框

---

① 参见冯果：《证券法》，武汉大学出版社2015年版，第10页。

架对债券市场的制度进行划分,包括发行人、投资者、中介服务机构、登记结算机构、监管机构等主体的权利(力)和义务,债券发行、上市、交易、登记、托管、结算等行为制度,以及这些主体在行为过程中违法所要承担的法律责任。可是必须要认清的现实是,《证券法》不单单是债券市场的基本法,更是整个资本市场的基本法,因而也就不可能对债券市场的所有制度面面俱到地加以规定,必须要有所取舍,只能是一些有必要在法律层面予以规定的基本制度。在此基础上,必须改变目前《证券法》以股票市场制度为中心的立法体例,在对债券市场制度规定的可为与不可为之间作出恰当的选择和安排。首先,原则上《证券法》规定的应当是"债券市场准入、发行、信息披露与偿债机制、投资者权益保护、中介机构职责等市场基本制度,以及上市后交易、监管等涉及市场规范发展和运行模式,且具有基础性和普遍性的制度规范"。①其次,债券市场作为证券市场的组成部分,在很多制度方面与股票市场等其他市场都具有共性,例如证券交易的一般性规定和禁止交易行为、证券托管结算、投资者保护的一般性规定、证券交易所、中介服务机构、监管机构等,但总体上《证券法》的规定都是围绕场内市场展开的,有必要将相关制度规定拓展至银行间债券市场等场外市场,特别是要对银行间债券市场和交易所债券市场的托管结算制度进行统一规范。再次,《证券法》尤其应当注重体现债券特性的那些债券市场特殊制度的制定。例如,债券发行保留多头监管,注册制改革的步骤也有先后之分,这就要求在《证券法》上对债券发行制度作有弹性的概括性规定,具体的发行管理办法则可以授权各债券发行监管机构另行规定。又如,契合债券本质的信息披露制度,与股票市场信息披露制度也应有所区别,需要在《证券法》上专门规定。另外,债券市场投资者保护制度与股票市场也应有所区别,特别是要重视债券持有人会议制度和受托管理人制度的作用。

---

① 陆文山:《债券市场发展与配套制度建设的若干问题》,载《证券法苑》(第2卷),法律出版社2010年版。

三、《证券法》与《中国人民银行法》《公司法》的立法协调

明确了《证券法》在债券市场的基本法地位之后,应当通过法律的联动修改,协调好《证券法》与《中国人民银行法》《公司法》之间的关系。其中,《证券法》与《中国人民银行法》之间的核心冲突在于债券交易市场的监管权配置上,前者规定由中国证监会对全国证券市场实行集中统一监管,后者又规定中国人民银行负责对银行间债券市场实施监管。按照本书所主张的由中国证监会统一监管债券交易市场,就需要修改《中国人民银行法》,删除中国人民银行法监管银行间债券市场的规定。但现实来看,这一目标在短期内很难实现,2020 年 10 月 23 日公布的《中国人民银行法(修订草案征求意见稿)》第 5 条关于中国人民银行的职责仍然规定了监督管理银行间债券市场。既然监管权力的重新配置存在障碍,现阶段至少应当在债券市场的监管规则和制度上进行必要的统一协调。鉴于《中国人民银行法》几乎未对债券市场监管制度作任何具体规定,这其实大大减少了《证券法》和《中国人民银行法》有关债券市场监管的立法冲突,也为在具体规则和制度层面统一协调留下了广阔的空间,中国证监会统一债券市场执法工作即是明证。

对于《证券法》与《公司法》的关系,有学者主张,"《公司法》与《证券法》是一般法与特别法的关系,要健全我国资本市场法律体系,《公司法》与《证券法》必须联动修改"。[①]《证券法》第 2 条中规定"本法未规定的,适用《中华人民共和国公司法》和其他法律、行政法规的规定",似乎也反映了二者间的这种关联性。可以说,在涉及公司发行股票和公司债券时,二者的确存在一般法与特别法的关系,例如《公司法》中规定了股份有限公司的股份发行和转让,以及公司债券的一般性规定。甚至于在《公司法》和《证券法》早期立法中,一度没有协调好二者的立法分工,导致《公司法》规定了本属于《证券法》的法律规范,如股票上市条件、暂停或终止上市、

---

① 刘俊海:《建议〈公司法〉与〈证券法〉联动修改》,载《法学论坛》2013 年第 4 期。

公司债券发行条件等。①也有观点认为，《证券法》应当侧重于调整证券交易活动，有关证券发行则应当由《公司法》调整。②但随着《证券法》所调整的"证券"范围不断扩展，将远远超出股票和公司债券的范畴，还包括政府债券、证券投资者基金份额的上市交易，这时二者的关系就有必要重新审视。虽然存在调整范围上的交叉，但其区别也是显而易见的。根据王保树先生的观点：公司法更多强调自治，证券法更多强调适度监管；公司法以规范公司组织为主旨，证券法以规范市场管理为主旨；公司法以任意性规范为主，证券法以强制性规范为主；凡属于规范公司自我调节的归入公司法，凡确认和规范政府对证券市场必要监管的归入证券法。③可是不管如何，《证券法》与《公司法》存在部门法归属、调整对象和功能上的交叉和互补却也是不争的事实。"无论是基于《公司法》和《证券法》之内在关联性，还是基于法律协同效用发挥之要求，均有必要将公司法律制度和证券法律制度作为一个整体进行合理地架构和设计。"④在新《证券法》已经修订实施的背景下，《公司法》的修订也迫在眉睫，基于二者之间的关联性应当联动修改，而且通过《公司法》对公司债券规则的修改也可以弥补《证券法》修订中存在的不足和缺憾。

现行《公司法》在第七章"公司债券"中共有 10 条规定，具体内容涵盖了公司债券定义、发行、募集办法载明事项、债券载明事项、债券存根簿、登记结算、公司债券转让以及可转换公司债券的发行和换股等内容。其中一些规定已经不能满足公司债券现实发展的需要，甚至存在与新《证券法》的冲突。例如《公司法》第 154 条规定的"发行公司债券的申请经国务院授权的部门核准后，应当公告公司债券募集办法"，显然与公司债券注册制改革相悖。又如，《公司法》第 155 条到第 157 条、第 160 条都是基于

---

① 参见陈甦：《修改公司法应注意与证券法的协调》，载《法制日报》2004 年 12 月 16 日。
② 参见侯水平：《论公司法与证券法之关系》，载《社会科学研究》2001 年第 1 期。
③ 参见王保树：《公司法与证券法修改应联动进行》，载《清华金融评论》2014 年第 11 期。
④ 赵万一、高达：《论中国公司法与证券法的协同完善与制度创新——以公司治理为研究视角》，载《河南财经政法大学学报》2014 年第 4 期。

公司以实物券方式发行公司债券所作的规定,包括法定代表人签名和公司盖章、记名债券背书转让、无记名债券交付转让、债券存根簿等,这显然也不符合目前无纸化、电子化债券的趋势。

对此,适应《证券法》修订以及债券市场发展的现实需要,现行《公司法》第七章有必要作出以下修改:第一,扩展公司债券的适用范围,使之能够涵盖企业债券和非金融企业债务融资工具。在目前"公司债券"这一表述具有特定指向性前提下,《公司法》第七章的规定也变得十分狭隘,不符合公司发行债券融资的现实,也不能够为企业债券、非金融企业债务融资工具提供《公司法》上的正当性法律基础。另外,《公司法》第154条第2款对于公司发行债券的法律适用只规定应当符合《证券法》的发行条件,也同样有失偏颇,既不符合企业债券、非金融企业债务融资工具的发行现状,也未能体现私募债券发行的特殊性,有必要增加"其他法律、行政法规另有规定的,适用其规定"。第二,《公司法》第159条对于公司债券交易只规定了在证券交易所上市交易,这在债券市场互联互通的大趋势下也稍显狭隘。因此,参照新《证券法》第七章"证券交易场所"的规定,应当将该条规定的公司债券交易场所扩展为"证券交易所或国务院批准的其他全国性证券交易场所"。第三,契合《公司法》的组织法特性,应当增加债券持有人会议和债券受托管理人的有关规定,强化对公司债券发行人的约束和债券持有人的权利保护。

第三节　中观层面:重构统一而有差别的债券监管规则体系

《证券法》作为债券市场的基本法,只能够对债券市场基本制度作出规定,有关债券发行市场和交易市场的具体制度,则应当以《证券法》为基础和依据,通过行政法规、部门规章和自律规则所构成的债券监管规则加以细化规定。这些债券监管规则由国务院、各监管机构和自律监管组织等不同主体制定,涉及不同债券类型和交易场所,因而也就不可能是完全相同的单一化规则,而是体现不同债券和交易场所特点的、统一而有差别的债券监管规则。

一、在分类管理基础上统一同类债券发行监管规则

不同债券的差异性就决定了对债券发行要实施多头监管,这也符合国际上债券市场监管体制的通行做法。同时,不同债券发行主体和信用基础的差别也决定了发行条件有所不同,公司债券发行更加市场化,往往考虑可分配利润、资产负债和现金流等对偿债能力的影响;政府债券发行纳入财政统一管理,实行额度和规模控制;金融债券的发行则要符合金融机构的资本充足率、风险监管指标、合规经营等监管要求。[①]因此,在债券发行环节有必要由各债券发行监管机构制定具体的发行监管规则,实施债券分类管理。但这也并不意味着债券发行监管规则就可以是完全分散和割裂的,同类债券的发行监管规则仍应当统一。我国目前债券发行监管规则总体呈现空缺和分割两大特征,其中政府债券和交易所债券市场金融债券发行监管规则基本处于空缺状态,公司信用类债券发行监管规则严重分割,有待补充、统一和完善。

(一)统一政府债券发行监管规则

在政府债券领域,能够称得上是发行监管规则的有《国库券条例》和《地方政府债券发行管理办法》。虽然表面看起来已经形成了较为完备的政府债券发行监管规则体系,但如果从这些规则的条文规定进行考察,就

---

① 《全国银行间债券市场金融债券发行管理办法》第7条规定商业银行发行金融债券应具备以下条件:"(一)具有良好的公司治理机制;(二)核心资本充足率不低于4%;(三)最近三年连续盈利;(四)贷款损失准备计提充足;(五)风险监管指标符合监管机构的有关规定;(六)最近三年没有重大违法、违规行为;(七)中国人民银行要求的其他条件。根据商业银行的申请,中国人民银行可以豁免前款所规定的个别条件。"

第8条规定企业集团财务公司发行金融债券应具备以下条件:"(一)具有良好的公司治理机制;(二)资本充足率不低于10%;(三)风险监管指标符合监管机构的有关规定;(四)最近三年没有重大违法、违规行为;(五)中国人民银行要求的其他条件。"

会发现仍然存在很大的规则空缺。1992 年国务院制定的《国库券条例》，总共只有 14 条内容且大多是原则性的规定，可操作性不强，且严重滞后于现实发展，根本无力支撑国债发行监管的需求。至于地方政府债券立法，2005 年财政部根据《预算法》《国务院关于加强地方政府性债务管理的意见》(国发〔2014〕43 号)制定了《地方政府一般债券发行管理暂行办法》和《地方政府专项债券发行管理暂行办法》，但从内容上看分别只有 24 条和 26 条，对于地方政府债券的发行条件缺乏具体化规定，也没有能够体现出一般债券和专项债券的差别管理。2021 年财政部出台了统一的《地方政府债券发行管理办法》，规定了债券发行额度和期限、信用评级和信息披露、债券发行与托管相关机构职责、监督检查等内容，但是对于地方政府债券发行之后的到期偿债机制和投资者保护却未作规定，而且只规定了相关机构职责却没有规定违反职责的法律责任，导致该立法仍然存在缺漏之处。

实践中，目前政府债券发行更多的是依靠财政部出台的"办法""规则""通知"等，其中规定的内容也十分粗陋，且基本上都是年度性的，缺乏规范性、稳定性和延续性，违背了财政法定原则和债券市场法治的基本精神。对此，财政法学界纷纷提出了制定《政府公债法》《地方公债法》《国债法》或《政府债券法》等立法诉求。①但在政府债券立法尚未提上立法规划之前，由全国人大及其常委会授权国务院制定规范政府债券发行的行政法规，也不失为次优之选，也符合《立法法》中授权立法的原则。但无论是制定专门规范政府债券发行的法律，抑或是行政法规、部门规章，对于政府债券发行的市场化、法治化都是大有裨益的，但也应该注意与《证券法》之间的协调和分工，前者应侧重于政府债券发行制度，至于政府债券市场交易法律制度应主要由《证券法》统一规定。此外，在政府债券发行监管

---

① 参见岳彩申、王旭坤：《规制地方政府发债权的几点立法建议》，载《法学》2011 年第 11 期；华国庆：《中国地方公债立法研究》，载《安徽大学学报(哲学社会科学版)》2010 年第 4 期；华国庆：《中国国债立法研究》，载《经济法研究》(第 7 卷)，北京大学出版社 2008 年版。

规则中,应当对地方政府一般债券和专项债券的发行实施差别管理,后者筹集资金的用途具有收益性且以其收益还本付息,因而可以采取更加市场化的发行制度,基于市场化机制发行、定价和偿债,减少行政干预。

（二）统一金融债券发行监管规则

金融债券的发行监管规则主要是《全国银行间债券市场金融债券发行管理办法》《商业银行次级债券发行管理办法》《保险公司发行资本补充债券有关事宜的公告》等。前者由中国人民银行制定,是政策性银行、商业银行、财务公司等金融机构在银行间债券市场发行金融债券的统一监管规则,第42条还规定了"在全国银行间债券市场发行商业银行次级债券和资产支持证券适用本办法,另有规定的,依照其规定";后者由中国人民银行和中国银保监会共同制定,与《全国银行间债券市场金融债券发行管理办法》之间是特别规定与一般规定的关系,共同构成了相互补充的金融债券发行监管规则体系。但现行的规则还只是针对银行间债券市场的金融债券发行,无法适用交易所债券市场,金融债券发行监管规则还是割裂的,交易所债券市场金融债券监管规则仍然空缺。2014年国开行试点在上海证券交易所发行金融债券,采取的是由证券交易所制定《关于国家开发银行金融债券发行交易试点的通知》的方式,并在该通知最后规定"其他政策性银行在本所发行金融债券,参照本通知执行,本所另有规定的除外"。甚至于在现有制度框架下,"金融债券"这一称谓也存在名实不符,特指的是金融机构在银行间债券市场发行的债券,至于保险公司、证券公司在交易所债券市场发行的债券则称次级定期债务、次级债券。因应债券市场互联互通的现实需要,随着商业银行重返交易所债券市场以及金融债券跨市场发行的逐渐放开,应当对现有的金融债券发行监管规则进行修改、整合,采取中国人民银行、中国银保监会、中国证监会联合立法的方式制定适用于整个债券市场的《金融债券发行与交易管理办法》,统一金融债券发行规则,为金融债券跨市场发行奠定法律基础。

(三) 统一公司信用类债券发行监管规则

我国公司信用类债券被分割为公司债券、企业债券和银行间市场非金融企业债务融资工具三类,其发行监管规则主要是证监会制定的《公司债券发行与交易管理办法》、国务院制定的《企业债券管理条例》和中国人民银行制定的《银行间债券市场非金融企业债务融资工具管理办法》。但是,1993 年制定的《企业债券管理条例》已经远远不能适应企业债券发行的需要,残留着很多计划经济的印记,譬如第 10 条规定了企业债券发行的年度规模控制,第 11 条规定了企业债券发行的审批制管理,中央企业债券发行由中国人民银行会同国家计委审批,地方企业债券发行由中国人民银行地方分行会同同级计划主管部门审批。时至今日,企业债券发行已经取消了年度规模控制,并且发行监管制度已经经历了由审批制到核准制再到注册制的变革,但《企业债券管理条例》仍然没有作出相应修改。目前,企业债券发行更多的是依靠发改委出台的"通知""意见"以及绿色债券、战略新兴产业、养老产业、基础设施建设、双创孵化、债转股、PPP 项目等专项债券的"发行指引"加以规范。另外,非金融企业债务融资工具在银行间债券市场实行注册制发行,因而其发行监管规则还包括交易商协会制定的《银行间债券市场非金融企业债务融资工具注册规则》《银行间债券市场非金融企业中期票据业务指引》和《银行间债券市场非金融企业短期融资券业务指引》等自律规则。以上规则的突出问题在于政出多门,规则体系割裂,没有将本质上相同的公司信用类债券当作一个整体进行规则建构和制度设计,进而导致了公司信用类债券市场分割、监管竞争、监管套利和法制不统一等诸多弊病。因此,当务之急是要对公司债券、企业债券和非金融企业债务融资工具正本清源,回归"公司信用"这一共性基础,整合现行碎片化的公司信用债券发行监管规则,对公司信用债券发行进行统一立法。具体统一立法模式有两种路径可供选择:一是不打破现有多头监管格局,由中国人民银行、国家发改委和中国证监会联合制定统一的《公司信用债券发行与交易管理办法》。鉴于三方机构已有的债券市场统一执法以及对信用评级业联合立法的实践经验,这条路径短期内更易实现,但缺点在于没有在根本上实现公司信用债券的统一,只是退而求其次地统一了公司信用债券监管规则、制度和标准。二是由国务院依据《证券法》制定《公司债券管理条例》,将公司债券、企业债券和非金融企业债务融资工具统一纳入"公司债券"进行规范,取代现有"三分天下"的规则分割,从而真正实现公司债券的统一立法、统一监管。①

（四）统一资产支持证券发行监管规则

自 2005 年 3 月信贷资产证券化业务试点启动以来,虽然发展过程历经波折,一度暂停又重启,但是目前我国包括信贷资产支持证券和企业资产支持证券在内的资产证券化业务已经取得了长足发展。2020 年银行间债券市场和交易所债券市场共发行资产支持证券 2.78 万亿元,同比增长 23%,年末市场存量 5.23 万亿元,同比增长 24%。资产支持证券的基础资产日益多元,包括债权类(应收账款、信贷资产、租赁债权等)、收益权类(不动产收益权、信托受益权等)和不动产类等。但是,与我国资产证券化业务快速发展不相匹配的是,资产证券化法律规则层面尚存在不足,主要表现为规则不统一、效力层级低等。目前,我国资产证券化业务规则散见于中国人民银行、中国银保监会和中国证监会制定的部门规章,适用对象和范围不一,包括《信贷资产证券化试点管理办法》《金融机构信贷资产证券化试点监督管理办法》《证券公司及基金管理公司子公司资产证券化业务管理规定》等,另外还有一些以"意见""通知"等形式存在的规范性文

---

① 关于由国务院制定《公司债券管理条例》的呼声由来已久,早于 2007 年全国"两会"期间致公党中央就提案建议在《公司法》和《证券法》原则框架下,制定并发布《公司债券管理条例》,建立统一的公司债券管理体制。参见赵彤刚:《致公党中央提案建议制定公司债券管理条例》,载《中国证券报》2007 年 3 月 10 日;2013 年"两会"期间时任深圳证券交易所总经理宋丽萍也建议制定专门的《公司债券管理条例》,理顺公司债券市场法律关系,统一公司债券市场准入条件、信息披露、资信评估和投资者保护制度。参见郑晓波:《宋丽萍建议制定公司债券管理条例》,载《证券时报》2013 年 3 月 11 日;2021 年全国"两会"期间全国人大财经委员会主任委员、中国证监会原副主席刘新华再次建议由国务院证券监督管理机构牵头起草《公司债券管理条例》,统一公司债券监管标准和基础法律适用。参见祁豆豆:《全国人大代表、全国人大财经委副主任委员刘新华:应制定公司债券管理条例 统一债市监管标准》,载《上海证券报》2021 年 3 月 5 日。

件。新《证券法》第 2 条规定资产支持证券的管理办法由国务院依照本法原则规定,为落实新《证券法》要求统一资产支持证券监管规则,有必要制定《资产支持证券管理条例》,对资产支持证券的发行、交易、信息披露、风险管理和投资者保护等制度统一规定,推动各类资产支持证券在银行间债券市场和交易所债券市场互联互通。

二、统一监管框架下制定有差别的债券交易市场监管规则

当前,债券交易市场呈现两套分立的监管规则体系:一是中国人民银行制定的部门规章和银行间市场交易商协会自律规则所构成的银行间债券市场监管规则体系;二是中国证监会制定的部门规章和证券交易所自律规则所构成的交易所债券市场监管规则体系。两个交易市场的监管规则相互独立、分别适用,缺乏内在的统一性、协调性,特别是在登记、托管、结算规则方面存在差异,制约了债券交易主体和交易产品的跨市场交易,也不利于推动债券市场的互联互通。法律等正式规则中的制度安排"应能消除不必要的市场/产品准入壁垒和退出壁垒,确保市场足够开放,使市场能够面向最为广泛的参与者群体","确保所有市场参与者面临同等程度的监管负担"。[①]正因如此,对债券交易市场应当实施统一监管,以中国证监会的部门规章统合中国人民银行规范银行间债券市场的部门规章,从而实现债券交易市场行政监管规则的统一。2018 年中国人民银行、国家发改委和中国证监会建立的债券市场统一执法机制,即由中国证监会统一负责债券市场执法,已经朝着交易市场统一监管迈出了重要一步,在此基础上有必要进一步统一交易监管规则。

但也要认识到,统一监管并不等同于银行间债券市场和交易所债券市场应当适用完全相同的监管规则。尽管在债券市场互联互通下,两个市场的交易主体、交易产品、托管结算等都不可避免地会出现一定的交叉性,但在投资者结构和交易机制等方面的差异性不会在根本上改变,仍然

---

① 高坚:《中国债券资本市场》,经济科学出版社 2009 年版,第 92 页。

会各有侧重,以体现场外市场和场内市场的特点和竞争优势。因此,在统一监管的框架下,应当允许交易商协会和交易所根据各自市场的特点制定有差别的自律规则。例如,银行间债券市场以机构投资者为主,投资者的信息发现能力、投资判断能力和风险承受能力更强,在投资者适当性管理和信息披露等方面的监管要求可以适当放宽,至于存在大量普通个人投资者的交易所债券市场则需要重视这方面的规则构建。与此同时,银行间市场交易商协会和证券交易所在自律规则制定过程中应当加强沟通,确保规则之间的有机衔接和协调,防止因规则冲突影响债券跨市场交易。值得一提的是,目前我国债券市场自律规则体系尚不健全,被湮没在了行政监管规则当中,自律规则更多是执行性的,而非创设性的,随着债券市场自律监管权的强化,有必要提高自律监管组织制定自律规则的自主性,提高规则的"自律性"。另外,目前证券交易所制定的债券规则十分欠缺,主要是集中在公司债券领域,很多也只是对股票规则的沿用或移植,亟须建立起适合不同类型债券交易监管的自律规则体系。

第四节 微观层面：构建契合债券市场特性的基本制度

债券市场基本制度指的是与债券发行、上市、交易、登记、托管、结算有关的,有必要在《证券法》上予以规范的根本性制度。这些制度当中有些是整个证券市场的共性制度,有些是要体现债券市场特性的特殊制度,对于后者尤其应当得到重视,这也是目前证券立法的疏漏之处。由于债券发行制度和托管结算制度在前面章节中已有述及,为避免重复赘述,本节仅就债券市场信息披露制度、信用评级制度、投资者保护制度进行具体研究。

一、建立以偿债能力为中心的信息披露制度

（一）注册制背景下的信息披露制度

证券发行注册制的核心就是信息披露,包括证券发行信息披露以及

发行之后的持续信息披露。注册制的"本质是以信息披露为中心,由市场参与各方对发行人的资产质量、投资价值做出判断,发挥市场在资源配置中的决定性作用"。①在证券发行注册制下,放宽了核准制中净利润、净资产和现金流等严苛的财务条件,减少了证监会的实质审核和发行管制,但这也意味着必须建立起完善的信息披露制度,确保发行人信息披露的真实性、准确性和完整性,从而为投资者的投资判断和决策提供充足的信息作为依据。以美国为代表的证券发行注册制之所以能够取得成功,离不开完善的信息披露制度作为支撑。美国债券市场的信息披露制度包含五个层次:一是发行人建立有利于有效信息披露的公司治理结构;二是中介机构对信息披露的市场监督;三是自律监管组织对信息披露的自律管理;四是美国证券交易委员会对信息披露的行政监管;五是法院对信息披露的司法监督。②在信息披露的法律和规则层面,《1933 年证券法》规范了发行信息披露,《1934 年证券交易法》规范了持续信息披露,针对安然、世通等财务欺诈丑闻,美国国会出台了《2002 年萨班斯—奥克斯利法案》,强化了公司财务信息披露的内部控制。此外,对于公开发行的证券,美国证券交易委员会制定了《财务信息披露内容与格式条例》(S-X 规则)和《非财务信息披露内容与格式条例》(S-K 规则);对于私募发行的证券,美国证券交易委员会制定了 D 条例、144 规则和 144A 规则。美国共和党国际研究院证券专家组在《关于证券立法的报告》中指出:"信息披露原理的哲学在于,每个投资者应自己作出投资的决定,这样市场才能自由地发挥其功能,从而有效地分配社会资金。为了使投资者作出决定,相关信息必须提供给他。从这个角度看,管理者的工作是确定哪些信息应该公开,并确保提供恰当的信息,即没有错误、遗漏和延误的信息。"③美国证券立法者

---

① 参见吴晓灵:《关于〈中华人民共和国证券法(修订草案)〉的说明》,载《全国人民代表大会常务委员会公报》2020 年第 1 期。

② 参见戴赜:《美国债券市场信息披露制度研究》,载《债券》2012 年第 7 期。

③ 美国共和党国际研究院证券专家组:《关于证券立法的报告》,载《资本市场》1998 年第 3 期。

认为："如果市场出售的证券将所有相关情况都予以充分、公正的公开，投资者就是受到了充分的保护。"①正如美国最高法院大法官路易斯·布兰代斯的至理名言："阳光是最好的消毒剂，灯光是最有效的警察。"②

（二）债券市场信息披露制度的现状考察

我国债券市场的发行信息披露方面，银行间债券市场和交易所债券市场都形成了相对标准化的信息披露要求。例如，银行间债券市场就金融债券发行信息披露制定了《全国银行间债券市场金融债券信息披露操作细则》，交易商协会就非金融企业债务融资工具发行信息披露制定了《银行间债券市场非金融企业债务融资工具信息披露规则》《银行间债券市场非金融企业债务融资工具募集说明书指引》，发行信息披露的内容包括风险提示及说明、发行条款、募集资金运用、企业基本情况、企业财务状况、企业资信状况、债务融资工具担保、税项、发行有关机构等，还专门制定了标准化的《非金融企业债务融资工具注册文件表格体系》；交易所债券市场公司债券发行信息披露主要依据《证券法》和《公司债券发行与交易管理办法》的规定，信息披露内容大体上也包括发行概况、风险因素、发行人及本期债券资信状况、偿债计划及保障措施、发行人基本情况、财务会计信息、募集资金运用、债券持有人会议、受托管理人等。

但在债券市场的持续信息披露方面，除了定期信息披露制度之外，旧《证券法》只在第 67 条规定了股票交易"重大事项"的临时信息披露制度，对于债券交易则没有规定，新《证券法》第 81 条新增了公司债券上市交易重大事件临时信息披露的规定，从而与股票市场临时信息披露有所区分。另外，在《银行间债券市场非金融企业债务融资工具信息披露规则》《全国银行间债券市场金融债券信息披露操作细则》《证券交易所公司债券上市

---

① ［美］托马斯·李·哈森：《证券法》，张学安等译，中国政法大学出版社 2003 年版，第 6 页。

② ［美］路易斯·D.布兰代斯：《别人的钱》，胡凌斌译，法律出版社 2008 年版，第 53 页。

规则》和《公司债券发行与交易管理办法》中对于信息披露也分别作了规定,但在内容上不尽相同。从表5.1可以看出,我国债券市场统一的信息披露规范体系尚未建立,不同债券市场以及不同债券之间的信息披露制度存在显著差异,不仅定期信息披露的时间和内容不同,临时信息披露的"重大事项"也存在差别。具体而言,金融债券临时信息披露中的重大事项规定得过于简单,而且发行人变更承销商和中介服务机构、变更发行方式,属于债券发行环节的,而非债券存续期的临时信息披露事项。另外,非金融企业债务融资工具和公司债券的重大事件临时信息披露也存在很大差异,前者关注的是债券存续期内"企业发生可能影响债务融资工具偿债能力或投资者权益的重大事项",后者关注的是"可能对上市交易公司债券的交易价格产生较大影响的重大事件",从内容上看前者所涵盖的重大事项范围也更加广泛。总而言之,债券市场信息披露制度的不统一,不仅容易造成发行人适用和投资者判断上的混乱,与债券市场互联互通的要求格格不入,也不利于信息披露的统一监管。

表5.1　银行间债券市场和交易所债券市场持续信息披露规则比较

信息披露规则	《银行间债券市场非金融企业债务融资工具信息披露规则》	《银行间债券市场金融债券信息披露操作细则》	《证券法》《公司债券发行与交易管理办法》《证券交易所公司债券上市规则》
定期信息披露	(一)4月30日前,披露上年度年度报告和审计报告; (二)8月31日前,披露上半年的资产负债表、利润表和现金流量表; (三)4月30日和10月31日以前,披露第一季度和第三季度的资产负债表、利润表及现金流量表。	(一)每年4月30日前,披露上一年度的年度报告,年度报告应包括上一年度的经营情况说明、经注册会计师审计的财务报告以及涉及的重大诉讼事项等内容;采用担保方式发行的金融债券,还应披露担保人上一年度的经营情况说明、年度报告及涉及的重大诉讼事项等内容; (二)每年7月31日前,披露债券跟踪信用评级报告;	(一)在每一会计年度结束之日起四个月内,报送并公告年度报告,其中的年度财务会计报告应当经符合本法规定的会计师事务所审计; (二)在每一会计年度的上半年结束之日起二个月内,报送并公告中期报告。

续表

定期 信息 披露		（三）每次付息日前2个工作日应公布付息公告，最后一次付息暨兑付日前5个工作日公布兑付公告； （四）因特殊原因，发行人无法按时披露以上信息的，应向投资者披露延期公告说明。	
临时 信息 披露	（一）企业名称变更； （二）企业生产经营状况发生重大变化，包括全部或主要业务陷入停顿、生产经营外部条件发生重大变化等； （三）企业变更财务报告审计机构、债务融资工具受托管理人、信用评级机构； （四）企业1/3以上董事、2/3以上监事、董事长、总经理或具有同等职责的人员发生变动； （五）企业法定代表人、董事长、总经理或具有同等职责的人员无法履行职责； （六）企业控股股东或者实际控制人变更，或股权结构发生重大变化； （七）企业提供重大资产抵押、质押，或者对外提供担保超过上年末净资产的20%； （八）企业发生可能影响其偿债能力的资产出售、转让、报废、无偿划转以及重大投资行为、重大资产重组； （九）企业发生超过上年末净资产10%的重大损失，或者放弃债权或者财产超过上年末净资产的10%； （十）企业股权、经营权涉及被委托管理；	（一）发行人业务、财务等经营状况发生重大改变； （二）高级管理人员变更； （三）控制人变更； （四）发行人作出新的债券融资决定； （五）发行人变更承销商、会计师事务所、律师事务所或信用评级机构等专业机构； （六）是否分期发行、每期发行安排等金融债券发行方案的变更； （七）其他可能影响投资者作出正确判断的重大变化。	（一）公司股权结构或者生产经营状况发生重大变化； （二）公司债券信用评级发生变化； （三）公司重大资产抵押、质押、出售、转让、报废； （四）公司发生未能清偿到期债务的情况； （五）公司新增借款或者对外提供担保超过上年末净资产的百分之二十； （六）公司放弃债权或者财产超过上年末净资产的百分之十； （七）公司发生超过上年末净资产百分之十的重大损失； （八）公司分配股利，作出减资、合并、分立、解散及申请破产的决定，或者依法进入破产程序、被责令关闭； （九）涉及公司的重大诉讼、仲裁； （十）公司涉嫌犯罪被依法立案调查，公司的控股股东、实际控制人、董事、监事、高级管理人员涉嫌犯罪被依法采取强制措施；

临时信息披露	（十一）企业丧失对重要子公司的实际控制权； （十二）债务融资工具信用增进安排发生变更； （十三）企业转移债务融资工具清偿义务； （十四）企业一次承担他人债务超过上年末净资产10%，或者新增借款超过上年末净资产的20%； （十五）企业未能清偿到期债务或企业进行债务重组； （十六）企业涉嫌违法违规被有权机关调查，受到刑事处罚、重大行政处罚或行政监管措施、市场自律组织做出的债券业务相关的处分，或者存在严重失信行为； （十七）企业法定代表人、控股股东、实际控制人、董事、监事、高级管理人员涉嫌违法违规被有权机关调查、采取强制措施，或者存在严重失信行为； （十八）企业涉及重大诉讼、仲裁事项； （十九）企业发生可能影响其偿债能力的资产被查封、扣押或冻结的情况； （二十）企业拟分配股利，或发生减资、合并、分立、解散及申请破产的情形； （二十一）企业涉及需要说明的市场传闻； （二十二）债务融资工具信用评级发生变化； （二十三）企业订立其他可能对其资产、负债、权益和经营成果产生重要影响的重大合同； （二十四）发行文件中约定或企业承诺的其他应当披露事项； （二十五）其他可能影响其偿债能力或投资者权益的事项。		（十一）国务院证券监督管理机构规定的其他事项。

（三）债券市场信息披露制度的法律完善

衡量信息披露是否有效主要看是否符合真实性、准确性、完整性和及时性的要求，有关债券市场信息披露制度的建立和完善，也必须围绕这些监管标准展开，同时也要能够体现债券市场信息披露的特殊性，具体包括信息披露的内容、信息披露主体的义务和责任、信息披露的监管等方面。

首先，债券市场信息披露制度应当契合债券的本质特性，而不能是对股票市场信息披露制度的简单移植。与股票相比，债券是固定收益证券，其本质特征是到期还本付息。因此，与股票投资者关注公司盈利能力不同，债券投资者主要关注发行人偿债能力。[①] 在我国股票市场中，投资者的风险和收益往往直接反映在股票价格波动上，因此在信息披露方面也侧重于影响股票交易价格的重大事件。但是债券市场则有所不同，主要以机构投资者为主，偏好长期持有，现阶段债券市场交易的活跃度也相对较低，决定投资者利益的风险主要是违约风险，故而影响投资者投资判断和决策的信息也集中在发行人的偿债能力方面。由此可见，债券市场信息披露制度的构建应当以发行人的偿债能力为中心，虽然盈利能力是偿债能力的重要衡量因素，但却不能画等号，影响偿债能力的因素远远不只是否盈利，即使出现亏损也不能就此认定发行人没有偿债能力，以盈利能力来衡量偿债能力所秉持的仍然是股票市场的监管逻辑。债券市场信息披露的重点除了关注发行人盈利能力之外，还应关注与偿债能力相关的资产处置、股利分配、对外负债、担保变化、对外投资、关联交易、民事赔偿、经济处罚等内容。

其次，发行人作为信息披露义务人，应当强化其责任约束机制，不仅是发行人本身，还包括发行人的董事、监事和高管的义务和责任，以督促其依法真实、准确、完整、及时地向投资者披露信息。一旦违反信息披露义务，除了要承担行政责任，给投资者造成损失的，还要承担相应的赔偿

---

① 时文朝主编：《中国债券市场：发展与创新》，中国金融出版社 2011 年版，第 167 页。

责任。另外,承销商、信用评级机构、会计师事务所等中介服务机构应当履行勤勉尽责、尽职调查的义务,落实信息披露把关责任,扮演好"私人警察"和"看门人"的角色,否则也要承担相应的民事赔偿责任。

再次,应当健全信息披露的外部监管体系,包括证监会的行政监管、交易商协会、证券交易所和证券业协会的自律监管、中介服务机构的市场监督以及法院的司法监督。在我国债券市场,尤其需要重视司法监督职能的作用,保障投资者诉讼的权利,完善投资者权利司法救济机制,落实信息披露义务人的民事赔偿责任。债券市场中违反信息披露义务的民事责任长期缺位,2020 年年底全国首例公司债券欺诈发行民事赔偿案件"五洋债券案"在杭州市中级人民法院宣判,除发行人之外,法院还判决主承销商德邦证券、大信会计师事务所、锦天城律师事务所以及评级机构大公国际等中介服务机构承担连带责任,不仅标志着公司债券信息披露违法民事赔偿责任在司法层面的落地,还开创了中介服务机构民事赔偿责任司法裁判之"先河"。

最后,鉴于我国目前债券市场信息披露制度不统一的现状,应当统一银行间债券市场和交易所债券市场的信息披露要求。否则,中国证监会对债券市场统一执法将会面临规则适用难题,进而影响统一执法的公平性和有效性。从表 5.1 可以清晰地看出,非金融企业债务融资工具和公司债券信息披露要求虽有交叉重叠,但也有明显区别,前者临时信息披露所涉"重大事项"范围更加广泛,如此一来也意味着两个市场的债券发行人面临不同的监管负担。因此,考虑到《证券法》在债券市场的基本法地位,应当以《证券法》第五章"信息披露"的相关规定为基础统一债券市场信息披露制度。同时,为适应债券市场互联互通的需要,避免重复监管,对在银行间债券市场和交易所债券市场跨市场发行、交易的债券发行人,有必要给予相同信息披露的豁免。①

---

① 参见王芳:《我国债券市场信息披露的现状、问题与对策》,载《证券市场导报》2013 年第 2 期。

二、统一债券市场信用评级制度

(一) 信用评级制度的演进趋势——以美国为例

信用评级旨在对公司、联邦政府、地方政府所发行债券的信用质量提供判断(judgments)——评级机构更愿意称之为"观点"(opinions)——以刺破信息不对称的迷雾。[1]信用评级机构百余年的历史演变表明,信用评级具有的信息媒介功能可以为投资者的投资决策和判断提供信息依据,即便是在政府监管领域,信用评级也能够成为监管部门风险判断的标准,而在私人合约领域,信用评级能够成为权利义务的管控开关。[2]自 1909年约翰·穆迪公开发布了第一份针对铁路债券的信用评级以来,美国的信用评级制度在此后的发展历程中经历了数次演变,而这同样也是世界范围内信用评级制度发展的缩影。

1. 从"声誉中介"到"监管特许"

信用评级业早期是一个市场准入门槛较低的完全竞争性行业,信用评级机构纯粹只是为市场提供信用信息的中介,这些信息的权威性和可信性是建立在评级机构长期积累的"声誉资本"基础上的,信用评级也都是自愿性的。但是随着信用评级制度的发展,监管部门产生了监管评级依赖(Rating-Dependent Regulation)。[3]这种变化肇始于 20 世纪 30 年代,1930 年美联储建立了根据投资组合中的债券信用评级来评价银行整个投资组合的机制,1931 年财政部将信用评级认定为评价银行债券投资组合质量的最佳方法,1936 年货币监理署要求银行所购买的债券必须被不少于两家的评级手册认定为投资级。[4]1975 年,美国证券交易委员会修改

---

[1]　Lawrence J.White, Markets: The Credit Rating Agencies, The Journal of Economic Perspectives, Vol.24, No.2, Spring 2010, pp.212—213.

[2]　参见聂飞舟:《信用评级机构法律监管困境及金融危机后的改革出路》,载《法学》2011年第 3 期。

[3]　John Patrick Hunt, Credit Rating Agencies and the "Worldwide Credit Crisis": The Limits of Reputation, the Insufficiency of Reform, and a Proposal for Improvement, p.26. http://ssrn.com/abstract=1267625.

[4]　参见[美]约翰·C.科菲:《看门人机制:市场中介与公司治理》,黄辉、王长河等译,北京大学出版社 2011 年版,第 334—335 页。

了经纪商—交易商的"净资本规则"(即 15c3-1 规则),将获得美国证券交易委员会认可的"全国性认可评级机构"(NRSRO)的评级结果纳入经纪商—交易商持有的有价证券资产价值减记处理方法之中,获得"全国性认可评级机构"高信用评级的有价证券可以降低其价值减记。起初美国证券交易委员会认定的"全国性认可评级机构"仅有标准普尔(Standard & Poor's)、穆迪(Moody's)和惠誉(Fitch)三家。此后,"全国性认可评级机构"的概念及其评级得到了银行业、保险业监管以及联邦和州立法的广泛采纳,2002 年美国参议院政府事务委员会的一份报告显示,当时已经至少有 8 部联邦法律、47 部联邦监管规则以及超过 100 部州法律和监管规则将"全国性认可评级机构"的信用评级作为监管基准(benchmark)。[①]

这样一来,信用评级机构的生存之道就不再单纯只是依靠其积累的声誉资本,而是多了来自政府监管部门的认可和特权。由于政府监管对信用评级的依赖,信用评级机构也不只是向市场提供各类债券的信用评级信息,实际上也是向发行人提供一种监管的豁免,优质的信用评级可以使其减轻或免受监管的负担和成本。弗兰克·帕特诺伊(Frank Partnoy)教授称之为信用评级机构向发行人授予的"监管许可"(Regulatory Licenses)。[②]从这种意义上讲,信用评级机构实际分享了政府监管部门的部分监管权力。[③]信用评级机构凭借监管部门的"监管特许"事实上也从私人商业机构转变为拥有资本市场强大话语权的"准监管机构"。[④]另外,这还导致了三大信用评级机构对信用评级市场的垄断,建立了所谓的"评级霸权",在国际金融市场具有巨大的影响力。正如《纽约时报》专栏作家托马

---

① Financial Oversight of Enron: the SEC and Private-Sector Watchdogs, Report of the Staff to the Senate Committee on Governmental Affairs, October 8, 2002, p.100.

② Frank Partnoy, The Siskel and Ebert of Financial Markets?: Two Thumbs Down for the Credit Rating Agencies, Washington University Law Quarterly, Vol.77, No.3, 1999, p.683.

③ 参见陈洁:《证券法的变革与走向》,法律出版社 2011 年版,第 246 页。

④ 参见鄂志寰、周景彤:《美国信用评级市场与监管变迁及其借鉴》,载《国际金融研究》2012 年第 2 期。

斯·弗里德曼(Thomas L.Friedman)所言:"在我看来,当今世界上存在两大超级强权。一个是美国,一个是穆迪债券评级公司。美国能够通过扔炸弹来毁灭你,而穆迪能够通过降低你的债券评级来毁灭你。相信我,有时候很难说哪个更强大。"[1]

2. 从"投资者付费"到"发行人付费"

20世纪70年代初期,信用评级机构的基本商业模式经历了重大的转变:从"投资者付费"(Investor Pays)转向了"发行人付费"(Issuer Pays)。[2]在此之前,信用评级机构的收入主要来源于向投资者出售评级出版物、评级报告和行业分析报告等。在"发行人付费"模式下,信用评级机构的收入主要来源于接受信用评级的债券发行人支付的服务费用。"发行人付费"开启了信用评级机构潜在的利益冲突之门,在利益驱使之下,信用评级机构为了取悦发行人或者防止发行人转向其他评级机构,可能会刻意夸大评级结果,从而丧失了信用评级机构的独立性和中立性,降低了评级结果的客观性和公正性,产生了"评级竞次"现象。尤其是伴随着信用评级机构的业务范围不断扩张,不仅为发行人提供债券信用评级服务,甚至还为发行人提供咨询和辅导等服务,二者的利益关系愈发紧密,潜在的利益冲突也就愈发严重。从安然事件、世通事件到2008年国际金融危机,信用评级机构的糟糕表现难辞其咎,这些失败的案例也一再表明"发行人付费"模式下的利益冲突,加之对信用评级机构监管和问责机制的缺失,已经导致信用评级的公信力大打折扣,甚至在利益裹挟下沦为发行人欺诈发行的"帮凶"。在金融危机中,金融机构创造出复杂的结构性金融产品,将垃圾债券进行"包装",经过信用评级机构给予的AAA评级,完成了"点石成金"的过程。对此,已经有学者提出建议成立政府出资的公共信用评级机构,[3]或者是由投资者

---

① Frank Partnoy, The Siskel and Ebert of Financial Markets?: Two Thumbs Down for the Credit Rating Agencies, Washington University Law Quarterly, Vol.77, No.3, 1999, p.620.

② Lawrence J.White, Markets: The Credit Rating Agencies, The Journal of Economic Perspectives, Vol.24, No.2, Spring 2010, p.214.

③ Timothy E.Lynch, Deeply and Persistently Conflicted: Credit Rating Agencies in the Current Regulatory Environment, Case Western Reserve Law Review, Vol.59, 2009, p.294.

拥有和控制的信用评级机构。[1]

3. 从"市场自律"到"政府监管"

信用评级业发展初期几乎不存在政府监管,主要是依靠"声誉资本"(Reputation Capital)驱动下的市场自律。声誉资本理论认为,在自由竞争的评级市场上,信用评级机构的良好声誉是其赖以生存和发展的基础,信用评级机构所作的每一个信用评级的公正、可靠与否都会增进或减损其声誉资本,由此迫使信用评级机构不得不恪尽职守,谨慎地维护和增进其声誉资本,市场自律机制从而得以发挥作用。[2]但是随着信用评级业的发展演进,一方面信用评级机构经历了从"投资者付费"到"发行人付费"模式的转变,在增加利益冲突的同时,削弱了投资者对信用评级机构的声誉约束机制,外部监管的约束作用变得更加突出;另一方面,政府监管部门对信用评级的监管依赖以及赋予"全国性认可评级机构"的监管特许,客观上也要求将信用评级机构纳入政府监管。可是,不论是早期规范信用评级机构的美国《1940年投资顾问法》,还是《2006年信用评级机构改革法案》,都没有真正建立起对信用评级机构的透明度、利益冲突的监管以及对评级结果的问责机制,美国证券交易委员会对"全国性认可评级机构"的监管倒更像是赋予其评级特权。颇具讽刺意味的是,《2006年信用评级机构改革法案》甫一出台,信用评级机构随即便因金融危机的爆发被推到了风口浪尖,这不仅是信用评级机构的失败,更是对评级机构监管的失败。

鉴于信用评级机构的系统重要性以及投资者和金融监管部门的评级依赖,反思金融危机所暴露出的评级机构缺乏监管、透明度不够、利益冲突和责任缺失等问题,2010年颁布的《多德—弗兰克华尔街改革和消费

---

[1] Alex J.Pollock, Enhancing Competition in the Credit Rating Agency Sector, Statement to the Securities and Exchange Commission Roundtable on Credit Rating Agency Oversight, April 15, 2009, pp.4—5.

[2] 参见龚宇:《美国信用评级业监管体制变迁——"次贷危机"下的反思》,载《证券市场导报》2008年第7期。

者保护法》(以下简称《多德—弗兰克法案》)在第 9 章 C 项下专门规定了"改善信用评级机构监管"。①具体内容包括以下几个方面：(1)在美国证券交易委员会下设立信用评级办公室(Office of Credit Ratings)作为评级机构的专业监管部门；(2)强化信用评级机构的透明度和信息披露要求，包括评级表现和评级方法的信息披露；(3)要求信用评级机构建立内部控制制度和防范利益冲突，包括评级业务与销售、市场业务分离，合规监察员和独立董事制度，离职人员的回顾审查制度(Look-back)，特定人事变动的报告制度等；(4)减少监管部门对信用评级机构的监管评级依赖；(5)废除 436(g)规则对信用评级机构的责任豁免。

4. 从"责任豁免"到"专家责任"

与会计师、律师等其他金融市场"看门人"相比，信用评级机构受益于监管特许，兼具中介服务机构和准监管机构的双重性质，但对不正当行为给投资者造成的损失却不像其他金融中介一样承担法律责任。一直以来，信用评级机构都被视为财经媒体，将自己定位为金融信息的发布者，声称其所发布的信用评级结果只是一种"媒体观点"，从而以"言论和出版自由"主张受美国宪法第一修正案的保护。②为了免于承担法律责任，信用评级机构往往会在发布评级报告时声明：本评级是对各种债券目前信用状况所作的评价，它对投资者的债券买卖行为不提出任何意见。③美国立法和司法判例也长期恪守信用评级机构责任豁免的立场，《1933 年证券法》第 11 节规定，律师、会计师、评估师和承销商等须对在其发行注册文件的重大不实陈述承担法律责任，可是信用评级机构却不在此列。美国证券交易委员会制定的 436(g)规则明确规定信用评级机构发布的评级报告不得被认为是以专家身份准备或核准的注册说明书的内容，投资

---

① H.R.4173，sec.931—sec.939.

② 参见高汉：《金融创新背景下的信用评级及监管的法律经济学分析》，法律出版社 2012 年版，第 238—243 页。

③ 参见罗培新：《后危机时代信用评级机构法律责任之完善》，载《法学杂志》2009 年第 7 期。

者不得援引《1933 年证券法》第 11 节的规定追究信用评级机构的专家责任。①在过往的司法判例中,法官也倾向于支持信用评级机构援引宪法第一修正案的保护,投资者针对信用评级机构的法律诉讼大多以评级机构胜诉、原告诉讼请求被驳回或者以有利于评级机构的条款和解而告终。②

但是,随着信用评级机构从"声誉中介"到"监管特许"、"投资者付费"到"发行人付费"的演变,其所主张的新闻媒体身份及评级结果只是一种"观点",受到了越来越多的质疑和诘难。信用评级机构早已不再只是通过评级出版物、评级报告发布信息的中介,而是获得了监管特许,具有准监管机构的性质;付费模式的转变意味着评级结果不仅是一种"观点",而是向发行人出售的有偿服务或商品;信用评级机构与会计师、律师等金融中介并无二致,都是金融市场中的"专家"。从信用评级的法律关系上看,信用评级机构与发行人之间是合同关系,不管是传统上认为的委托合同关系,或是有学者主张的承揽合同关系,③一旦信用评级机构违约,发行人都有权主张评级机构承担合同法上的违约责任。但受限于合同相对性理论,投资者因信用评级机构的违法行为受到损失,无法向信用评级机构主张违约责任,而只能要求信用评级机构承担侵权责任,确切地说是一种专家责任,专家责任的基础在于作为专家的信用评级机构对投资者所负有的信赖义务。④《多德—弗兰克法案》第 939G 节规定废除 436(g)规则,意味着信用评级机构将承担《1933 年证券法》第 11 节下的专家责任。法案同时还允许投资者以"因故意或者轻率而未进行合理调查"为由,向信用评级机构提起诉求。司法实践中,对于信用评级机构责任豁免的立场

①　参见聂飞舟:《美国信用评级机构法律监管演变与发展动向——多德法案前后》,载《比较法研究》2011 年第 4 期。

②　参见聂飞舟:《美国信用评级机构法律责任反思及启示——以司法判例为视角》,载《东方法学》2010 年第 6 期。

③　参见黄润源、刘迎霜:《公司债券信用评级法律关系解析》,载《学术论坛》2008 年第 1 期。

④　参见刘迎霜:《"发行方付费"模式下的信用评级法律迷局解析》,载《法律科学》2011 年第 6 期。

也在发生动摇,而是结合信用评级机构的业务性质、评级行为和评级的使用等因素综合考量。[1]

(二) 债券市场信用评级制度的现状考察

1. 信用评级制度不统一

银行间债券市场和交易所债券市场信用评级制度不统一,一直是我国债券市场信用评级制度最重要的特征。信用评级制度不统一具体表现在信用评级立法、信用评级监管、信用评级机构认定、信用评级标准等方面。旧《证券法》第169条规定,资信评级机构从事证券服务业务,必须经国务院证券监督管理机构和有关主管部门批准,这实际上就为信用评级机构的多头监管留下了缺口。目前,信用评级机构从事债券评级的市场准入和资质认定,都是由各个债券监管部门负责,信用评级机构在债券市场从事信用评级,往往需要取得中国人民银行认定的银行间债券市场债券评级资格、中国证监会认定的证券市场资信评级业务资格、国家发改委认定的企业债券评级资格,以及中国银保监会认定的保险公司投资债券评级资格。这造成的一个结果就是,两个债券市场的信用评级机构不尽相同,交易所债券市场的信用评级机构有大公资信、联合评级、东方金诚、中证鹏元、中诚信证评、上海新世纪和远东资信,银行间债券市场的信用评级机构有大公资信、联合资信、东方金诚、中诚信国际和上海新世纪。监管主体的不同也导致了信用评级监管规则的分割,银行间债券市场主要适用中国人民银行制定的《信用评级管理指导意见》和《信贷市场和银行间债券市场信用评级规范》;交易所债券市场主要适用中国证监会制定的《证券市场资信评级业务管理暂行办法》和《资信评级机构出具证券公司债券信用评级报告准则》,以及证券业协会制定的《证券资信评级机构执业行为准则》。评级机构和评级规范的不统一,也导致两个市场信用评级机制、评级标准的不统一,从而可能造成债券跨市场发行和交易中的不

---

[1] 参见聂飞舟:《美国信用评级机构法律责任反思及启示——以司法判例为视角》,载《东方法学》2010年第6期。

确定性。

2. 信用评级机构的独立性和公信力不够

我国信用评级机构起步较晚，大多是 20 世纪 90 年代初期成立，中债资信和东方金城更是在最近十年左右时间里才刚刚成立。早期信用评级机构基本上都是在政府监管部门的主导下成立的，而不是市场自发生成的，与政府之间有着剪不断理还乱的关系。另外，我国的信用评级机构也未能跳出"发行人付费"的模式，其中所蕴含的利益冲突可想而知。在公司债券注册制改革之前，核准制之下债券能否发行在很大程度上取决于监管部门的实质审查和判断，信用评级结果更多只是为了满足监管部门所施加的监管要求而已，例如《公司债券发行与交易管理办法》曾经一度规定仅面向合格投资者公开发行的债券评级必须达到 AAA 级。这也使得信用评级的形式意义往往大于实质意义，仅仅只是债券发行程序的一个环节而已。由于以上因素所导致的信用评级机构独立性欠缺，以及信用评级机构本身尚处于发展初期，并未积累足够的"声誉资本"，信用评级的权威性和公信力严重不足，信用评级结果呈现趋同化，难以起到揭示信用风险的作用。

3. 跟踪信用评级不到位

我国债券市场信用评级制度暴露出的另一个重要缺陷在于跟踪评级不到位，缺乏信用评级的动态调整机制。《证券法》对于跟踪评级尚无规定，《公司债券发行与交易管理办法》第 55 条规定公司债券期限为 1 年以上的，资信评级机构在债券有效存续期间，应每年向市场至少公布一次定期跟踪评级报告，并且关注可能影响债券信用评级的所有重大因素，及时向市场公布信用等级调整及其他与评级相关的信息变动情况，并向证券交易所或其他证券交易场所报告。但是，从"11 超日债"等一系列债券违约事件中信用评级机构的表现来看，跟踪评级不到位的现象比比皆是，定期跟踪评级报告流于形式，总体上都是"报喜不报忧"，不定期的跟踪评级缺乏前瞻性和预警性，大多只是在债券违约风险即将发生或者已经发生的情况下所作的"讣告式"或"断崖式"评级调整,不能为投资者和监管机构提供风险预警。

4. 信用评级机构的责任约束机制缺失

造成债券市场信用评级流于形式、跟踪评级不到位的一个重要原因就是缺乏必要的责任约束机制。目前我国尚未建立起对信用评级机构的评价机制,也就是没有对信用评级机构的"评级",中国人民银行和中国证监会对此都没有作规定,只有国家发改委出台了《企业债券中介机构信用评价方法》,但其实施机制和执行效果还有待检验,更何况在"发行人付费"模式下的信用评级机构声誉约束机制本就很难发挥作用。在信用评级机构的法律责任方面,债券市场的法律和监管规则或者是没有规定,或者是规定的内容各不相同。《证券法》第 163 条规定,信用评级机构制作、出具的评级报告有虚假记载、误导性陈述或者重大遗漏,给他人造成损失的,应当与发行人、上市公司承担连带赔偿责任,但是能够证明自己没有过错的除外。但是,《公司债券发行与交易管理办法》《企业债券管理条例》《信用评级管理指导意见》《证券市场资信评级业务管理暂行办法》等对信用评级机构的民事赔偿责任都未置一词。《银行间债券市场非金融企业债务融资工具管理办法》和《全国银行间债券市场金融债券发行管理办法》都只规定信用评级机构出具的文件含有虚假记载、误导性陈述和重大遗漏的,应当就其负有责任的部分承担相应的法律责任,但承担何种责任以及如何承担却不明了。在债券市场分割的背景下,银行间债券市场和交易所债券市场的信用评级机构是否都能适用《证券法》第 163 条的规定承担责任,恐怕还需要进一步的澄清。

(三) 债券市场信用评级制度的法律完善

首先,在债券市场互联互通的背景下应当统一债券市场信用评级制度。不论是场内市场还是场外市场,信用评级制度都不应该有所区别,在美国,整个债券市场的信用评级法律规范、信用评级机构以及信用评级监管机构都是统一的,我国信用评级制度的分割更多是人为原因造成的。

因此,债券市场信用评级机构的监管应当由统一的监管机构负责,即使统一监管存在阻力,难以短时间内实现,至少也应当统一信用评级制度的法律基础和监管规则。具体而言,应在《证券法》上规定信用评级机构的法律地位、市场准入、权利义务和法律责任。在《证券法》的框架之下,应当对现有分散的信用评级监管规则进行整合,可以考虑由中国人民银行和中国证监会等部门联合制定统一的信用评级监管规则,统一债券市场信用评级机构的资质认定和业务范围,统一信用评级的方法、标准和程序,统一信用评级的内部控制制度,统一规范信用评级机构及其人员的评级行为,统一跟踪评级的关注范围、时间安排和披露要求,统一信用评级机构的外部评价机制,统一信用评级机构的市场退出机制。

其次,应当健全信用评级机构的公司治理结构和内部控制制度,防范利益冲突。在公司治理方面,除了独立董事制度,以及规范董事、监事和高管的任职资格和行为之外,还应当设立一些如评级考核、信用评审、合规审查、薪酬管理、风险管理等独立委员会。在防范利益冲突的内部控制制度方面,应当建立防火墙制度,将信用评级机构的评级业务与信用评估、投资咨询、信用风险管理咨询、企业管理咨询等业务相分离。建立评级回避制度,评级人员进行信用评级时,应回避存在利益冲突的评级客户,包括本人、直系亲属及有利害关系的其他人员。完善信用评级机构的信息披露制度,除涉及评级对象(发行人)商业秘密和相关人员隐私等保密信息外,其余有关信用评级的机构和人员构成、结果、程序、方法和业务制度等内容都应该及时、全面、准确地公开,以增加信用评级的透明度。此外,也可以考虑引入美国《多德—弗兰克法案》中的信用评级机构离职人员的回顾审查制度和董事、监事、高管等人员变动的报告制度,防止利益输送。

再次,应当建立信用评级机构的声誉约束和责任约束机制,督促其勤勉尽责。声誉资本一直是评级机构公信力的重要基础,声誉约束机制的关键在于建立信用评级机构评级表现的外部评价机制,对于信用评级机构没有尽职履责,存在虚假评级、误导性陈述、重大遗漏、跟踪评级不到位等情况的,应当及时公开通报并列入负面名单。目前,我国尚没有规范的对信用评级机构的评价机制。2015 年,国家发改委制定了《企业债券中介机构信用评价方法》,委托第三方机构对包括信用评级机构在内的企业债券中介机构进行信用评价,其中负面行为包括重大失信失职行为、一般失信失职行为和不专业行为;《地方政府一般债券发行管理暂行办法》第 21 条也规定,信用评级机构存在弄虚作假、违法违规行为的,列入负面名单并向社会公示。本书认为可以考虑发挥证券业协会对信用评级机构的自律管理职能,制定信用评级机构信用评价的指标、方法、程序等,并定期对信用评级机构的评级行为进行评价和公示。

声誉约束对信用评级机构只是一种软约束机制,要想真正促使其勤勉尽责、尽职调查,必须要强化对信用评级机构的责任约束。具体来说,应当以《证券法》和《侵权责任法》为基础,基于投资者对信用评级机构的高度信赖,构建信用评级机构的专家责任制度。专家以专业知识或专门技能向公众提供服务,这决定了其应当承担与其专业地位和业务相匹配的、以信赖责任为基础的高度注意义务。[①]"专家对第三人所承担的民事责任,源自专家对其应负有的高度注意义务的违反","评级机构处于专家位置,其评级结果为社会公众所信赖,法律必须确保此种信赖不被滥用"。[②]从大陆法系侵权责任的构成要件来看,信用评级机构的专家责任需要满足以下条件:(1)信用评级机构存在违法行为,包括信用评级报告内容的虚假记载、误导性陈述和重大遗漏;(2)信用评级机构在主观上应存在故意或者过失,但考虑到信用评级具有很强的专业性以及信息不对称,投资者对信用评级机构的主观过错难以举证,因而采取过错推定的归责原则,《证券法》第 173 条和最高人民法院《关于审理证券市场因虚假陈

[①] 参见[日]下森定:《论专家的民事责任的法律构成与证明》,载《民商法论丛》(第 5 卷),法律出版社 1996 年版,第 523 页。

[②] 参见陈洁:《证券法的变革与走向》,法律出版社 2011 年版,第 243—244 页。

述引发的民事赔偿案件的若干规定》(以下简称《规定》)第24条都采纳了过错推定原则;(3)投资者遭受损失,且损失与信用评级机构的违法行为之间存在因果关系。《规定》第18条规定了因果关系的推定原则,即投资者在虚假陈述实施日及以后、至揭露日或更正日之前购买与虚假陈述直接关联的证券,虚假陈述揭露日或者更正日及以后,因卖出该证券发生亏损,或者因持续持有该证券而产生亏损。也有学者认为,该规定的损失范围过窄,应扩至评级实施日前买入、揭露日后卖出或继续持有证券之诱多评级情形与实施日前买入、揭露日前卖出证券之诱空评级情形。[①]

(四) 对《信用评级业管理暂行办法》的简要评析

针对我国信用评级业务规则不统一的现状,2019年中国人民银行、国家发改委、财政部和中国证监会联合出台了《信用评级业管理暂行办法》(以下简称《办法》),从而实现了我国信用评级制度的统一化。《办法》包括了总则、信用评级机构管理、信用评级从业人员管理、信用评级程序及业务规则、独立性要求、信息披露要求、监督管理、法律责任和附则等内容,既统一了信用评级监管标准,也从独立性、信息披露、监督管理和法律责任等方面强化了对信用评级机构的约束机制。在统一信用评级监管规则基础上,打通了银行间债券市场和交易所债券市场的信用评级业务,有助于加强监管协调形成监管合力,也进一步推动了债券市场互联互通进程。但是也应当注意到,《办法》只是统一了信用评级监管规则,但仍然保留了多头监管。《办法》第3条规定中国人民银行是信用评级行业主管部门,国家发改委、财政部和中国证监会是信用评级业务管理部门,虽然第4条和第5条分别对各自的监管职责作了规定,但是信用评级机构在银行间债券市场开展业务势必也要受到中国人民银行和中国银行间市场交易商协会的业务管理。因此,如何处理好行业主管和业务管理之间的关系,避免重复监管和监管真空,仍有待进一步完善。另外,虽然《办法》第

---

① 参见伍治良:《论信用评级不实之侵权责任——一种比较法研究》,载《法商研究》2014年第6期。

50条规定了中国人民银行建立对信用评级结果的违约率检验和通报机制,但是具体如何建立科学、合理、统一的信用评级评价机制,以及针对评价结果的激励和惩戒机制,仍有待进一步落实。再者,《办法》规定了信用评级机构及其从业人员的法律责任,但主要涉及行政责任而没有规定民事责任,而且行政责任究竟由谁来处罚抑或由行业主管部门和业务管理部门联合执法,仍有待进一步明晰。

三、完善债券市场投资者保护制度

债券市场成熟与否,除了取决于交易制度、基础设施、产品结构外,关键还在于是否有成熟的投资者群体及投资者保护制度。或者说,债券市场不断发展成熟的过程,也是投资者权利意识和风险意识觉醒的过程。我国债券市场投资者结构中,既有日趋成熟壮大的机构投资者,也有交易所债券市场和商业银行柜台市场中的个人投资者。正是后者的存在,使得债券市场的风险防范和投资者保护偏重于行政性保护,且对于事前防范的重视程度多于事中事后的处置和救济。结果就是,投资者在政府的长期"父爱主义"庇护下,误认为债券零风险、零违约或者抱着政府会"兜底"的心态,甚至出现抢购"垃圾债"的怪象。因此,债券市场投资者保护制度应由行政性保护向市场化保护转变,在健全投资者适当性管理、信息披露、信用评级制度的前提下,落实投资者"买者自负"原则,完善债券受托管理人制度、持有人会议制度、先行赔付制度。

(一)债券受托管理人制度

新《证券法》第92条第2款规定,公司债券发行人应当为债券持有人聘请债券受托管理人,并订立债券受托管理协议,在债券存续期限内,由债券受托管理人按照规定或协议的约定维护债券持有人的利益。发行人未能按期兑付债券本息的,受托管理人可以接受全部或者部分债券持有人委托,以自己名义代表债券持有人提起、参加民事诉讼或者清算程序。理解和反思目前的债券受托管理人制度,需要从法律关系、主体资格、权利义务、法律责任等方面进行审视。

在法律关系上,普通法系国家的债券受托管理制度是建立在信托法基础之上的。在美国,受托机构在债券融资中所提供的服务被视为信托服务。①美国《1939 年信托契约法》规定所有公开交易的债务工具都必须指定债券受托管理人,公司债券发行人与受托人签订信托契约,由受托人来管理债券从发行到清偿的一系列事务。②但是,大陆法系国家受制于传统物权法"一物一权"理论的束缚,设立信托的关键是要有独立信托财产的转移,即将信托财产从委托人转移给受托人,否则信托无法成立。我国《证券法》上规定的"债券受托管理协议"究竟是信托契约还是一般的委任契约,则是含糊不清。有学者认为,我国公司债券受托管理人由证券公司担任,蕴含角色和利益冲突,违背信托法理,因而采取的并非公司债信托制度。③可是 2014 年《公司债券发行与交易管理办法》第 50 条第 7 项曾经规定"发行人为债券设定担保的,债券受托管理协议可以约定担保财产为信托财产",后又在 2021 年修订时删除这一表述。法律关系的不清晰也造成了债券受托管理人在法律地位上的尴尬处境,以及受托管理人在行使权利、履行义务过程中受到了极大的限制。

在主体资格上,美国公司债受托管理人制度和日本附担保公司债受托管理人制度都是建立在信托制度基础上的,因而受托管理人都是由信托公司担任。2007 年《公司债券发行试点办法》首次引入受托管理人制度时就规定债券受托管理人由本次发行的保荐人或者其他证监会认可的机构担任,新《证券法》和《公司债券发行与交易管理办法》取消公司债券发行保荐制度之后,规定受托管理人本次发行的承销机构或者其他证监会认可的机构担任。不论是保荐人还是承销商担任受托管理人,本质上

---

① 参见〔美〕杰弗瑞·J.鲍威尔:《美国受托机构在债券融资中的信托服务》,北方国际信托有限公司译,中国金融出版社 2021 年版。
② 参见习龙生:《公司债券受托管理制度的国际比较及立法建议》,载《证券市场导报》2005 年第 2 期。
③ 参见刘迎霜:《论公司债券投资者的权益保护》,载《社会科学研究》2010 年第 4 期。

都是"换汤不换药",因为在公司债券发行中很多时候保荐人、承销商和受托管理人都是"三位一体"的。这不可避免地就会带来利益冲突,保荐人和承销商都是发行人聘请的,由其担任受托管理人能在多大程度上代表投资者利益不得不令人生疑。另外,担任受托管理人实际上是"吃力不讨好",往往都是担任承销商所附加的"义务",这也可能会导致其怠于履行职责。事实上,很多债券欺诈发行或者违约事件之中,受托管理人本身就难辞其咎,再由其代表投资者利益实属不当。

在权利义务上,新《证券法》第92条只是原则性规定受托管理人应当勤勉尽责,公正履行受托管理职责。《公司债券发行与交易管理办法》第59条进一步规定了受托管理人的八项职责。①从中不难看出,立法上并未对受托管理人的权利和义务作明显区分,这些职责实际上都是权利和义务的一体两面,而对于受托管理人的报酬和处理受托管事务所产生费用的请求权都没有规定。同时,在债券受托管理人和债券持有人会议之间的关系上,第50条第1项和第55条都规定了涉及债券持有人重大权益事项的,受托管理人应当召集债券持有人会议,那么受托管理人是否只是债券持有人会议的执行机关,其履行职责的自主空间还有多大,有待进一步明确。

在法律责任上,新《证券法》并未对债券受托管理人法律责任作出规定,《公司债券发行与交易管理办法》第71条规定,受托管理人违反本办法规定损害债券持有人利益的,由中国证监会采取责令改正等监管措施,情节严重的处以警告、罚款。除此以外,对于受托管理人是否需要承担民事赔偿责任,以及如果需要承担责任,应该如何承担,却都没有规定,这也导致受托管理人民事责任的缺位。

---

① 这八项职责包括了召集债券持有人会议,监督发行人募集资金使用情况,对发行人偿债能力和增信措施有效性的全面调查和持续关注,持续督导发行人履行信息披露义务,预计发行人不能偿还债务时要求追加担保或申请财产保全措施,勤勉处理发行人与债券持有人之间的谈判和诉讼事务,担保财产的妥善保管,以自己名义代表债券持有人提起诉讼、参与重组或破产程序。

针对以上问题,有必要以《证券法》为基础对我国债券受托管理人制度加以进一步完善。首先,应当在法律层面上厘清发行人、债券受托管理人与债券持有人三者之间的法律关系,明确受托管理协议的法律性质究竟是信托合同还是第三人利益的委托合同,从而对债券受托管理人的法律地位进行准确的定位,这有助于消除债券受托管理人在行使权利、履行职责过程中的障碍和限制。其次,在债券受托管理人的主体资格上,应适当放宽限制,不仅限于本次债券发行承销商,而是可以扩大至其他证券公司、信托公司、商业银行等,这样也可以缓解由于承销商和受托管理人一体化所引发的利益冲突。值得一提的是,早在《公司债券发行试点办法》征求意见时,信托业协会就曾提出修改意见,建议允许信托公司担任债券受托管理人,但在金融分业监管体制下,信托业由中国银保监会监管,此举可能会使证监会在对受托管理人监管时面临两难处境。①再次,应当明晰债券受托管理人的权利和义务,增加有关履行受托管理职责的报酬和费用请求权的规定,同时还需要考虑的问题是在已经存在受托管理协议的情况下,受托管理人以自己名义提起诉讼、参与重组或者破产程序,是否还必须经过债券持有人的委托。债券受托管理人与债券持有人会议的关系也应当明确,特别是受托管理人在债券持有人会议中的角色和职责,加强制度对接。例如,《上海证券交易所公司债券上市规则》第4.3.6条规定,受托管理人可以作为征集人,征集债券持有人委托其代为出席债券持有人会议,并代为行使表决权。最后,应当规定债券受托管理人因故意或者重大过失,违反法律法规规定的义务,给债券持有人造成损失的,应承担民事赔偿责任。

(二) 债券持有人会议制度

债券持有人会议是指由债券持有人出于共同利益组成的,就共同利害关系的重大权益事项进行决议的债券持有人临时性会议组织。英美等

---

① 参见程志云:《信托欲分羹公司债　证监会左右两难》,载《经济观察报》2007年6月25日。

普通法系国家一般只采用了债券受托管理人制度，日本等大陆法系国家和地区则对债券受托管理人制度和债券持有人会议制度兼而采之。但在二者的关系上，基本上都是以债券持有人会议为主，以债券受托管理人为辅，前者是关乎债券持有人共同利益事项的决议机关，后者负责债券持有人会议的召集以及决议事项的执行，债券持有人的核心权益掌握在债券持有人会议手中。我国在公司债持有人权益保护的制度设计中，也是采纳了债券受托管理人制度和债券持有人会议制度相结合的方式。对于债券持有人会议制度，新《证券法》第92条第1款只作了原则性规定，《公司债券发行与交易管理办法》规定的内容相对于债券受托管理人制度，明显存在疏漏，只规定了债券受托管理人和单独或合计持有债券总额10%的债券持有人召集持有人会议的事项，债券持有人会议规则，以及会议决议对所有债券持有人都有约束力。但有关债券持有人会议表决程序、决议生效要件、表决权回避、少数债券持有人权益保护以及决议无效的司法审查等内容在《公司债券发行与交易管理办法》中都没有规定，有些是在证券交易所制定的《公司债券上市规则》中得以规定，有些仍然处于空缺状态，亟待加以制度完善。

第一，应当明确债券持有人会议和债券受托管理人之间的分工，前者只负责债券持有人共同的重大权益事项的决议，对于这些重大事项的决议，债券持有人会议居于核心地位，债券受托管理人主要负责会议的召集和决议的执行。考虑到债券持有人会议召集和决议必须满足一定要件，还面临"搭便车"现象，因此重大事项之外的其他事项，则应由债券受托管理人负责，充分发挥受托管理人在投资者保护方面的常态化作用。

第二，债券持有人会议决议生效要件上，《上海证券交易所公司债券上市规则》第4.3.11条规定，超过持有本期未偿还债券总额且有表决权二分之一的债券持有人同意方可生效。但从其他国家和地区的立法上看，债券持有人会议的决议通常还需要经过法院的认可方能生效。例如，日本《公司法》第732条规定："有公司债债权人会议决议时，召集人自作出该决议之日起,一周内必须向法院提出该决议认可的申请。"①我国即使不将法院认可作为生效要件,也应当规定决议无效的法定情形,以及债券受托管理人和持有人对决议提出异议的司法审查。

第三,由于债券持有人会议的决议一旦生效,对所有债券持有人均有同等约束力,受托管理人依据决议行事的结果由全体债券持有人承担,这就容易产生多数决原则滥用,侵害少数债券持有人的利益。为了保护少数债券持有人利益,可以引入表决权回避制度,如《意大利民法典》第2415条规定"可能持有的自有债券的公司,不得参加表决",日本《公司法》第723条第2款规定"发行公司债的公司对其持有的自己的公司债,没有表决权",法国《商事公司法》第308条第3款规定"拥有借债公司的10%以上资本的公司不得以其拥有公司债参加会议的表决"。②另外,还可考虑引入表决权征集制度,目前《上海证券交易所公司债券上市规则》只规定了债券受托管理人作为表决权征集人代为行使表决权,应当将征集人的范围扩展至其他债券持有人。

(三) 先行赔付制度

1. 先行赔付的概念和性质

先行赔付,又称先期赔付,是指因欺诈发行、虚假陈述或者其他重大违法行为给投资者造成损失的,发行人的控股股东、实际控制人、证券公司等连带责任主体,可以就赔偿事宜与投资者达成协议,予以先行赔付,之后可以依法向发行人及其他连带责任人追偿的一种制度。先行赔付制度在投资者损害赔偿方面,具有时间短、成本低、范围广、主动性等优势。可以快速实现证券市场稳定,及时维护投资者权益,提高证券公司和中介机构的经营能力和信誉水平。③2013年5月10日,平安证券作为万福生科的保荐机构,出资3亿元设立"万福生科虚假陈述事件投资者利益补偿

---

① 参见刘迎霜:《公司债:法理与制度》,华东政法大学2008年博士学位论文,第155页。
② 参见刘迎霜:《论公司债券投资者的权益保护》,载《社会科学研究》2010年第4期。
③ 参见陈洁:《证券市场先期赔付制度的引入及适用》,载《法律适用》2015年第8期。

专项基金",采取"先偿后追"模式,先以基金偿付符合条件的投资者,再通过法律途径向万福生科虚假陈述案的责任方追偿,从而开创了虚假陈述案件中先行赔付投资者之先河。最终,12756 名投资者与平安证券达成和解,占万福生科虚假陈述案适格投资者总人数的 95.01%,补偿金额约 1.79 亿元。2014 年 7 月 18 日,海联讯主要股东出资 2 亿元设立"海联讯虚假陈述事件投资者利益补偿专项基金",先行赔付适格投资者因海联讯财务数据虚假陈述而遭受的损失。

在先行赔付两次"试水"的基础上,中国证监会发布的《公开发行证券的公司信息披露内容与格式准则第 1 号——招股说明书(2015 年修订)》(以下简称《招股说明书(2015 年修订)》)第 18 条规定了招股说明书扉页应载有如下声明及承诺:"保荐人承诺因其为发行人首次公开发行股票制作、出具的文件有虚假记载、误导性陈述或者重大遗漏,给投资者造成损失的,将先行赔偿投资者损失。"由此,在彼时先行赔付制度尚缺乏上位法依据的情况下,证监会即以该准则的形式明确规定了保荐人的先行赔付义务。此后,作为保荐机构的兴业证券,在欣泰电气虚假陈述案发生后,决定使用自有资金 5.5 亿元人民币进行先行赔付,成为证监会新股发行制度改革引入保荐机构先行赔付制度以来的首个券商先行赔付案例。既有的先行赔付成功经验为该制度的立法和实践奠定了基础,丰富了证券民事侵权纠纷解决机制,拓展了证券市场投资者权利救济渠道。但是,证券市场先行赔付制度仍处于"摸着石头过河"的阶段,关于先行赔付制度的一系列问题仍有待进一步澄清,包括先行赔付义务的性质、先行赔付主体、赔付范围、赔付标准、赔付程序、先行赔付后的追偿机制等。即便新《证券法》第 93 条已经对先行赔付制度作了规定,但该规定是否完善,实施效果如何,也需要进一步的研判和检验。

对于先行赔付义务的法律性质,争议之处无非在于先行赔付究竟是强制性的法定义务,抑或是基于自愿性和解协议产生的合同义务,而这又在很大程度上取决于先行赔付制度的立法模式。事实上,先行赔付并非证券市场所特有的,其他部门法早已率先引入。例如,《消费者权益保护法》《产品质量法》规定了销售者对消费者的先行赔付义务,同时还针对电子商务的特殊性规定了网络交易平台提供者在特定情形下的先行赔付义务,且明确该义务属于强制性的法定义务,目的是为了强化对消费者这一弱势群体的倾斜性保护。从上述中国证监会制定的《招股说明书(2015年修订)》第18条规定来看,保荐人承诺先行赔付投资者在法律性质上应属于单方法律行为,具有自愿性,但通过该格式准则明确规定后实际上已经异化为了保荐人的强制性义务,虽然对于推动先行赔付制度的实施和投资者保护具有积极作用,但是否于法有据则值得商榷。

目前大多数学者更倾向于认为先行赔付并非强制性的法定义务,本质上是一种替代性的纠纷解决机制,是双方当事人基于平等、自愿原则协商一致达成和解协议的行为。[①]以万福生科案中平安证券的先行赔付为例,依证券市场民事赔偿程序,平安证券本没有义务设立投资者利益补偿专项基金先行赔偿投资者损失。平安证券之所以在无法定义务的前提下自愿设立专项基金先行赔付投资者,无非基于两方面的考量:一是中国证监会正在积极推动投资者权益救济机制创新,在监管机构隐性权威的强力推动下,配合开展先行赔付制度的"试水";二是在万福生科欺诈发行案中,平安证券作为保荐机构依法本就应当承担连带赔偿责任,其责任承担只是时间问题,提前与投资者和解并无不妥。《〈平安证券有限责任公司关于设立万福生科虚假陈述事件投资者利益补偿专项基金的公告〉问答》和《和解承诺函》也指出,基金的设立是在司法途径之外,为投资者提供一条相对高效、便捷的救济渠道,因万福生科虚假陈述而遭受损失的适格投资者,如果接受补偿,则表明其自愿放弃向万福生科虚假陈述事件的责任方再行请求赔偿的权利;如果不接受补偿,可以依法提起诉讼,但需自行

---

① 参见杨润时:《最高人民法院民事调解工作司法解释的理解与适用》,人民法院出版社2004年版,第61页;赵吟:《证券市场先行赔付的理论疏解与规则进路》,载《中南大学学报(社会科学版)》2018年第3期;肖宇、黄辉:《证券市场先行赔付:法理辨析与制度构建》,载《法学》2019年第8期。

承担相应的诉讼成本及诉讼风险。这也表明,先行赔付实际上是先行赔付主体与投资者之间自愿达成的和解行为,并无法律上的强制性。

但随之而来的疑虑是,在缺乏法律强制性或激励机制的前提下,发行人控股股东、实际控制人和保荐人等责任主体是否有足够的动力自愿出资先行赔付投资者。自2013年平安证券首开先行赔付之先河至2021年8月,总共不过三起先行赔付的实践案例,相对于证券市场层出不穷的违法行为案件,其样本仍然太小,所起到的示范意义远大于实际功效。这似乎也能说明一定的问题,即基于自愿的先行赔付制度是否会面临形同虚设的尴尬境地。或许正因如此,中国证监会早在2016年即规定保荐人在招股说明书扉页应当承诺先行赔付投资者因欺诈发行造成的损失,从而将自愿性的承诺转变为强制性的要求。

2. 先行赔付制度的模式选择

如前所述,先行赔付义务的法律性质究竟是基于自愿承诺的单方法律行为,或是强制性的法定义务,在很大程度上取决于制度的立法模式和制度设计,而这又会进一步影响该制度的实施效果。如若将先行赔付作为强制性的法定义务,则一方面有违民事侵权责任承担的法律逻辑,另一方面也会对保荐人等市场主体施加难以承受之负担,还可能会滋生发行人、上市公司的道德风险。可若是完全基于市场主体自律构建的先行赔付制度,在缺乏激励和约束机制的情况下,能否得到市场主体的认同并实现预期的制度效果,恐怕要打上大大的问号。针对先行赔付制度存在上述两难境地,中国证监会明确规定保荐人在招股说明书中作出先行赔付的承诺,使得先行赔付成为了"强制性的承诺",姑且不论该规定是否存在合法性问题,但从2016年该规定出台至2021年8月也只有欣泰电气虚假陈述案这唯一一起由保荐人兴业证券先行赔付的实践案例,也反映出该规定的现实效果并不理想。

有鉴于此,有学者提出了证券侵权责任主体先行赔付和投资者保护基金先行赔付相结合的模式,形成"自愿赔付+法定最低赔付"的双轨制先行赔付制度结构。[①]即当出现证券市场因虚假陈述等违法行为造成投资者损失的，首先鼓励保荐人等责任主体采用"先偿后追"的方式先行赔付投资者，但是当责任主体缺乏先行赔付的能力和意愿时，可由投资者保护基金出资对适格投资者提供次优保护和底线保护，从而构建起自律与法定、责任主体全额赔付与投资者保护基金最低赔付相结合的先行赔付制度。当然，也有观点认为投资者保护基金不宜作为先行赔付主体，因其设立初衷是应对证券公司破产等情形下的债权赔付，更多体现为政策性，不应为个别市场主体的错误行为买单。[②]但需要指出的是，我国证券公司发展现状决定了投资者保护基金在偿付证券公司破产债权方面的作用十分有限，空有投资者保护之名，却未能充分行投资者保护之实。对此，原中国投保基金公司总经理巩海滨也提出扩大证券投资者保护基金使用范围，建立投资者保护基金先行偿付机制，从而真正实现投资者保护基金"取之于市场、用之于市场"的根本目的。[③]因此，本书将基于"自愿赔付＋法定最低赔付"相结合的模式设想，构建起我国证券市场先行赔付的法律制度。责任主体自愿赔付模式已有成功的实践经验，此处不再赘述，以下将针对投资者保护基金法定赔付模式展开分析。

一般认为，证券投资者保护基金与监管者的审慎性监管、中央银行的最后贷款、共同构成维护金融体系稳定的公共安全网。[④]当相关责任主体不愿主动出资先行赔付投资者的情况下，投资者保护基金应承担法定的最低赔付义务，从而与责任主体自愿先行赔付有机衔接、相互配合。但是，与本就可能承担连带责任的发行人控股股东、实际控制人以及保荐人

---

① 参见张东昌：《证券市场先行赔付制度的法律构造——以投资者保护基金为中心》，载《证券市场导报》2015 年第 2 期；叶林：《证券投资者保护基金制度的完善》，载《广东社会科学》2009 年第 1 期；段丙华：《先行赔付证券投资者的法律逻辑及其制度实现》，载《证券市场导报》2017 年第 8 期。

② 参见赵吟：《证券市场先行赔付的理论疏解与规则进路》，《中南大学学报（社会科学版）》2018 年第 3 期。

③ 参见巩海滨、王旭：《证券市场先行赔付制度研究》，载《财经法学》2018 年第 6 期。

④ 参见洪艳蓉：《证券投资者保护基金的功能与运作机制——基于比较法的制度完善》，载《河北法学》2007 年第 3 期。

不同,投资者保护基金纯粹出于投资者保护的公益目的参与先行赔付,因而在赔付资金来源、赔付对象、赔付标准以及追偿机制等制度构建方面应与前者有所区别。

第一,在资金来源上,证券投资者赔偿基金的资金数额在一定程度上关乎赔偿基金是否可以达到预期效果,投资者保护基金能否作为先行赔付义务主体,是否有充足的资金来源提供支持是其中一个重要的关键点。在大多数国家和地区,保护基金主要来自对会员的强制收费,而会员强制缴费规则主要源于会员自我保险的基金本质。[①]《证券投资者保护基金管理办法》第14条对我国保护基金的来源作了规定,主要包括一定比例的交易经手费、证券公司上缴的基金、发行申购冻结资金的利息收入、向有关责任方追偿所得及从证券公司破产清算中受偿收入、捐赠收入等。虽然从该规定来看,投资者保护基金的资金来源渠道较为广泛,但在实践中基金的绝大部分来自中国人民银行的再贷款,资金的市场化来源严重不足。

从境外国家和地区经验来看,为了扩充投资者保护基金来源通常将罚没款收入和基金投资收益纳入保护资金来源。例如,美国用于补偿投资者"公平基金"制度的资金来源主要为没收的违法所得和民事罚金,前者由美国证券交易委员会向法院主张没收被告人违法所得,剥夺违法行为人的非法获利以救济投资者;后者也是由美国证券交易委员会向联邦地区法院主张被告人支付民事罚金并可将其纳入投资者保护基金中。[②]事实上,证券市场违法行为的罚没款作为一种行政处罚的手段,除了具有对违法主体的惩戒功能之外,还应具有对受害主体的补救功能,这也更加符合"取之于市场、用之于市场"和"国不与民争利"的原则。[③]因此,为了扩充投资者保护基金的资金来源,使其避免因承担先行赔付义务而承受

---

① 参见叶林:《证券投资者保护基金制度的完善》,载《广东社会科学》2009年第1期。

② 参见赵晓钧:《借鉴公平基金制度,完善投资者赔偿机制》,载《上海证券报》2013年3月27日,第A07版。

③ 参见张东昌:《证券市场没收违法所得与民事赔偿责任的制度衔接》,载《证券法苑》2017年第5期。

不可承受之重,本书主张将证券市场罚没款收入按照一定比例纳入投资者保护基金中,用于赔付投资者因证券违法行为而受到的损失。

第二,在先行赔付对象上,应针对不同的先行赔付模式作适当区分。在连带责任主体先行赔付情形下,基于投资者平等保护原则,赔付对象应当是所有符合条件的投资者。但在投资者保护基金先行赔付情形下,则应坚持差异化原则,对赔付对象作严格限制。诚如学者所言:"投资者保护基金之目的在于保护处于弱势地位的中小投资者,所以在进行'客户'或'适格投资者'身份识别时,就不能作扁平化处理,而必须负载'除外条款',将处于强势地位的机构投资者与具有利害关系的当事者踢出在外。"[①]例如,我国香港地区《证券及期货规则》(投资者赔偿—申索)第2条规定下列九类主体不属于可向投资者赔偿基金提出申索的投资者:(1)持牌法人;(2)认可金融机构;(3)认可交易所、认可控制人或认可结算所;(4)获认可的自动化交易服务提供者;(5)获授权的保险人;(6)获认可集体投资计划的经理人或经办人;(7)身为法团的违责中介人的雇员或相联者;(8)特区政府或海外政府;(9)上述法团的受托人或保管人。因此,本书认为投资者保护基金先行赔付对象应当是除机构投资者、利害关系投资者[②]以及相关责任主体以外的适格投资者,以免投资者保护基金背负不可承受之重。

第三,在赔付额度上,与责任主体先行赔付所遵循的"充分补偿"原则不同,投资者保护基金先行赔付所体现的是"最低赔付"原则。因此在投资者保护基金先行赔付时,应当考虑设定最高赔付限额或一定的赔付比例标准,这样既有利于投资者保护基金效用的最大化,减轻投资者保护基金的赔付压力,也可与责任主体先行赔付相区分。具体标准可综合考虑投资者损失额度、投资者保护基金的负担能力等因素,并结合个案情况合

---

① 参见黎四奇:《对我国证券投资者保护基金制度之检讨与反思》,载《现代法学》2008年第1期。

② 利害关系投资者一般应考虑包括发行人的董事、监事、高级管理人员、持有5%以上股权的股东、实际控制人,以及上述人员的配偶及其他近亲属等。

理确定。例如,我国台湾地区"证券投资人保护基金设置及运用办法"第8条规定保护基金对每家证券经纪商每一证券投资人一次补助金额以新台币 100 万元为上限,对每家证券经纪商全体证券投资人一次补助金额总数以新台币 1 亿元为上限。我国香港地区《证券及期货规则》(投资者赔偿—赔偿上限)规定支付申索人的赔偿总额不得超过 15 万美元。

第四,在追偿机制上,先行赔付制度采取的是"先偿后追"的方式,在责任主体先行赔付模式下,"先偿后追"体现的是先行赔付后在连带责任主体之间的责任再分配;在投资者保护基金先行赔付模式下,"先偿后追"的本质则是投资者保护基金代责任主体赔付后取得的代位求偿权。代位求偿权的实质是民法上的债权转移,其功能主要是防止双重赔付、避免损害赔偿责任人逃脱责任。[①]只有赋予投资者保护基金先行赔付之后的代位求偿权,方能保障制度的可持续性,同时让责任主体承担其应有的责任,防范道德风险。关于投资者保护基金的代位求偿权,香港《证券及期货条例》第 243 条规定,香港证监会用赔偿基金赔付投资者申索损失后,投资者就该项损失而享有的一切权利及补救,须在赔付范围内由香港证监会代位享有,香港证监会据此追讨所得的一切资产须成为赔偿基金一部分。《证券投资者保护基金管理办法》第 19 条也同样规定了基金公司使用基金偿付债权人后,取得相应受偿权。因此,在投资者保护基金先行赔付投资者之后为了保障代位求偿权的实现,应允许投资者保护基金公司以自己名义提起代位求偿诉讼,其追偿范围以赔付范围为限。值得探讨的问题是,投资者保护基金基于先行赔付所取得的债权是否应当赋予其优先性,特别是在出现发行人或其他连带责任人破产的情形时,其在破产债权中能否优先受偿。本书主张,从证券市场投资者保护的整体利益和公共目标出发,为保障投资者保护基金代位求偿权的实现,可赋予其相对于普通债权的优先性。

---

① 参见温世扬、武亦文:《论保险代位权的法律基础及其适用范围》,载《清华法学》2010 年第 4 期。

3. 新《证券法》先行赔付制度的解读与评析

新《证券法》第 93 条规定了先行赔付制度,成为我国证券市场先行赔付制度的基础法律依据,以下将结合《证券法》修订过程中历次审议稿关于先行赔付制度的规则演变,对新《证券法》第 93 条展开解读与评析,以期为法律规则适用和制度完善提供些许建议。

首先,关于先行赔付制度的适用范围,新《证券法》第 93 条规定的违法行为包括"欺诈发行、虚假陈述或者其他重大违法行为"。观察现有实践和学术讨论,先行赔付制度主要适用于欺诈发行、虚假陈述案件中,尚未涉足内幕交易和操纵市场等违法行为。对此,可以理解为内幕交易和操纵市场的违法行为主体大多是投资者,往往缺乏主动赔付的意愿和能力,加之内幕交易和操纵市场侵权行为因相关司法解释的缺位,其责任认定及民事赔偿本就困难重重。①但是,这更多只是立法和司法层面的障碍,并不能构成否定内幕交易、操纵市场违法行为适用先行赔付的理由,第 93 条规定的"其他重大违法行为"实际上已经预留了空间。更何况,随着光大证券内幕交易案和恒康医疗案投资者获得胜诉,标志着我国证券市场内幕交易和操纵市场民事赔偿已经有了司法判决的先例。因此,在内幕交易和操纵市场的民事赔偿司法解释出台,明确因果关系、责任认定、投资者损失和赔偿金额计算等问题之后,也可以适时地纳入先行赔付制度的适用范围。

其次,关于先行赔付制度的适用主体,新《证券法》第 93 条规定的先行赔付主体包括"发行人的控股股东、实际控制人、相关的证券公司"。该规定可以从两个层面进行解读:一是明确排除了投资者保护基金先行赔付,仅保留了责任主体先行赔付的制度模式。值得一提的是,在 2015 年 4 月 20 日提交审议的《证券法(修订草案)》"一审稿"第 173 条关于先行赔付的规定中,明确提出"国务院证券监督管理机构认可的投资者保护机构可以就赔偿事宜与投资者达成协议,予以先期赔付"。但从"二审稿"开

---

① 参见肖宇、黄辉:《证券市场先行赔付:法理辨析与制度构建》,载《法学》2019 年第 8 期。

始即将投资者保护机构排除在先行赔付主体之外,仅可作为基金受托管理人参与先行赔付。这一变化反映了立法者对投资者保护机构先行赔付所持的审慎态度,笔者揣度其理由可能在于由投资者保护机构先行赔付将面临资金来源的问题,以及难以处理责任主体先行赔付与投资者保护机构先行赔付之间的关系,甚至可能导致责任主体先行赔付被架空,诱发道德风险并背离制度本意。但本书前文中也已对此问题作了阐述,即可以通过证券市场罚没款等充实投资者保护基金的资金来源,同时投资者保护基金先行赔付也非责任主体先行赔付的替代,而体现对中小投资者的底线保护,由投资者保护基金作为法定赔付主体应予以充分考虑,此处不再赘言。二是该条规定并未将所有可能的连带责任主体纳入先行赔付主体中,只限定为发行人的控股股东、实际控制人和相关证券公司。饶有意味的是,从"一审稿"直至"三审稿"对先行赔付义务主体的规定都含有"证券服务机构",但在最终的法律规定中则将其排除在外,这更多的是考虑到其赔付能力有限,以及实践中中介服务机构民事责任长期缺位,由其作为先行赔付主体通常缺乏现实可行性。但"五洋债券案"已经开创了中介服务机构民事责任之先例,未来中介服务机构民事责任势必也会常态化,故此将其作为先行赔付主体也未为不可。另外,无论是历次审议稿还是修订通过的法律规定,都没有将发行人作为先行赔付主体,但正如本书前文已阐明的,发行人作为违法行为的当然责任人和第一责任人,其参与先行赔付应是与该制度相契合的。

再次,关于先行赔付义务的性质,新《证券法》第 93 条明确规定的是特定主体"可以"与投资者就赔偿事宜达成协议予以先行赔付,这也意味着《证券法》所采纳的先行赔付义务不属于强制性的法定义务,所体现的是责任主体与投资者自愿性的和解。但随之而来的问题是,完全基于自愿的先行赔付制度是否能够实现预期效果,或者沦为一纸空文。显然,中国证监会以准则的形式将保荐人在招股说明书中承诺先行赔付变相为强制性的要求,从第 93 条的规定来看有失妥当。目前,仅仅依靠证券公司等责任主体声誉机制的约束显然是不够的,为了推动责任主体积极主动参与先行赔付,可考虑借鉴境外市场"行政和解"制度的意蕴,通过从轻或减轻行政处罚等措施,形成"激励相容"机制。实际上,在既有的先行赔付实践中,证监会在作出行政处罚决定时也将先行赔付作为重要的考量因素。例如,海联讯案中中国证监会在行政处罚决定书中明确指出海联讯主要股东"主动出资设立专项补偿基金,补偿适格投资者因海联讯虚假陈述而遭受的投资损失"。①欣泰电气案中中国证监会在对保荐人兴业证券的行政处罚决定书中也提及兴业证券"积极研究制定先行赔偿方案,补偿投资者因欣泰电气虚假陈述而遭受的投资损失"。②

总之,新《证券法》中引入先行赔付制度在某种程度上可以说开启了我国证券市场投资者保护的新篇章,对于推动证券投资者保护和纠纷解决具有重要意义。但也要清醒地意识到,先行赔付制度刚处于起步阶段,法律制度尚不健全,实践样本仍然太少,有关赔付模式、赔付主体、赔付范围、赔付标准、追偿机制等具体问题仍有待进一步的规则细化,并且应随着实践发展的需要而不断修改完善。

---

① 《中国证监会行政处罚决定书(深圳海联讯科技股份有限公司、章锋、邢文飚等 18 名责任人)》(〔2014〕94 号)。

② 《中国证监会行政处罚决定书(兴业证券股份有限公司、兰翔、伍文祥)》(〔2016〕91 号)。

结　　论

债券市场分割已经是债券市场所不容回避的热点话题,更是债券市场深化发展迫切需要解决的棘手问题。如果不能从根本上消除债券市场分割的桎梏,那么债券市场就始终是割裂和闭塞的市场,银行间债券市场和交易所债券市场的竞争机制难以形成,债券市场要素无法自由流动,债券市场流动性和价格发现机制遭受制约,债券市场整体性、联动性发展也就无从谈起。正是因为债券市场分割问题如此严峻,关于打破债券市场分割、推进债券市场互联互通,不论是在官方的政策性文件,抑或是资本市场理论和实务部门,都被越来越广泛地提及和讨论。可以说,债券市场从市场分割走向互联互通的模式转换,在资本市场全面深化改革的大背景下已经刻不容缓。本书以此为研究命题,但是不拘泥于就市场谈市场的研究范式,而是尝试挖掘市场分割背后深层次的制度根源,不仅知其然更要知其所以然,从而为债券市场互联互通的模式转换探索一条可行的制度实现路径和方案。

具体而言,债券市场分割虽然表面上是市场结构层面的问题,表现为不同债券交易场所之间市场要素和基础设施的分割。但是探究市场分割的实质,根本上还是源于债券市场多头监管体制以及由此带来的债券市场法制割裂。申言之,债券市场分割实际上是多头监管机构对债券市场资源人为划分的结果,既存在于债券发行环节,也存在于债券交易环节;既存在于市场要素领域,也存在于基础设施领域。在债券市场中,政府与市场关系不清,多头监管机构围绕债券市场监管资源展开激烈的权力博弈,在这一过程中债券市场利益格局被不断固化,监管分割与市场分割相互强化。因此,从市场分割走向互联互通,不单只是一个市场问题,仅仅从市场要素和基础设施入手只能治标却不能治本。真正意义上的互联互通必然涵盖"市场—政府—法治"三个层面,即必须要从债券市场监管体系重构和法制统一两个方面为互联互通提供制度保障,否则债券市场互联互通只会沦为空谈。

从市场层面上看,债券市场互联互通的实质在于要素的自由流动和交易场所的公平竞争。债券市场交易主体的互联互通要求投资者能够自主选择交易场所,尊重和保障市场主体经济自由权,现阶段的核心问题在于政策性银行和商业银行能够重返交易所市场从事债券交易。债券市场交易产品的互联互通目的在于所有债券品种都能够自由地跨市场发行和交易,不因债券品种类型或是监管机构意志而区别对待,完全由债券发行人和投资者自主决定。当然,债券市场要素的互联互通必须以基础设施的互联互通为基础,关键是托管结算体系的互联互通,如此方能消除托管结算体系分割对债券跨市场交易的阻碍,降低跨市场交易成本,提高跨市场交易效率。对此,短期目标是完善债券跨市场转托管机制,中期目标是通过托管结算机构之间的连接推进互联互通,长远目标是要顺应国际趋势推动托管结算体系的统一化。

从监管层面上看,债券市场互联互通要求打破多头监管权力分割和部门利益本位造成的行政壁垒,革新债券市场监管理念,重构债券市场监管体系。在我国政府主导型的债券市场中,所有的市场问题最终往往都会归结于监管的问题,市场分割也不例外。因此,破解债券市场分割之难题,归根结底还是要让政府监管回归本位,破除监管越位、缺位和错位并存的乱象,政府监管不能替代市场机制的决定性作用,更不能将市场视为攫取权力资源的工具,这也意味着必须要将政府监管纳入法治轨道以防止权力滥用。在监管理念上,应当树立市场化发行监管理念,推动债券发行注册制改革；摆脱机构监管的理念束缚，引入功能监管理念；转变以股票市场为中心的思维惯性，构建契合债券市场特性的监管体系和制度。在监管权力配置上，绝不能漠视债券品种差异化特性采取"一刀切"的统一监管。在债券发行环节针对不同债券类型在分类管理基础上保留多头监管，但是公司信用债券"三分天下"的格局必须逐步根除，朝着统一化方向发展。在债券交易环节则有必要因应互联互通的需要实施统一监管，本书主张以《证券法》第7条为依据由中国证监会统一负责债券交易市场监管。以此为基础，还应当重塑债券发行监管和交易监管的权力关系，以市场化为导向，将监管重心由事前监管向事中事后监管转移，加强各监管机构之间的协调与合作。最后，在注册制改革背景下交易商协会和证券交易所自律监管权的扩张是大势所趋，这就要求理顺行政监管和自律监管的关系，保持自律监管独立性，对自律监管采取司法有限介入立场和民事责任相对豁免原则。

从法治层面上看，债券市场互联互通离不开债券市场法制统一作为法律保障。债券市场分割、多头监管和法制割裂在关系上是相互交织、互为因果的，不论是从市场分割走向互联互通，还是从多头监管迈向统一监管，最终都有赖于在法律层面加以落实，以扫清法律障碍。但也要认识到，债券市场法制统一不可能是大一统的统合立法，既要与债券市场监管体制相适应，也要考虑到不同债券品种和交易场所的差异化，更何况还会面临部门立法的积弊和重股轻债的传统。因此，如何选择一条恰当的法制统一路径是摆在面前的一道难题，究竟是在证券法层面予以统一，还是由国务院制定债券市场单行法规，都不得不考虑债券市场发展和监管的现实，试图一劳永逸地解决问题短期内恐难实现。本书认为，从宏观的法律、中观的监管规则和微观的制度等不同层面循序渐进地推动，不失为一条债券市场法制统一的可行路径。首先，将《证券法》确立为债券市场基本法，使之调整范围扩大至所有债券类型，是《证券法》未来修订的方向，也是债券市场法制统一所追求的目标，更是资本市场法治建设的必然要求。其次，以《证券法》为基础，重构统一而有差别的债券市场监管规则体系，结合不同债券和交易场所特点，既要把握共性，又要体现差异。再者，即使债券市场统一立法存在困难，现阶段至少可以先行统一债券市场共性的基本制度，例如信息披露制度、信用评级制度和投资者保护制度等，使不同交易场所的同类市场主体承受同等的监管负担、获得同等的法律保护，消除监管不公和监管套利等问题。

值得欣喜的是，在中央和国务院统筹部署下，近年来债券市场互联互通进程在不断加快推进，已经取得了一定的成效，包括商业银行重返交易所债券市场、债券市场统一执法和债券市场基础设施互联互通等。但是以上改革都没能触及债券市场分割之根本，多头监管格局依然如故，公司信用债券统一遥遥无期，债券市场法制割裂一如既往。以新《证券法》修订为契机统一债券市场法制基础本被寄予厚望，可是结果却不尽如人意，新《证券法》调整的债券和交易场所范围仍然十分狭窄，自然也就与债券市场基本法的地位相去甚远。《公司法》和《中国人民银行法》修订能否在一定程度上弥补《证券法》修订之缺憾，为公司信用债券统一和债券市场统一监管奠定法律基础也犹未可知，但从《中国人民银行法（修订草案征求意见稿）》来看不容乐观。究其根本，原因在于债券市场互联互通、监管体系重构和法制统一关系到债券市场发展的全局性问题，涉及的问题涵盖了债券市场的方方面面，牵扯的利益主体众多、利益关系错综复杂，特别是监管机构的部门利益和市场主体利益相互交错，因而所遭遇的阻力也就可想而知。但好在债券市场分割的弊病已经达成共识，债券市场互联互通也被广泛认同并在探索中前进。在现有债券市场互联互通进程的基础上展望，债券跨市场交易已经逐步开放，公司信用债券的统一势必将会迎来破局，从债券市场统一执法走向统一监管也是大势所趋，随着债券市场监管规则和制度的协调统一，通过《证券法》修订统一债券市场法律基础值得更多的期待。

参 考 文 献

一、中文文献

（一）译著

1. ［美］弗兰克·J.法博齐:《债券市场:分析与策略》(第七版),路蒙佳译,中国人民大学出版社 2010 年版。

2. ［英］莫拉德·乔德里:《债券市场导论》(第三版),杨农、蒋敏杰译,清华大学出版社 2013 年版。

3. ［美］埃斯梅·法尔博:《债券市场入门》,丁宁译,机械工业出版社 2012 年版。

4. ［英］迈尔斯·利文斯顿:《债券知识读本》(第二版),张永美译,经济管理出版社 2012 年版。

5. ［英］迈尔斯·利文斯顿:《债券与债券衍生产品》(第二版),周琼琼、李成军译,上海财经大学出版社 2015 年版。

6. ［美］罗伯特·齐普夫:《债券市场运作》,褚福灵、雷银译,清华大学出版社 1998 年版。

7. ［美］泰梅尔:《美国市政债券》,蔡靖、乔嘉译,现代出版社 2010 年版。

8. ［美］斯蒂文·L.西瓦兹:《结构金融:资产证券化原理指南》,清华大学出版社 2003 年版。

9. ［美］朱利安·沃姆斯利:《新金融工具》,类承曜等译,中国人民大学出版社 2003 年版。

10. ［美］柯提斯·J.米尔霍普、［德］卡特琳娜·皮斯托:《法律与资本主义:全球公司危机揭示的法律制度与经济发展的关系》,罗培新译,北京大学出版社 2010 年版。

11. ［美］哈罗德·德姆塞茨：《竞争的经济、法律和政治维度》，陈郁译，上海三联书店 1992 年版。

12. ［美］凯文·多德：《竞争与金融》，丁新娅等译，中国人民大学出版社 2004 年版。

13. ［德］路德维希·艾哈德：《社会市场经济之路》，丁安新译，武汉大学出版社 1998 年版。

14. ［德］路德维希·艾哈德：《来自竞争的繁荣》，祝世康、穆家骥译，商务印书馆 1983 年版。

15. ［美］詹姆斯·M.布坎南：《自由、市场与国家——80 年代的政治经济学》，平新桥、莫扶民译，生活·读书·新知三联书店上海分店出版社 1989 年版。

16. ［美］道格拉斯·C.诺斯：《制度、制度变迁与经济绩效》，刘守英译，上海三联书店 1994 年版。

17. ［美］戴维·杜鲁门：《政治过程——政治利益与公共舆论》，陈尧译，天津人民出版社 2005 年版。

18. ［美］杰弗里·M.贝瑞、克莱德·威尔科克斯：《利益集团社会》，王明进译，中国人民大学出版社 2012 年版。

19. ［美］曼瑟尔·奥尔森：《集体行动的逻辑》，陈郁、郭宇峰、李崇新译，上海人民出版社 1995 年版。

20. ［美］埃斯里·德米尔古克-肯特、罗斯·莱文：《金融结构和经济增长》，黄纯纯译，中国人民大学出版社 2006 年版。

21. ［美］罗纳德·麦金农：《经济发展中的货币与资本》，李瑶、卢力平译，中国金融出版社 2006 年版。

22. ［美］爱德华·肖：《经济发展中的金融深化》，王巍等译，中国社会科学出版社 1989 年版。

23. ［奥］约瑟夫·熊彼特：《资本主义、社会主义与民主》，吴良健译，商务印书馆 2008 年版。

24. 经济合作与发展组织：《OECD 国家的监管政策：从干预主义到监管治理》，陈伟译，法律出版社 2006 年版。

25. ［美］托马斯·李·哈森：《证券法》，张学安等译，中国政法大学出版社 2003 年版。

26. ［美］杰弗瑞·J.鲍威尔：《美国受托机构在债券融资中的信托服务》，北方国际信托有限公司译,中国金融出版社 2021 年版。

27. [德]席睿德、[奥]任志:《中国债券市场的未来》,国际货币基金组织翻译处译,中信出版社 2021 年版。

（二）中文著作类

1. 郑彧:《证券市场有效监管的制度选择》,法律出版社 2012 年版。

2. 陈洁:《证券法的变革与走向》,法律出版社 2011 年版。

3. 邱本:《自由竞争与秩序调控》,中国政法大学出版社 2001 年版。

4. 耿利航:《中国证券市场中介机构的作用与约束机制》,法律出版社 2011 年版。

5. 韦森:《经济学与哲学:制度分析的哲学基础》,上海人民出版社 2005 年版。

6. 于绪刚:《交易所非互助化及其对自律的影响》,北京大学出版社 2001 年版。

7. 马洪雨:《论政府监管权》,法律出版社 2011 年版。

8. 刘迎霜:《公司债:法理与制度》,法律出版社 2008 年版。

9. 许多奇:《债权融资法律问题研究》,法律出版社 2005 年版。

10. 董安生、何以等:《多层次资本市场法律问题研究》,北京大学出版社 2013 年版。

11. 冉富强:《公债的宪法控制》,中国政法大学出版社 2012 年版。

12. 黄雄主编:《债券法律实务》,法律出版社 2009 年版。

13. 隋平、罗康:《企业债券融资法律业务操作指引》,法律出版社 2011 年版。

14. 窦醒亚、隋平:《企业债券融资实务操作指引》,法律出版社 2014 年版。

15. 隋平、李广新:《企业债券融资操作实务》,法律出版社 2015 年版。

16. 陈平凡:《中国债券市场融资法律实务》,法律出版社 2012 年版。

17. 李云丽:《中国债券发行理论与操作实务》,法律出版社 2009 年版。

18. 向东:《中国政府债券法律制度研究》,中国言实出版社 2014 年版。

19. 彭冰:《资产证券化的法律解释》,北京大学出版社 2001 年版。

20. 洪艳蓉:《资产证券化法律问题研究》,北京大学出版社 2004 年版。

21. 高坚:《中国债券资本市场》,经济科学出版社 2009 年版。

22. 沈炳熙、曹媛媛:《中国债券市场:30 年改革与发展》(第二版),北京大学出版社 2014 年版。

23. 时文朝主编:《中国债券市场:发展与创新》,中国金融出版社 2011 年版。

24. 中央国债登记结算有限责任公司、中国人民银行上海总部编:《中国银行间债券市场研究》,中国金融出版社 2008 年版。

25. 中央国债登记结算有限责任公司债券研究会编:《债券市场热点问题研究》,中国市场出版社 2009 年版。

26. 中央国债登记结算公司编:《债券交易与结算》,中国金融出版社 2008 年版。

27. 中央国债登记结算公司编:《债券市场》,中国金融出版社 2008 年版。

28. 安国俊:《债券市场发展与金融稳定研究——全球金融危机启示录》,经济科学出版社 2013 年版。

29. 何志刚:《中国债券市场微观结构研究》,中国经济出版社 2011 年版。

30. 何志刚:《中国债券融资功能研究》,经济管理出版社 2003 年版。

31. 窦尔翔、周知等:《债性资本市场》,中国财富出版社 2014 年版。

32. 袁东:《债券市场:交易制度与托管结算》,经济科学出版社 2005 年版。

33. 冯光华:《中国债券市场发展问题研究》,中国金融出版社 2008 年版。

34. 安义宽:《中国公司债券:功能分析与市场发展》,中国财政经济出版社 2006 年版。

35. 曹海珍:《中国债券市场发展的理论与实践》,中国金融出版社 2007 年版。

36. 周沅帆:《公司债券》,中信出版社 2011 年版。

37. 刘振亚:《美国债券市场》,经济科学出版社 2001 年版。

38. 闫屹:《我国公司债券市场发展滞后的制度因素研究》,人民出版社 2012 年版。

39. 吴腾华:《新兴债券市场发展》,社会科学文献出版社 2005 年版。

40. 范乔希:《银行间债券市场流动性研究》,西南交通大学出版社 2012 年版。

41. 马建春:《债券市场的协调发展——美国、德国、日本的考察与借鉴》,经济科学出版社 2005 年版。

42. 姚秦:《债券市场微观结构与做市商制度——理论与中国的实证》,复旦大学出版社 2007 年版。

43. 何德旭:《中国债券市场:创新路径与发展策略》,中国财政经济出版社 2007 年版。

44. 杨农主编:《中国债券市场发展报告》,中国金融出版社 2011 年版。

45. 黄文涛:《中国债券市场新格局、新挑战》,中国金融出版社 2014 年版。

46. 陈应春、叶小杭主编：《中小企业债市融资》，经济科学出版社 2012 年版。

47. 中央国债登记结算有限责任公司编著：《国际债券市场借鉴》，安徽人民出版社 2017 年版。

48. 窦鹏娟：《地方政府债券融资的法治约束问题研究》，法律出版社 2017 年版。

49. 李扬、王芳：《中国债券市场：2020》，社会科学文献出版社 2021 年版。

50. 财政部政府债务研究和评估中心、中央财经大学中国政府债务研究中心编著：《美国市政债券市场与管理》，中国财政经济出版社 2020 年版。

51. 于绪刚主编：《中国债券法律与实务》，法律出版社 2020 年版。

52. 赵志荣、李金珊、王倩倩：《美国市政债券管理体制：市场监管、风险防控和破产案例分析》，浙江大学出版社 2020 年版。

53. 段丙华：《债券违约处置中的政府定位》，中国社会科学出版社 2020 年版。

54. 马海涛、温来成主编：《地方政府专项债券研究》，中国财政经济出版社 2020 年版。

55. 中央国债登记结算有限责任公司编著：《新中国债券市场发展简史》，北京时代华文书局 2019 年版。

56. 陈会玲：《中国地方政府债券发行和管理运行制度研究》，经济科学出版社 2018 年版。

57. 谢平：《中国地方政府债券发行管理制度研究》，中国经济出版社 2018 年版。

58. 杨珊：《我国地方政府债务融资的法律规制研究》，中国政法大学出版社 2017 年版。

59. 马永波：《中国债券市场分层问题研究》，中国金融出版社 2017 年版。

60. 冯果等：《债券市场风险防范的法治逻辑》，法律出版社 2016 年版。

（三）中文论文类

1. 冯果：《金融服务横向规制究竟能走多远》，载《法学》2010 年第 3 期。

2. 冯果、谢贵春：《我国债券市场统一的现实藩篱与制度因应》，载《证券法律评论》（2015 年卷），中国法制出版社 2015 年版。

3. 朱苏力：《制度是如何形成的？——关于马歇尔诉麦迪逊案的故事》，载《比较法研究》1998 年第 1 期。

4. 顾自安：《制度发生学探源：制度是如何形成的》，载《当代经济管理》2006

年第 4 期。

5. 沈朝晖:《公债和民主》,载《中外法学》2012 年第 6 期。

6. 陆文山:《债券市场发展与配套制度建设的若干问题》,载《证券法苑》(第 2 卷),法律出版社 2010 年版。

7. 陆文山:《推进我国债券市场发展的若干问题再认识——兼论资本市场功能的完善》,载《证券市场导报》2010 年第 4 期。

8. 洪艳蓉:《公司的信用与评价:以公司债券发行限额的存废为例》,载《中外法学》2015 年第 1 期。

9. 洪艳蓉:《公司债券的多头监管、路径依赖与未来发展框架》,载《证券市场导报》2010 年第 4 期。

10. 洪艳蓉:《公司债券违约零容忍的法律救赎》,载《法学》2013 年第 12 期。

11. 洪艳蓉:《公司债券制度的实然与应然——兼谈〈证券法〉的修改》,载《证券法苑》(第 5 卷),法律出版社 2011 年版。

12. 洪艳蓉:《〈证券法〉债券规则的批判与重构》,载《中国政法大学学报》2015 年第 3 期。

13. 杨梦:《市场化视域下我国债券市场改革及其法律选择》,载《经济法学评论》(第 14 卷),中国法制出版社 2014 年版。

14. 蒋大兴:《被忽略的债券制度史——中国(公司)债券市场的法律瓶颈》,载《河南财经政法大学学报》2014 年第 4 期。

15. 黄润源、刘迎霜:《公司债券信用评级法律关系解析——以美国债券评级制度为模本》,载《学术论坛》2008 年第 1 期。

16. 刘迎霜:《我国公司债券法律制度修订评析——兼与台湾公司债法律制度比较》,载《社会科学研究》2009 年第 1 期。

17. 刘迎霜:《论公司债券投资者的权益保护》,载《社会科学研究》2010 年第 4 期。

18. 刘迎霜:《论公司债权人对公司治理的参与》,载《财经理论与实践》2010 年第 1 期。

19. 刘迎霜:《论我国公司债券信用评级机制的构建》,载《江西社会科学》2009 年第 2 期。

20. 中信证券股份有限公司法律部:《交易所公司债券市场发展与〈证券法〉修改——以公司债发行法律制度为重点》,载《证券法苑》(第 5 卷),法律出版社 2011

年版。

21. 徐明:《进一步完善公司债券市场的法律制度》,载《证券法苑》(第 6 卷),法律出版社 2012 年版。

22. 时晋、曾斌:《市场分立与监管竞争——我国公司债券市场发展的法经济学研究》,载《制度经济学研究》2013 年第 1 期。

23. 刘水林、邰峰:《完善我国公司债券监管制度的法律构想》,载《上海财经大学学报》2013 年第 3 期。

24. 王升义:《我国公司债券法律制度完善之初探——以对两个案例的分析为视角》,载《证券法苑》(第 4 卷),法律出版社 2011 年版。

25. 中央财经大学课题组:《多层次资本市场及证券交易所法律制度完善研究》,载《证券法苑》(第 5 卷),法律出版社 2011 年版。

26. 上海证券交易所法律部:《成熟市场视野下的证券法修改完善论纲》,载《证券法苑》(第 6 卷),法律出版社 2012 年版。

27. 王林:《公司债券市场立法国际比较及启示》,载《经济理论与经济管理》2009 年第 3 期。

28. 刘铁峰:《中国债券市场法规建设情况浅析》,载《证券市场导报》2009 年第 4 期。

29. 陈岱松、魏华文:《论我国统一互联债券市场之制度构建》,载《南京社会科学》2008 年第 11 期。

30. 习晓兰:《债券市场发展的若干重大问题与对策研究——以交易效率与结算风险控制为视角》,载《证券法苑》(第 9 卷),法律出版社 2013 年版。

31. 岑雅衍:《中国债券市场监管法律制度研究——以监管不完备为视角》,华东政法大学 2009 年博士学位论文。

32. 陈晖、岑雅衍:《我国债券市场监管中的利益冲突分析》,载《湖南师范大学社会科学学报》2009 年第 4 期。

33. 罗培新:《美国金融监管的法律与政策困局之反思——兼及对我国金融监管之启示》,载《中国法学》2009 年第 3 期。

34. 岳彩申、王俊:《监管理论的发展与证券监管制度完善的路径选择》,载《现代法学》2006 年第 2 期。

35. 李文莉:《证券发行注册制改革:法理基础与实现路径》,载《法商研究》2014 年第 5 期。

36. 吴志攀：《〈证券法〉适用范围的反思与展望》，载《法商研究》2003年第6期。

37. 张嫒：《论我国〈证券法〉中公司债券法律制度的适用与完善》，载《证券法苑》（第5卷），法律出版社2011年版。

38. 李飞：《关于如何确定证券法的调整范围问题》，载《中国法学》1999年第2期。

39. 陈洁：《金融投资商品统一立法趋势下"证券"的界定》，载《证券法苑》（第5卷），法律出版社2011年版。

40. 董华春：《从"Howey检验"看"投资合同"——美国证券法"证券"定义的法律辨析（一）》，载《金融法苑》2003年第2期。

41. 华东政法大学课题组：《证券法的调整范围与立法体例研究》，载《证券法苑》（第10卷），法律出版社2014年版。

42. 楼建波、刘燕：《证券持有结构对投资人证券权利法律定性的影响——一个新的分析框架》，载《商事法论集》2009年第1期。

43. 叶林：《准确把握证券市场特性 推进证券市场法制建设》，载《证券法苑》（第14卷），法律出版社2015年版。

44. 李安安：《祛魅与重构：金融创新的法律困局及其突围——以资本市场为中心的考察》，载《证券法苑》（第9卷），法律出版社2013年版。

45. 陆泽峰、李振涛：《证券法功能定位演变的国际比较与我国〈证券法〉的完善》，载《证券法苑》（第5卷），法律出版社2011年版。

46. 缪因知：《政府性证券监管批判及与民事诉讼之权衡》，载《交大法学》2015年第1期。

47. 高西庆：《论证券监管权》，载《中国法学》2002年第5期。

48. 洪艳蓉：《美国证券交易委员会行政执法机制研究："独立"、"高效"与"负责"》，载《比较法研究》2009年第1期。

49. 张红：《证券监管措施：挑战与应对》，载《政法论坛》2015年第4期。

50. 湛中乐、李凤英：《证券监管与司法审查——海南凯立诉中国证监会案的法律分析》，载《中国法学》2002年第5期。

51. 陈婉玲：《法律监管抑或权力监管——经济法"市场监管法"定性分析》，载《现代法学》2014年第3期。

52. 周仲飞：《银行监管机构问责性的法律保障机制》，载《法学》2007年第

7 期。

53. 蒋大兴：《隐退中的"权力型"证监会——注册制改革与证券监管权之重整》，载《法学评论》2014 年第 2 期。

54. 李曙光：《新股发行注册制改革的若干重大问题探讨》，载《政法论坛》2015 年第 3 期。

55. 陈甦、陈洁：《证券法的功效分析与重构思路》，载《环球法律评论》2012 年第 5 期。

56. 黄韬：《我国金融监管从"机构监管"到"功能监管"的法律路径》，载《法学》2011 年第 7 期。

57. 彭冰、曹里加：《证券交易所监管功能研究——从企业组织视角》，载《中国法学》2005 年第 1 期。

58. 徐明、卢文道：《从市场竞争到法制基础：证券交易所自律监管研究》，载《华东政法学院学报》2005 年第 5 期。

59. 缪因知：《论证券交易所竞争与监管的关系及其定位》，载《时代法学》2008 年第 6 期。

60. 杨松、宋怡林：《金融危机暴露出的美国金融监管弊症及其本源》，载《重庆大学学报（社会科学版）》2011 年第 3 期。

61. 邱永红：《竞争抑或合作——晚近美国国际证券监管大辩论述评》，载《国际经济法学刊》2005 年第 4 期。

62. 钱弘道：《法律的经济分析工具》，载《法学研究》2004 年第 4 期。

63. 孙同鹏：《经济立法中地方部门利益倾向问题的新思考》，载《法学评论》2001 年第 2 期。

64. 张斌：《论现代立法中的利益平衡机制》，载《清华大学学报（哲学社会科学版）》2005 年第 2 期。

65. 高凛：《论"部门利益法制化"的遏制》，载《政法论丛》2013 年第 2 期。

66. 王克稳：《论市场主体的基本经济权利及其行政法安排》，载《中国法学》2001 年第 3 期。

67. 冯果：《宪法秩序下的经济法法权结构探究》，载《甘肃社会科学》2008 年第 4 期。

68. 鲁篱：《论经济法的基本权利（力）范畴体系》，载《经济法研究》（第 12 卷），北京大学出版社 2013 年版。

69. 蒋悟真:《现代经济法的法权结构论纲》,载《法学杂志》2008 年第 6 期。

70. 钱颖一:《市场与法治》,载《经济社会体制比较》2000 年第 3 期。

71. 刘俊海:《建议〈公司法〉与〈证券法〉联动修改》,载《法学论坛》2013 年第 4 期。

72. 侯水平:《论公司法与证券法之关系》,载《社会科学研究》2001 年第 1 期。

73. 王保树:《公司法与证券法修改应联动进行》,载《清华金融评论》2014 年第 11 期。

74. 赵万一、高达:《论中国公司法与证券法的协同完善与制度创新——以公司治理为研究视角》,载《河南财经政法大学学报》2014 年第 4 期。

75. 高坚、杨念:《中国债券市场发展的制度问题和方法研究》,载《财经科学》2007 年第 12 期。

76. 保罗·阿斯奎斯、汤姆·康福特、普兰格·帕沙克、蒋敏杰:《金融市场中交易信息强制披露制度的作用——以公司债券市场为例》,载《金融市场研究》2014 年第 1 期。

77. 亚瑟·莱维特:《论美国债券市场的透明度》,李为、水东流译,载《证券市场导报》2002 年第 4 期。

78. 崔西·戈登:《金融危机后的美国市政债券市场》,载《金融市场研究》2013 年第 9 期。

79. 刘云中:《美国对市政债券的监管及其启示》,载《证券市场导报》2004 年第 10 期。

80. 于鑫、龚仰树:《美国债券市场发展对我国场内债券市场的启示》,载《上海财经大学学报》2011 年第 3 期。

81. 宋逢明、金鹏辉:《企业类债券市场解构及其监管理念创新》,载《改革》2010 年第 6 期。

82. 高新国、许余洁:《危中有机,倒逼改革——中国债券市场发展与创新路径》,载《金融市场研究》2014 年第 5 期。

83. 蔡国喜:《我国债券市场统一方案构想》,载《证券市场导报》2004 年第 5 期。

84. 祝献忠:《银行间债券市场与商业银行》,载《金融市场研究》2012 年第 12 期。

85. 时文朝:《债券市场发展的一般规律问题》,载《金融市场研究》2012 年第

11 期。

86. 金永军、刘斌：《债券市场：透明度及市场分层间的平衡》，载《证券市场导报》2014 年第 8 期。

87. 金永军、赵敏、刘斌：《债券只适合场外交易吗?》，载《证券市场导报》2011 年第 7 期。

88. 金永军、扬迁、刘斌：《做市商制度最新的演变趋势及启示》，载《证券市场导报》2010 年第 10 期。

89. 张璨、李秋菊、程东旭：《中国债券市场投资人结构》，载《金融市场研究》2013 年第 4 期。

90. 马保明、邓晓兰、张旭涛：《从制度经济学视角解析我国债券市场分割问题》，载《金融与经济》2010 年第 4 期。

91. 温彬、张友先、汪川：《国际债券市场的发展经验及对我国的启示》，载《上海金融》2010 年第 9 期。

92. 温彬、张友先、汪川：《我国债券市场分割问题研究》，载《宏观经济研究》2010 年第 11 期。

93. 吴腾华：《韩国债券市场：结构、工具与基础设施》，载《世界经济研究》2005 年第 2 期。

94. 谭永全：《论我国债券市场的发展》，载《扬州大学学报（人文社会科学版）》2007 年第 4 期。

95. 李云林：《美国债券市场的若干特点分析》，载《经济研究参考》2008 年第 57 期。

96. 庞红学、金永军、刘源：《美国债券市场监管体系研究及启示》，载《上海金融》2013 年第 9 期。

97. 财政部财政科学研究所课题组：《中国政府债券市场存在的问题及政策建议》，载《经济研究参考》2012 年第 19 期。

98. 张自力、林力：《日本企业债券市场的结构特征及监管制度》，载《证券市场导报》2013 年第 8 期。

99. 李昱、陈思宇：《日本债券市场的发展及对中国的启示》，载《现代日本经济》2011 年第 4 期。

100. 白栋宇、李毅光：《我国公司信用类债券市场研究——"潜规则"下的银行间债券市场风险》，载《西南民族大学学报（人文社会科学版）》2013 年第 8 期。

101. 郑长德、刘丽雪:《中国债券市场分割的理论探讨》,载《西南民族大学学报(人文社会科学版)》2005 年第 5 期。

102. 吴照云、欧阳家忠:《我国企业债券市场分割问题研究》,载《江西社会科学》2013 年第 4 期。

103. 颜炬、石磊:《我国银行间债券市场的发展》,载《中国金融》2007 年第 8 期。

104. 刘纪学:《我国银行间债券市场分析与问题研究》,载《经济研究参考》2013 年第 69 期。

105. 王芳:《我国债券市场信息披露的现状、问题与对策》,载《证券市场导报》2013 年第 2 期。

106. 易宪容:《香港债券市场发展的分析》,载《证券市场导报》2004 年第 2 期。

107. 郭玉洁:《债券市场产品的国际比较及其多维度改进》,载《改革》2011 年第 6 期。

108. 王盛、董晓春、陈海滨:《制度变迁与中国债券市场的演变路径》,载《上海金融》2008 年第 12 期。

109. 宋常、韩斯玥、张羽瑶:《中国债券市场的多头监管:低效监管抑或部门竞争》,载《上海金融》2013 年第 2 期。

110. 陈坚:《中国债券市场发展存在的问题及改进建议》,载《上海金融》2010 年第 4 期。

111. 闫屹、杨智婕、俞峰:《中美公司债券市场的比较分析》,载《国际金融研究》2008 年第 4 期。

112. 徐忠:《中国债券市场发展中热点问题及其认识》,载《金融研究》2015 年第 2 期。

113. 马永波:《我国债券二级市场分层问题研究》,载《证券市场导报》2015 年第 8 期。

114. 马永波:《关于推进银行间债券市场分层的思考》,载《银行家》2015 年第 10 期。

115. 杜宁、陈秋云:《日本证券监管机构的历史演变和特点》,载《现代日本经济》2010 年第 2 期。

116. 李昱、陈思宇:《日本债券市场的发展及对中国的启示》,载《现代日本经济》2011 年第 4 期。

117. 中国人民银行金融稳定局赴英考察团：《英国金融监管改革及启示》，载《金融发展评论》2013 年第 10 期。

118. 聂飞舟：《信用评级机构法律监管困境及金融危机后的改革出路》，载《法学》2011 年第 3 期。

119. 鄂志寰、周景彤：《美国信用评级市场与监管变迁及其借鉴》，载《国际金融研究》2012 年第 2 期。

120. 龚宇：《美国信用评级业监管体制变迁——"次贷危机"下的反思》，载《证券市场导报》2008 年第 7 期。

121. 罗培新：《后危机时代信用评级机构法律责任之完善》，载《法学杂志》2009 年第 7 期。

122. 聂飞舟：《美国信用评级机构法律监管演变与发展动向——多德法案前后》，载《比较法研究》2011 年第 4 期。

123. 聂飞舟：《美国信用评级机构法律责任反思及启示——以司法判例为视角》，载《东方法学》2010 年第 6 期。

124. 刘迎霜：《"发行方付费"模式下的信用评级法律迷局解析》，载《法律科学》2011 年第 6 期。

125. 伍治良：《论信用评级不实之侵权责任——一种比较法研究》，载《法商研究》2014 年第 6 期。

126. 张东昌：《证券市场先行赔付制度的法律构造》，载《证券市场导报》2015 年第 2 期。

127. 郑雪晴：《交易所债券市场违约后交易规则的思考与完善》，载《证券市场导报》2017 年第 3 期。

128. 冯果：《债券违约处置的法治逻辑》，载《法律适用》2017 年第 7 期。

129. 赵洪春、刘沛佩：《债券受托管理人制度立法若干问题研究》，载《上海金融》2017 年第 6 期。

130. 南玉梅：《公司债券内部增信的规则构建——以限制条款为核心》，载《法商研究》2017 年第 6 期。

131. 南玉梅：《债券交易人卖者责任探析——以信息披露义务与诚信义务为核心》，载《中国政法大学学报》2017 年第 1 期。

132. 冯果、刘秀芬：《优化债券市场监管体系的法律思考》，载《江西财经大学学报》2016 年第 5 期。

133. 李立新:《债券违约刚性兑付的形成机制与破解法门》,载《河北法学》2017 年第 11 期。

134. 冯果:《债券市场的主体培育:目标、进路与法制变革》,载《政法论丛》2018 年第 3 期。

135. 袁康:《我国债券市场风险治理的规范逻辑与制度构建》,载《政法论丛》2018 年第 3 期。

136. 宋亮:《我国公司债券违约的法治化治理》,载《湖北社会科学》2018 年第 1 期。

137. 李安安:《中国债券市场风险防范机制的范式转型及其法律回应》,载《华中科技大学学报(社会科学版)》2019 年第 1 期。

138. 朱晓娟:《公司重整中债券持有人权利保护机制的构建》,载《社会科学》2019 年第 6 期。

139. 杨松、张建:《中国地方政府债券金融风险的法律防控》,载《社会科学战线》2020 年第 3 期。

140. 刘迎霜:《公司债券受托管理的信托法构造》,载《法学评论》2020 年第 3 期。

141. 李有星、潘政、刘佳玮:《债券纠纷案件法律适用问题研究》,载《法律适用》2020 年第 19 期。

142. 洪艳蓉:《论公司债券市场化治理下的投资者保护》,载《兰州大学学报(社会科学版)》2020 年第 6 期。

143. 王怀勇、钟文财:《统一化与差异化:债券市场内幕交易规制的困境与法制进路》,载《证券市场导报》2020 年第 12 期。

144. 李敏:《我国债券市场监管分割及统一路径》,载《中国政法大学学报》2021 年第 2 期。

145. 冯果、张阳:《不能忽视的债券市场分层:基于破解市场流动性困局的思考》,载《华东政法大学学报》2021 年第 2 期。

146. 张雪莹、吴多文:《债权人保护与公司过度投资——基于债券契约的研究》,载《证券市场导报》2021 年第 7 期。

147. 叶林:《公司债券非公开发行的规范模式》,载《法学研究》2021 年第 3 期。

二、外文文献

1. Volker Flögel, The Microstructure of European Bond Markets, Deutscher Universitats-Verlag Press, 2006.

2. Morey W.McDaniel, Bondholders and Corporate Governance, The Business Lawyer, Vol.41, February 1986.

3. Serdar Çelik, Gül Demirtaş and Mats Isaksson, Corporate Bonds, Bond-holders and Corporate Governance, OECD Corporate Governance Working Papers No.16, 2015.

4. Amy K.Edwards, M.Nimalendran and Michael S.Piwowar, Corporate Bond Market Transparency: Liquidity Concentration, Informational Efficiency, and Competition, SSRN Electronic Journal, 2007.

5. Amy K.Edwards, Lawrence E.Harris and Michael S.Piwowar, Corporate Bond Market Transaction Costs and Transparency, The Journal of Finance, Vol.62, No.3, 2007.

6. Hendrik Bessembinder, William Maxwell, Transparency and the Corporate Bond Market, Journal of Economic Perspectives, Vol.22, No.2, 2008.

7. Tadashi Endo, The Development of Corporate Debt Market, The World Bank Report, November 13, 2000.

8. Mark S.Klock, Sattar A.Mansi and William F.Maxwell, Does Corporate Governance Matter to Bondholders? Journal of Financial and Quantitative Analysis, Vol.40, No.4, 2005.

9. Maureen O'Hara, Mao Ye, Is Market Fragmentation Harming Market Quality? Journal of Financial Economics, Vol.100, No.3, 2011.

10. Bruno Biais, Fany Declerck, Liquidity, Competition & Price Discovery in the European Corporate Bond Market, Idei Working Papers, 2007.

11. Paul Bennett, Li Wei, Market Structure, Fragmentation, and Market Quality, Journal of Financial Markets, Vol.9, No.1, 2006.

12. James L.Hamilton, Marketplace Fragmentation, Competition, and the Efficiency of the Stock Exchange, The Journal of Finance, Vol.34, No.1, 1979.

13. The World Bank, Study on Korea's Corporate Bond Market and Its Impli-

cations on China's Bond Market Development, World Bank Country Study Paper, January 2004.

14. Bruno Biais, Richard M.Green, The Microstructure of the Bond Market in the 20th Century, Idei Working Papers, 2007.

15. Marcel Kahan, The Qualified Case Against Mandatory Terms in Bonds, Northwestern University Law Review, Vol.89, No.2, 1995.

16. Biswa Nath Bhattacharyay, Determinants of bond market development in Asia, Journal of Asian Economics, Vol.24, 2013.

17. Sanjiv Das, Madhu Kalimipalli and Subhankar Nayak, Did CDS trading improve the market for corporate bonds? Journal of Financial Economics, Vol.111, 2014.

18. Mike Kennedy, Angel Palerm, Emerging Market Bond Spreads: The Role of Global and Domestic Factors from 2002 to 2011, Journal of International Money and Finance, Vol.43, 2014.

19. Gabe De Bondt, David Marques-Ibanez, The High-yield Segment of the Corporate Bond Market: A Diffusion Modelling Approach for the United States, the United Kingdom and the Euro Area, ECB Working Paper No. 313, February 2004.

20. Charlotte Christiansen, Integration of European Bond Markets, Journal of Banking & Finance, Vol.42, 2014.

21. Xuan Vinh Vo, International Financial Integration in Asian Bond Markets, Research in International Business and Finance, Vol.23, 2009.

22. Patara Thumrongvit, Yoonbai Kim and Chong Soo Pyun, Linking the Missing Market: The Effect of Bond Markets on Economic Growth, International Review of Economics and Finance, Vol.27, 2013.

23. Christo A.Pirinsky, Qinghai Wang, Market Segmentation and the Cost of Capital in a Domestic Market: Evidence from Municipal Bonds, Financial Management, Summer 2011.

24. Reuben Kessel, A Study of the Effects of Competition in the Tax-exempt Bond Market, Journal of Political Economy, Vol.79, No.4, 1971.

25. Sergei Gurieva, Dmitriy Kvasov, Imperfect Competition in Financial Mar-

kets and Capital Structure, Journal of Economic Behavior & Organization, Vol.72, No.1, 2009.

26. Philippe Aghion, Mathias Dewatripont and Patrick Rey, Competition, Financial Discipline and Growth, The Review of Economic Studies, Vol. 66, No.4, 1999.

27. Thomas H.McInish, Robert A.Wood, Competition, Fragmentation, and Market Quality, National Bureau of Economic Research, University of Chicago Press, 1996.

28. Roberta Romano, Empowering Investors: A Market Approach to Securities Regulation, The Yale Law Journal, Vol.107, 1998.

29. William L.Cary, Federalism and Corporate Law: Reflections upon Delaware, The Yale Law Journal, Vol.83, No.4, 1974.

30. Donald C. Langevoort, Federalism in Corporate/Securities Law: Reflections on Delaware, California, and State Regulation of Insider Trading, University of San Francisco Law Review, Vol.40, 2006.

31. Stephen J.Choi, Andrew T.Guzman, Protable Reciprocity: Rethinking the International Reach of Securities Regulation, Southern California Law Review, Vol.71, 1998.

32. Daniel R.Fischel, Race to the Bottom Revisited: Reflections on Recent Developments in Delaware's Corporation Law, Northwestern University Law Review, Vol.76, No.6, 1981.

33. Stephen Choi, Regulating Investors Not Issuers: A Market-Based Proposal, California Law Review, Vol.88, No.2, 2000.

34. Howell E.Jackson and Eric J.Pan, Regulatory Competition in International Securities Markets: Evidence from Europe in 1999—Part I, The Business Lawyer, Vol.56, 2001.

35. Howell E.Jackson and Eric J.Pan, Regulatory Competition in International Securities Markets: Evidence from Europe—Part I, Virginia Law & Business Review, Vol.3, No.2, 2008.

36. Ralph K.Winter, State Law, Shareholder Protection, and the Theory of the Corporation, The Journal of Legal Studies, Vol.6, No.2, 1977.

37. Ralph K.Winter, The "Race for the Top" Revisited: A Comment on Eisenberg, Columbia Law Review, Vol.89, No.7, 1989.

38. Roberta Romano, The Need for Competition in International Securities Regulation, John M.Olin Center for Studies in Law, Economics, and Public Policy Working Papers, 2001.

39. Stavros Gadinis, The Politics of Competition in International Financial Regulation, Harvard International Law Journal, Vol.49, No.2, 2008.

40. Richard A.Posner, Theories of Economic Regulation, The Bell Journal of Economics and Management Science, Vol.5, No.2, 1974.

41. George J.Stigler, The Theory of Economic Regulation, The Bell Journal of Economics and Management Science, Vol.2, No.1, 1971.

42. Sam Peltzman, Toward a More General Theory of Regulation, Journal of Law and Economics, Vol.19, No.2, 1976.

43. Gary S.Becker, A Theory of Competition Among Pressure Groups for Political Influence, The Quarterly Journal of Economics, Vol.98, No.3, 1983.

44. Katharina Pistor, Xu Chenggang, Incomplete Law: A Conceptual and Analytical Frame-work and its Application to the Evolution of Financial Market Regulation, Columbia Law and Economics Working Paper, 2002.

45. Raghuram G.Rajan, Luigi Zingales, The Great Reversals: the Politics of Financial Development in the Twentieth Century, Journal of Financial Economics, Vol.69, No.1, 2003.

46. Eric J.Pan, Structural Reform of Financial Regulation, Cardozo Legal Studies Research Paper No.250, January 2009, Available at SSRN: http://ssrn.com/abstract = 1333385.

47. Peter Cane, Self-Regulation and Judicial Review, Civil Justice Quarterly, 1987.

48. Douglas C.Michael, Federal Agency Use of Audited Self-Regulation as a Regulatory Technique, Administrative Conference of the United States, November 1993.

49. IOSCO, Objectives and Principles of Securities Regulation, June 2010. http://www.iosco.org/library/pubdocs/pdf/IOSCOPD154.pdf.

50. Sam Scott Miller, Self-Regulation of the Securities Markets: A Critical Examination, Washington and Lee Law Review, Vol.42, 1985.

51. William O.Douglas, Democracy and Finance. Yale University Press, 1994.

52. Williams I.Friedman, The Fourteenth Amendment's Public/Private Distinction among Securities Regulations in the U.S.Marketplace, Annual Review of Banking & Financial Law, Vol.23, 2004.

53. Sam Scott Miller, Self-Regulation of the Securities Markets: A Critical Examination, Washington and Lee Law Review, Vol.42, 1985.

54. Robert C.Merton, A functional Perspective of Financial Intermediation, Financial Management, Vol.24, No.2, 1995.

55. Lawrence J.White, Markets: The Credit Rating Agencies, The Journal of Economic Perspectives, Vol.24, No.2, Spring 2010.

56. John Patrick Hunt, Credit Rating Agencies and the "Worldwide Credit Crisis": The Limits of Reputation, the Insufficiency of Reform, and a Proposal for Improvement. http://ssrn.com/abstract = 1267625.

57. Frank Partnoy, The Siskel and Ebert of Financial Markets?: Two Thumbs Down for the Credit Rating Agencies, Washington University Law Quarterly, Vol.77, No.3, 1999.

58. Timothy E.Lynch, Deeply and Persistently Conflicted: Credit Rating Agencies in the Current Regulatory Environment, Case Western Reserve Law Review, Vol.59, 2009.

59. Alex J.Pollock, Enhancing Competition in the Credit Rating Agency Sector, Statement to the Securities and Exchange Commission Roundtable on Credit Rating Agency Oversight, April 15, 2009.

后　记

　　本书是在博士论文基础之上修改完善而成。从博士毕业到本书交付出版之际，我国债券市场经历了一些新的发展和变化，虽然债券市场分割、多头监管和法制割裂的局面并未得到根本扭转，但也在朝着互联互通的方向迈进。特别是随着新《证券法》的颁布实施，公司债券和企业债券开始实行注册制改革，公司债券信息披露制度、受托管理人制度和债券持有人会议制度在法律层面得以落实。本书针对以上变化作了相应的补充和完善，以及时回应现实。当然，这些问题在书中各章节都已经充分阐述，作为"后记"其实更应该暂时跳脱出严肃的学术范畴，去回忆、省思和感恩，对本书作一个最后的总结和交代。

　　美国社会学家 C.赖特·米尔斯在《社会学的想象力》一书中说道："选择做一名学者，既是选择了职业，同时也是选择了一种生活方式；无论是否认识到这一点，在努力使治学臻于完善的历程中，治学者也塑造了自我。"求学和治学的过程，实际上和人生一样，总是在不断自我发现、自我认识、自我反思，然后尝试去让自己变得更好。这个过程很难称得上是完全快乐的，甚至有几分痛苦，但是在这一过程中哪怕取得了一点微不足道的进步，又会有些许只有自己才能体会的满足感。一如本书从选题到完成，个中滋味、甘苦自知。

　　社会科学的研究方法决定了很多时候治学之路就像一场孤独的

旅行,但是在旅途中总会有人伸出手给予支持和帮助。我心中有一份长长的名单,请恕我不能一一具名,但我将时刻铭记和感恩!

感谢授业恩师武汉大学法学院冯果教授,他给了我在求学之路上继续前进下去的宝贵机会,也让我更加坚定了从事学术研究工作的决心。回想初见老师的满心敬畏与紧张,很快就被他的坦诚与平和所消散,老师对学生的包容、理解和关爱总是令我们感动!老师在治学态度上又是极其严谨的,对学生治学的要求也是甚为严格,容不得半点马虎,每每聆听教诲,总是豁然开朗、受益良多!本书的研究成果是冯果教授主持的教育部哲学社会科学研究重大课题攻关项目"我国债券市场建立市场化法制化风险防范体系研究"(14JZD008)的组成部分,从选题、结构到内容,冯果教授都对我作了悉心严谨的指导。

感谢华中科技大学法学院管斌副教授,他作为我的硕士生导师领我跨过了学术研究的门槛,指导我开始学习金融法理论知识和论文写作,为我后来的求学和研究工作打下了坚实的基础,也在我决心继续攻读博士学位的过程中,给予了我极大的鼓励和帮助!

感谢武汉大学法学院熊伟教授、宁立志教授、张荣芳教授、喻术红教授、孙晋教授,在我读博期间对我的诸多帮助和指导。博士论文从开题、预答辩到答辩,几位老师多次对我的论文予以指导,提出了很多宝贵的意见,也在促使我不断修改完善。老师们对学生的认真负责,以及对学术的细致严谨,令我十分感佩!

感谢吴国舫、武俊桥、李安安、窦鹏娟、杨为程、袁康、杨梦、谢贵春、段丙华、汪文渊、张弋曦、张阳、闫维博等诸位同门兄弟姐妹,在读博期间和工作之后一直对我的帮助和照拂,他(她)们的学问和品格也是我学习的榜样!

感谢湖南大学法学院对本书出版给予的经费支持,感谢屈茂辉教授、易骆之副教授、黎四奇教授、喻玲教授、曾红强老师对本书的出版提供了巨大的鼓励、支持和帮助！

　　当然最特别的感谢要献给我的家人，他们给了我无私的爱与宽容！感谢我的父母生我、养我、育我，始终无条件地理解、鼓励和支持我。在异乡求学和工作的这些年，回家机会寥寥，又总是匆匆而别，不能在身边陪伴和照顾他们，而我又讷于表达情感，对他们我有太多的亏欠！感谢哥哥和嫂子在我求学和工作期间，承担了更多照顾父母的重任！感谢我的爱人余愿一直默默地关心、支持和包容我，特别是为女儿的降生和养育所做出的巨大付出！爱女馨馨的到来为我们的家庭增添了无尽的欢乐，也为我提供了巨大的动力！

　　最后，感谢上海人民出版社对本书的出版，感谢夏红梅编辑为本书出版所付出的辛劳！

张东昌

2021 年 5 月 16 日记于岳麓山

图书在版编目(CIP)数据

从市场分割到互联互通:债券市场发展的模式转换
及制度实现/张东昌著.—上海:上海人民出版社,
2021
ISBN 978-7-208-17298-2

Ⅰ.①从… Ⅱ.①张… Ⅲ.①债券市场-研究-中国
Ⅳ.①F832.51

中国版本图书馆 CIP 数据核字(2021)第 171132 号

责任编辑 夏红梅
封面设计 孙 康

从市场分割到互联互通
——债券市场发展的模式转换及制度实现
张东昌 著

出　　版　上海人民出版社
　　　　　(200001　上海福建中路 193 号)
发　　行　上海人民出版社发行中心
印　　刷　上海商务联西印刷有限公司
开　　本　720×1000　1/16
印　　张　17
插　　页　4
字　　数　224,000
版　　次　2021 年 9 月第 1 版
印　　次　2021 年 9 月第 1 次印刷
ISBN 978-7-208-17298-2/F·2701
定　　价　68.00 元